KB261517

自 由 人 인 터 뷰

2

정치경영연구소의 **자유인 인터뷰** 2

골을 못 넣어 속상하다

1판1쇄 | 2013년 3월 25일

엮은이 | 김경미
기획 | 정치경영연구소

펴낸이 | 박상훈
주간 | 정민용
편집장 | 안중철
편집 | 윤상훈, 이진실, 최미정
제작·영업 | 김재선

펴낸 곳 | 후마니타스
등록 | 2002년 2월 19일 제300-2003-108호
주소 | 서울시 마포구 합정동 413-7번지 1층 (121-883)
전화 | 편집_02.739.9929/9930 제작·영업_02.722.9960 팩스_02.733.9910
홈페이지 | www.humanitasbook.co.kr

인쇄 | 천일_031.955.8083
제본 | 일진_031.908.1407

값 15,000원

ⓒ 정치경영연구소, 2013
ISBN 978-89-6437-175-6 04300
　　　 978-89-6437-173-2 (세트)

이 도서의 국립중앙도서관 출판시도서목록(CIP)은 e-CIP홈페이지(http://www.nl.go.kr/ecip)와
국가자료공동목록시스템(http://www.nl.go.kr/kolisnet)에서 이용하실 수 있습니다.
(CIP제어번호: CIP2013001351)

끝을 못 넣어 속상하다

정치경영연구소의 **자유인 인터뷰 2** | 김경미 엮음

후마니타스

일러두기

1. 단행본, 정기간행물에는 겹낫표(『 』)를, 앨범 제목에는 겹꺾쇠표(《 》)를, 기고문, 단편, 시 제목에는 큰따옴표(" ")를, 법령, 공연물, 텔레비전 프로그램, 노래 제목, 인터넷 정기간행물에는 가랑이표(〈 〉)를 사용했다.
2. 인터뷰 당시 시점을 살려 표기하되, 독자의 이해를 돕기 위해 출간 시점을 기준으로 도입부 글을 썼고, 필요한 곳에는 괄호 주를 첨가했다.
3. 본문에 수록된 사진은 최형락 〈프레시안〉 기자가 제공했다. 단 원희룡 인터뷰의 사진은 김형욱에게, 임종인 인터뷰의 사진은 양태성에게 제공받았다.

엮은이 서문

1

이 책의 인터뷰들은 2011년 봄부터 2012년 10월까지 진행되었다. 〈프레시안〉에 연재되었던 것을 책의 형태에 맞게 고쳐 썼다. 1권에는 주로 문화·예술인과 학자, 기업인과 사회 활동가 들의 인터뷰를, 2권에는 정치인의 인터뷰를 실었다.

적지 않은 시간이 흐른 만큼 그들 중 상당수의 상황은 당시와 많이 달라졌는데, 이는 2권에서 한층 두드러졌다. 세상을 떠난 이도 있고, 2012년 대선 캠프에서 뛴 이도 있으며, 또 직접 대선 후보로 나선 이도 있다. 누군가는 새롭게 당을 일구고 있으며 또 누군가는 재야의 정치인으로 새로운 정치 인생을 시작하고 있다. 예상했던 경로를 따라 움직인 이도 있지만 뜻밖의 행보를 보인 이도 있다. 그래서인지 지진이 일어난 진앙지를 미리 들여다봤다는 느낌이었다고 할까. 그들의 행보로 인해 우리 사회에 크고 작은 파장이 일 때마다 이 인터뷰를 다시 들여다보며, 그 선택이 어떤 맥락에서 나왔을까 유추해 보는 과정은 내게 무척이나 흥미로운 일이었다.

인터뷰이들의 정치적·사회적 입장은 다양하다. 하지만 이들의 인터뷰는 하나같이 '자유'라는 키워드로 시작해 "당신에게 자유란?"이라는 질문과 그 답으로 마무리된다. 이 책에는 자유에 대해 27명이 내린 27개의 정의가 담겨 있는 셈이다. 모두가 자유를 꿈꾸지만 각자 꿈꾸는 자유가 다를 수 있다는 것을 아는 사회, '함께 또 따로'의 자유를 꿈꿀 수 있는 사회는 분명 특정한 사람만 자유를 꿈꿀 수 있거나, 한 가지 색깔의 자유만을 꿈꿔야 하는 사회보다 더 아름답다고 믿는다. 그렇기에 모두가 다른 맥락으로 정의한 자유의 다양함이야말로 우리 사회를 풍요롭게 하리라 기대하며, 즐거운 자유의 조각 맞추기를 시도해 보았다.

2

자유란 무엇인가? 누군가 내게 묻는다면 나는 자유란 공기와 같다고 답하겠다.

공기의 가치를 일상적으로 느끼기는 쉽지 않다. 하지만 공기가 부족하거나 오염될 경우 사람들은 생존 자체에 위협을 느끼고 비로소 그 가치를 절실하게 생각하게 된다. 이처럼 우리는 더 많은 자유를 원하는 상황보다 자유가 억압되어 있는 상황에서 이로부터 벗어나고자 자유의 가치를 말할 때가 많다.

그러나 '무엇으로부터' 자유로워지고 싶다는 이유만으로 자유의 가치가 중시되는 것은 아니다. 우리는 권력으로부터 벗어나고 싶을 뿐만 아니라 공익에 맞게 권력을 선용하고 싶어 하기도 한다. 배고픔에서 해방되고 싶은 욕망만이 아니라 사랑하는 이에게 맛있는 음식을 요리해 주고 싶은 욕망도 함께 지닌 존재다.

자유의 개념은 확장적이다. 나의 자유가 중요하다면 다른 사람의 자유도 평등한 권리로서 향유될 수 있어야 한다. 이 점에서 자유는 인간이면 당연히 누려야 할 권리로 접근할 수 있다. 그런데 인간의 권리로서 자유는 개인적인 차원에서 사회적인 차원, 더 나아가 생태적인 차원으로 확대될 수 있다. 유엔이 시민적·정치적 권리를 제1세대 인권으로, 경제적·사회적·문화적 인권을 제2세대 인권으로, 평화, 의사소통, 인류 공동 유산으로부터 이익을 받을 권리 등을 명시

한 연대의 권리를 제3세대 인권이라고 규정한 것이 대표적인 예이다.

3

'want'라는 영어 단어는 동사로 쓰이면 '원하다'를 뜻하지만, 명사일 때는 '결핍'을 의미한다. 『위건 부두로 가는 길』을 보면, 조지 오웰이 한 광부에게 언제부터 그 지역에서 주택 부족 문제가 심각해졌는지를 묻자 "사람들이 그런 소리를 할 때부터."라고 답하는 대목이 있다. 문제를 자각하고, 변화를 추구하고, 소망하는 바를 좇는 것이야말로 인간이 살아온 자유의 역사가 아닐 수 없다.

사회의 규모가 커져 각자의 선의만으로 서로의 자유를 보호해 줄 수 없게 되면, 자유는 정치의 역할을 필요로 한다. 누군가는 더 많은 소득을 원하고 그것이 또 다른 누군가의 소득을 떨어뜨리는 결과를 가져올 때, 집단 간 싸움이 벌어지는 양상을 피할 수 없다.

이익과 열정을 둘러싸고 개인과 개인, 나아가 집단과 집단 사이의 갈등을 동반할 수밖에 없다면, 자유의 운명은 해당 사회에서 그런 갈등이 어떻게 다뤄지느냐에 달려 있다. 바로 이 점에서 자유는 갈등 조정과 관련된 정치의 문제와 결합된다.

다양한 분야의 자유로운 영혼들을 만난 이 인터뷰에 정치인을 많이 포함한 것은 그래서다.

4

자유주의 혁명을 이끈 영국의 정치사상가 존 로크는 『통치론』에서 "모든 인간은 어떤 타자의 의지 또는 권위에 종속됨이 없이 인간의 자연적 자유에 대해 평등한 권리를 갖는다."라고 선언한 바 있다. 우리의 현실은 어떤가.

'삼성 장학생'이라는 말이 있을 정도로 한국 사회의 정치·경제·사회·문화 등 모든 영역에서 자신들의 영향력을 심고 확장해 온 대기업 삼성 일가가 누리는 자유와, 그 계열사인 삼성 반도체에 다니면서 백혈병으로 사망한 노동자나 그 유가족이 누리는 자유가 동일하다고 할 수 있을까? 지금까지 23명의 부고를 들어야 했던 쌍용자동차 해고 노동자와 그 가족은 자유로운가?

억대 출연료가 당연시되는 소수의 연예인과 굶어 죽은 시나리오 작가가 공존하는 우리 사회는 진정 자유로운가? 갈수록 불평등해지는 현실에 분노하고 좌절하다 못해 자살과 범죄로 항의하는 사람들이 나날이 늘고 있는 지금 대한민국은 자유로운 사회인가?

강자의 자유, 부유한 자의 자유만이 존재하는 사회라면 그건 야만이다. 자유가 인간의 보편적 가치라면, 이는 만인의 평등한 자유라는 차원에서 조명되어야 하며 그럴 때에만 자유는 인간 정신의 위대한 발달로 찬사를 받을 수 있다.

양극화된 자유의 분단선을 넘어 만인이 평등한 자유를 누릴 수 있는 사회가 속히 왔으면 좋겠다는 마음으로 자유인을 찾아 나섰다. 자신이 서있는 곳에서 자유의 공간을 늘리기 위해 노력하고 있는 자유인을 만난다면 우리도 좋은 영향을 받을 수 있지 않을까 싶었다.

5

만인의 평등한 자유를 위해 싸워 줄 초인을 바라는 것은 아니었다. 우리 스스로 답을 갖고 있다고 생각해서 이 일에 나선 것도 아니었다. 오히려 인터뷰이들 각자가 갖고 있는 자유롭고 다양한 목소리를 듣고 전하고 싶었다.

사회를 구성하는 개인의 삶을 소중히 여기면서, 그 기초 위에서 자유로운 개인들이 각자의 차이를 인정하고 조정해 가며 함께 일구는 공동체를 생각했다.

우리 시대의 여러 과제와 씨름하면서도 자유의 감수성을 잃지 않았으면 좋겠다는 생각도 했다. 한때 사랑할 자유도, 방황할 자유도, 의심할 자유도, 회의할 자유도, 자신의 미래를 스스로 선택할 자유도 시대의 무게에 짓눌려 사치라고 느껴야 했던 이들도 많았다.

청년 시절은 한국 사회가 군사독재의 억압 속에서 암울해 한 시기였고, 늘 불만과 불안을 안고 산 시기였다. …… 마음이 흔쾌하고 즐겁고 행복한 적이 별로 없었던 것 같다. 연애를 하거나 즐거운 순간에도 문득 '내가 이렇게 즐거워도 되나?' 하는 죄의식을 항상 느껴야 하는 시기였다. …… 낭만이라는 것도 일종의 죄의식을 갖게 하는 그런 시기였다(김창남 성공회대학교 교수).

(우리가) 자유를 위해 싸웠다고 생각하지 않는다. 오히려 민주화를 위해 싸웠다. …… 민주화되기만 하면 지난 1백 년 동안 숱한 희생과 고통을 겪은 한반도의 5천만 내지 7천만이 새로운 세계로 나아갈 수 있는 그런 사회가 도래하리라고 생각했다. …… 민주화가 나뿐만 아니라 우리 시대의 화두였던 데 반해, 자유는 민주화로 인해 얻게 되는 열매들 중 하나라고 생각했다. …… 그것이 1970년대 민주화를 위해 싸워 왔던 사람들 대부분의 자유에 대한 감각이 아닌가 한다(고 김근태 민주통합당 상임고문).

그러나 그들 자신의 삶을 우리에게 권한 인터뷰이는 아무도 없었다. 앞선 세대로서 그런 고통이 있었기에, 개인의 자율성과 사회의 공동체성이 공존할 수 있는 '균형 잡힌 자유'가 얼마나 소중한지를 더욱 깊이 인식할 수 있는 것이 아닐까 싶다.

6

하고 싶은 것과 해야 되는 것 사이에서 부단히 흔들려 보고 스스로 결정하는 우리가 되어야 한다는 생각을 갖게 한 것은, 이 책에는 담겨 있지 않지만, 2012년 9월 변영주 감독과의 인터뷰였다. 그녀는 다음과 같이 빈센트 반 고흐의 말을 소개했다. "예술이란, 영화란, 인생이란 하고 싶은 것과 해야 하는 것 사이에 놓인 거대한 벽을 조그만 끌을 가지고 천천히, 그러나 아주 오랫동안 긁어 내는 것이다."

이 책에서 우리가 만난 자유인은 모두 이런 사람들이 아니었나 싶다. 원래 자유로웠던 것이 아니라 자유롭기 위해 끊임없이 노력하는 삶, 제아무리 제약과 한계가 있더라도 "그럼에도 불구하고"라고 말하며 자신만의 벽 긁기를 포기하지 않는 삶을 말해 준 그들이야말로 진정한 자유인들이 아니었을까. 그들이 만들어 내는 크고 작은 균열들 사이로 자유의 공기가 넘쳐 나길 바란다. 그리고 이 인터뷰가 그 균열을 넓히는 데 조금이나마 기여하길 바란다. 자유인이 많아질수록 벽을 무너뜨리는 시간도 더욱더 당겨지리라는 소박한 마음과 함께.

2013년 3월
김경미

그렇지만 시대가 아무리 마음에 들지 않더라도,

아직은 무기를 내려놓지 말자.

사회는, 여전히 규탄하고 맞서 싸워야 하기 때문이다.

세상은 저절로 좋아지지 않는다.

__에릭 홉스봄, 『미완의 시대』 중에서.

2011
06
22

김근태

마지막 인터뷰: 미안하다. 그래도 함께 분노하자

2011년 6월 김근태 민주통합당(당시 민주당) 상임고문을 만났다. 그는 1980년대 반독재 민주화 투쟁의 상징적 존재였고, 15대, 16대, 17대 국회의원과 보건복지부 장관을 지낸 유력 정치인이었다. 또한 민주당 진보개혁모임의 대표로서 민주당의 개혁을 위해 여러 세대의 정치인들과 시민사회를 규합하고 이끄는 수장이었다.

하지만 이런 화려한 수식어보다 그를 더 만나고 싶게 한 것은 방현석이 쓴 소설 『당신의 왼편』(해냄, 2000)에서 만났던 '그' 김근태를 만난다는 사실이었다. 『당신의 왼편』은 1980년대 반독재와 민주화를 위해 자신의 삶을 포기했던 사람들의 아픔·사랑·고뇌에 대한 가슴 저릿한 이야기들이 담긴 소설이다. 역사 기록물이 아닌 소설에 특정인이 실명으로 언급되기란 흔치 않은데, 거기에 김근태가 실명으로 등장했던 것이다. 엄혹했던 시절, 김근태는 어떤 이에게는 희망을, 또 어떤 이에게는 투쟁이라는 단어를 떠올리게 한 존재였다. 그런 그를 만나러 갔다.

그를 처음 만났을 때 나는 그만 깜짝 놀랐다. 호탕한 웃음과 함께 성큼성큼 다가와 악수를 건넬 줄 알았는데, 우리에게 걸어오는 시간이 1초, 2초, 3초……. '아, 그랬구나. 좀 더 많은 이들이 자유를 누릴 수 있는 사회를 만들기 위해 누군가는 자신이 마음껏 뛰고 달릴 수 있는 자유를 포기해야 했구나.' 연단에 서서 우렁차게 연설하던 모습이 아니라, 그가 우리에게 인사하기 위해 걸어왔던, 남들보다 5배속은 느렸음 직한 걸음걸이와 떨리는 손은 마치 갖고 싶지 않았지만 갖게 되어 버린 주홍 글씨처럼 이후로도 오랫동안 내 마음에 깊이 박혀 있을 것 같다.

그렇게 타인의 자유를 위하는 삶이 어떤 것인지를, 이론이 아닌 눈으로 보게 해주었던 그는 인터뷰 내내 매우 고뇌에 찬 모습으로 김대중·노무현 정권의 주요 정치인으로서 여러 번에 걸쳐 자기반성을 했다. "결과적으로 한나라당에 정권을 잃고 중산층과 서민들이 고통스럽게 살 수밖에 없게 만든 것에 말할 수 없는 책임감을 느낀다. 그 원인이 무엇인지, 우리가 처한 구조적인 한계 때문이었는지, 아니면 우리의 실수와 실패로부터 온 것인지, 그렇다면 그것을 극복할 대안은 무엇인지에 대해 고민한다." 국민의 한 사람으로 그의 사과를 받고 있는 것 같아, 또 왠지 꾹꾹 눌러둔 그의 속울음을 듣고 있는 것 같아 숙연했다.

그는 이 땅의 청년들에게 죄송스럽다는 말을 남기며, 하지만 "청년들이 분노해야 정치인들이 올바른 것을 실천하기 위해 싸움을 불사할 수 있다. 정치인들이 알아서 하지 않는다. …… 나도 함께 분노하고 계속 싸울 것이다. 분노하자."라고 말했다. 그와 인사를 나누고 돌아오는 길 내내, 1980년대 많은 이들의 가슴에 불을 지피고 희망을 싹틔웠던 그의 분노가 2000년대를 살아가는 젊은이들의 가슴에도 동일한 희망의 불씨가 되어 주길 바라 마지않았다. 그리고 앞으로도 오랫동안 우리와 함께 그 불씨를 키워 주기를 바랐다.

지금 그는 우리 곁을 떠나고 없다. 그러나 알고 있다. 그가 얼마나 많은 이들의 마음에 따뜻한 불씨로 살아남아 있는지, 얼마나 많은 이들에게 희망이라는 이름으로 함께하고 있는지를 말이다. 혹독했던 2012년 겨울을 보내서일까. "축구를 하는데 골을 못 넣어 속상하다."며 허허 웃던 그가 많이 생각난다. 많은 이들에게 그는 참 그리운 존재다.

어떻게 지내시는지?

운동을 열심히 한다. 땀도 흘리고 운동을 많이 한다. 일주일에 한 번 정도는 내시·환관 묘 수백 기基가 방치되어 있는 도봉구 초안산에 올라갔다 온다.

요새 같은 초여름 날씨에 한 번 올라갔다 오면 땀에 흠뻑 젖는다. 주말에는 축구 동호인들과 함께 축구를 한다. 작년까지는 골을 꽤 넣었는데 요즘에는 골이 도통 들어가지 않아 고심이다.(웃음)

가끔 시간이 나면 지난 민주 정부 10년을 돌아보고, 그때 우리의 한계는 무엇이었고 실수한 것은 무엇이었는지 생각해 본다. 미래에 대한 희망을 생각해 보고 유사한 실패나 실수를 하지 말아야겠다고 다짐하며 공부한다. 그런데 쉽지만은 않은 것 같다.

'자유'라는 말에 특별한 느낌을 가질 것 같다. 자유에 대한 생각을 듣고 싶다.

근래에는 자유에 대한 생각을 좀 하는데 사실 이전까지는 그렇지 않았다. 우리 세대에게 자유라 함은 타는 목마름 내지 그리움이었다. '불러도 불러도 대답이 없는 그 무엇'이었다. 그래서 자유라는 이야기를 들으면 눈물이 났다. 이발사가 대나무 숲에 가서 "임금님 귀는 당나귀 귀!"라고 외치는 상황, 말하자면 말할 자격이 박탈당한 상황이었기 때문에, 자유란 인간의 생명을 존재케 하는 그 어떤 것을 의미했다.

하지만 자유주의라고 하면 느낌이 좀 다르다. 민주화가 진행됨에 따라 사회 각계각층이 자유롭게 사유하고, 각자 자유를 향유할 수 있게 되었다. 그런데 민주화에 의해 확보된 자유의 공간 속에서 권력·재산 등을 가진 사람들이 자기들의 권한과 영향력을 확대하기 위한 이념적 도구로 자유주의를 활용하는 것으로 보인다.

자유주의라고 하면 부패한 언론, 검찰, 재벌, 관료, 뉴라이트 등이 연상되어 함께하기 힘든 집단이라는 생각이 든다. 재계의 지도부가 자신들에게 주어진 사회적 책임과 역할을 고민하지 않은 채, 국민들의 정서는 전혀 고려

자유라는 이야기를 들으면 눈물이 났다. 말할 자격이 박탈당한 상황이었기 때문
에, 자유란 인간의 생명을 존재케 하는 그 어떤 것을 의미했다.

치 않고 뚱딴지같은 이야기만 계속 하고 있다. 언론에 드러나는 것처럼 자기들이 내는 법인세와 재산세는 감세를 지속할 것을 요구하면서 비싼 학비로 고통스러워 하는 학생들이 반값 등록금을 요구하는 것을 포퓰리즘이라고 이야기하는 것이 단적인 예이다. 오히려 재벌은 감세로 이익을 누리고, 자신들이 마땅히 해야 할 사회적 책임인 교육 투자의 부담을 국민에게 떠넘기는 이중적 무임승차자다.

국민들 간의 화합이나 통합, 타협을 이룰 수 있는 길을 봉쇄하는 사람들, 이런 그룹들이 자유주의 깃발을 든다. 한 예로 한국의 검찰이 있다. 저축은행 사건에 대해 국민적 비판 여론이 높은데, 이것이 왜 발생했는지, 혹시 권력형 비리는 아닌지 등에 대해 철저히 수사하지 않고 있다. 오히려 수사권을 둘러싼 경찰과 검찰 간의 갈등에서 기선을 잡기 위해, 자기들이 보호해야 할 서민들의 고통을 볼모 삼아 제 권한을 확대하려고 몸부림치고 있다. 이것은 국민들을 배신하는 행위이다. 이런 연유로 자유주의는 아직 한국 사회에서 긍정적인 흐름을 갖추고 뿌리를 내리기에는 어려움이 많을 것 같다.

사실 자유인이라는 단어는 어려서부터 나를 당황하게 만들었는데, 내가 어렸을 때 학교 교훈이 '자유인'이었다. 이 단어에 담긴 함의가 너무 크고 복잡해 이해하기 힘들었다. 그래서 학교 조례 등에서 자유인이라는 구호를 외칠 때마다 당혹스러웠다. 다만 교정에 4·19 혁명 때 목숨을 잃은 두세 분의 기념물이 만들어져 있었는데, 그 앞에 서면 자유인은 저렇게 되는 건가 하는 생각이 들곤 했다. 그 영향 때문인지는 몰라도 자유를 떠올리면 죽음이 연상되어 곤혹스럽고 혼란스러웠던 것 같다.

'자유'라고 하면 죽음을 연상했음에도 자유를 위해 싸워 왔던 것인가?

자유를 위해 싸웠다고 생각하지 않는다. 오히려 민주화를 위해 싸웠다. 사실 민주화가 이루어지면 한국 사회가 낙원 같은 사회로 나아가는 것이 아닌가 하는 좀 순진한 생각을 가지고 있었다. 어쩌면 민주화 운동 내내 죽을지도 모른다는 두려움과 공포가 있었기 때문에 더욱더 그런 생각이 들었을 수도 있는데, 민주화되기만 하면 지난 1백 년 동안 숱한 희생과 고통을 겪은 한반도의 5천만 내지 7천만이 새로운 세계로 나아갈 수 있는 그런 사회가 도래하리라고 생각했다. 관념적으로 그런 희망과 기대를 가슴에 품고 '그렇다면 내 비록 죽음을 맞이하더라도 민주화를 위해 싸우는 것이 정말 보람되고 의미있는 것이 아닌가.' 하는 생각을 해왔다.

이처럼 민주화가 나뿐만 아니라 우리 시대의 화두였던 데 반해, 자유는 민주화로 인해 얻게 되는 열매들 중 하나라고 생각했다. 즉 민주화를 이루면, 그 세부 항목인 자유는 자연스럽게 획득되는 줄로만 알았다. 그래서 민주화를 위해 열심히 싸워 온 것 같다. 그것이 1970년대 민주화를 위해 싸워왔던 사람들 대부분의 자유에 대한 감각이 아닌가 한다.

2011년 4·27 재·보궐선거 결과와 관련해 특별히 민주당에 주문하고 싶은 이야기가 많을 것 같은데?

2010년 6·2 지방선거와 2011년 4·27 재·보궐선거는 이명박 정부에 대한 국민의 준엄한 심판이었다. 민주당에는 정치적으로 축복된 선거 결과였다. 하지만 두 번의 선거에서 승리를 거두었다고 자족해서는 안 된다. 사실 이 승리는 민주당이 잘해서라기보다 부자 정당인 한나라당을 심판하고자 하는 유권자들이 그 비판의 일환으로 민주당을 선택한 경향이 컸다. 따라서 민주당이 반한나라당 전선에 자신을 위치 짓고 현 정권을 심판하는 국민 정서에 안주해, 그로 인한 승리를 향유하는 데 머물러서는 안 된다. 진정으로 서민과 중산층을 위하는 정치 노선과 정치를 과감하게 실천해야 한다. 이것이 4·27 재·보궐선거와 지방선거에서 나타난 민심이라고 생각한다.

그리고 민생 문제가 절박하다. 이 민생 문제를 완화하고 해소하기 위해서는 진보적이고 개혁적인 정책을 추진할 수 있어야 한다. 민주당은 이에 대해 확고한 의지를 가지고 지금의 민생 문제를 돌파해 가야 한다. 반값 등록금도 많은 국민들이 관심을 가지고 있다. 6·2 지방선거에서 의무 급식, 무상급식이라는 내용이 국민들의 주목을 받았던 것처럼 진보적이고 개혁적이며, 공감대를 형성할 수 있는 정책을 민주당이 자신감 있게 선택할 수 있어야 한다.

민주당이 중도 진보적 성향을 띠긴 하지만 진보적이고 개혁적인 정책을 선택할 때마다 여전히 내부적으로 진통을 겪는 것 같다. 민주당이 진보적·개혁적 정책 노선을 선택하게 하는 동력은 어디에서 나온다고 생각하는가?

민주당의 정책, 또는 민주당을 견인하는 힘은 국민들로부터 나와야만 한다. 4·27 재·보궐선거는 비교적 성공적이었고 승리했다고 본다. 하지만 2010년 6·2 지방선거 이후 치러진 7·28 재·보궐선거의 경우 민주당이 참패했다. 국민들이 공감하거나 감동을 받는다면 그것은 결과적으로 선거에서 드러난다. 그러나 정치 공학적으로 문제를 풀고 접근해서는 국민들에게 절대로 감동을 주지 못한다.

그런 감동은 어떻게 줄 수 있는 것일까?

기득권을 포기하는 모습에서 국민들은 감동을 받는다. 4·27 재·보궐선거에서 민주당이 순천에 무공천을 한 것 등에서 국민들이 야권 승리를 향한 민주당의 진정성을 느낀 것이 아닌가 한다. 감동은 그런 데서 나오는 것 같다. 4·27 재·보궐선거도 한나라당 정권에 대한 국민의 준엄한 심판이라 생각한다. 그 배경에는 이명박 정부가 권력을 이렇게 사용하게 내버려둬서는 안 된다는 판단이 있는 것이다. 이처럼 민주당이 진보적이고 개혁적인 정책을 선택하도록 견인하는 것은 민주당 내부에서 나오는 것이 아니라, 진보적이고 개혁적인 사회를 향한 국민들의 요구, 이를 추구하는 정당들에 대한 국민들의 지지로부터 나오는 것이다. 이를 위해 민주당은 스스로 개혁하고 기득권을 포기하는 모습을 통해 국민들에게 감동을 줄 수 있어야 한다.

2012년 총선과 대선을 준비하며 야권 통합 논의가 활발하다. 이에 대해 어떻게 생각하는지 묻고 싶다.

총선과 대선을 통해 큰 변화가 일어날 수 있기를 바란다. 또 한 번의 정권 교체, 다시 말해 세 번째 정권 교체가 이루어지기를 바라는 마음이다. 무엇보다도 절박한 민생의 문제를 해결해야 하기 때문이다. 예를 들면 수출 대기업에만 이롭고 국민들이 피부로 느끼는 물가는 폭등하는 고환율 제도나, 인위적으로 저금리를 유지해 부동산 시장에 거품을 발생시키는 정책 등을 고쳐 나가야 한다. 정권 교체를 통해 철학과 마인드를 바꾸지 않는 한 이런 정책이 변화되기는 힘들고, 민생 문제를 근본적으로 해결하기도 어렵다. 이명박 정부는 국가 경제의 구성 주체 가운데 재벌과 부자들을 우선 고려하고 있다. 진정으로 민생 문제를 해결하려면 경제정책 운용의 철학적 기저를 거시 지표 중심의 '국가 경쟁력'보다는 국가 구성원 하나하나가 경쟁력을 갖추는 '국민 경쟁력'에 기초한 경제구조로 바꾸어야 한다.

한국이 놓인 국제사회 현실에서 보더라도 냉전 이후 아시아에서 또 하나의 새로운 냉전이 지속될 수도 있다고 생각한다. 미국과 중국, 여기에 친미 세력과 친중 세력이 동아시아에서 갈등하고 있다. 한국은 상당한 딜레마에 놓여 있다. 한국은 그간 정치경제적·군사적으로 미국과의 관계를 확대·심화·발전시켜 왔다. 그런데 최근에 경제 관계에서 중국과의 교역이 획기적으로 늘고 인적 교류도 증가하고 있다. 이런 상황에서 만일 미국과 중국이 갈등하는 상황에 놓이게 된다면 한국은 어떻게 해야 할 것인가? 그에 대해 준비되어 있는가? 물론 이런 일이 일어나지 않는 것이 가장 좋겠지만 아무런 대비도 하지 않는 것은 무책임한 일이다. 그렇기 때문에 2012년 총선과 대선은 큰 변화, 즉 국제사회에서 한국의 위상과 관계를 고민하고 이를 나아지게 할 방안을 추진하고 실현할 수 있는 정권이 담당해야 한다고 생각한다. 그리고 이와 같은 정치 비전의 정책 연합을 기초로 통합과 연대의 과정을 이루는 원탁 테이블을 구성함으로써 한나라당과 일대일 구도를 만들어 가야 한다고 생각한다.

많은 정치인들이 당장의 정치 현황과 관련된 문제에 대해 이야기하는데, 국제적인 시각으로 한국 정치를 조망해야 할 중요성을 강조하는 것 같다.

폼 잡는 거다.(웃음) 한반도 평화의 중요성이라는 문제의식 때문이다. 한반도의 평화, 동아시아의 협력과 공동 번영을 이루어 내기 위해서는 중국을 신중하게 고려하지 않으면 안 된다. 국제 관계에서 한 방향으로 치우친 정책은 실패로 돌아간다. 미국과 중국의 갈등 상황에 대해 준비하고 고민하는 것은 한반도의 밝은 미래를 위해 당연하며 최소한의 의무라고 본다.

동아시아 협력과 관련해서도 한국·중국·일본은 운명 공동체라고 생각한다. 천안함 사건 이후 일본의 오키나와 후텐마 미군기지 이전移轉 문제가 좌절되었다. 동일본 대지진 쓰나미에 의한 후쿠시마 원전 사태도 만약에 편서풍이 아닌 편동풍이 불었다면 한반도와 중국은 쑥대밭이 되었을 것이다. 2008년 미국의 리먼 브러더스 금융회사 도산 이후 한국의 경제지표가 그나마 건전성을 유지할 수 있었던 것은 수출 시장으로서 중국 시장이 결정적인 역할을 했기 때문이다.

이런 부분을 고려해 국제 관계에 대한 정책을 고민하고 의견을 수렴해야 한다. 미국과 중국이 동아시아 내에서 패권 경쟁을 하게 되면 현재의 한국은 동아시아에서 아무것도 할 수 없다. 그래서 미리 고민하고 준비해야 한다는 것이다. 그래서 동아시아에서 새로운 협력과 공존, 번영의 시대를 만들어 낼 수 있는 정권이 집권해야 한다. 6자 회담과 같은 채널을 통해 동아시아의 평화를 이루어 낼 수 있는, 그것을 디딤돌로 활용할 수 있게 하는 고민도 함께해야 한다.

그렇다면 한반도의 평화뿐만 아니라 동아시아 전체의 평화를 함께 고민할 수 있는 정치 세력이 2012년 총선과 대선에서 승리해야 할 텐데 과연 가능할까?

국민들이 이명박 정권 및 여당에 분노하고 있다는 점은 분명해 보인다. 참여정부, 열린우리당의 경우에도 민심을 잃어버렸었다. 2011년과 비교하면 '질적'으로는 지금이 더 악성인 것 같고, 민심을 잃어버린 '정도'로 보면 그때가 더 심했던 것 같다. 그래서 지금의 상황은 민주당이 잘해서 그런 것이 아나라는 점이다. 나 자신을 포함해 민주당이 이 점을 명심해야 한다. 정권 교체를 위해서는 야권과 새누리당이 일대일 구도가 되어야 한다. 그래야 민주당을 포함한 야권이 총선에서 다수당이 될 수 있고, 대선에서 정권 교체를 이룰 수 있다고 생각한다. 그러기 위해서는 민주당이 결단해야 한다. 국민들의 가슴속에서 공감을 불러일으키고 일정한 감동을 줄 수 있는 결단을 할 수 있어야 하는데 쉽지 않은 일이다.

감동을 줄 수 있는 결단이란? 혹시 생각하고 있는 히든카드가 있는가?

히든카드 같은 건 없다.(웃음) 예를 들어 앞서 이야기한 것처럼, 2011년 4·27 재·보궐선거에서 순천을 무공천하고 김해를 결국 양보한 것이나, 또 한나라당 입장에서 '천당 아래 분당'이라고들 하는 분당 지역구에 민주당 손학규 대표가 입후보한 것 등이 전체적으로 긍정적인 평가를 받게 된 것 같다. 기득권을 양보하는 모습을 보였기 때문이다. 또한 진보 정당들과 시민사회와 토론하고 의견을 교환하는 과정에서 무엇을 결단하고 어떻게 기여할 수 있을 것인지가 드러날 것이다. 그 과정에 충실하게 임해야 한다. 그리고 분명한 것은 민주당 내에서 대혁신이 먼저 이루어져야 한다는 것이다.

2012년 대선을 앞두고 한국 사회에 어떤 리더십이 필요하다고 생각하는지?

두 가지 기준에서 생각해 볼 수 있다. 하나는 압도적 다수의 사회경제적 약자, 그리고 아주 소수의 사회경제적 강자 간의 대타협을 이루어 낼 수 있는 리더십이 필요하다. 다른 하나는 동아시아에서, 미국과 중국이 패권 경쟁을 벌이는 것이 아니라 상호 존중하고 협력하는 관계가 되도록 이끌어 낼 수 있는, 말 그대로 G2의 책임과 역량이 동아시아에서 건설적으로 발휘될 만한 방안과 과정을 만들어 낼 수 있는 리더십이다. 또한 6자 회담을 통해 남북 관계를 개선하고 동아시아 협력에 기여할 수 있는 리더십, 이런 비전을 갖고 이해하고 실천할 수 있는 리더십이 필요하다.

박근혜 대표의 경우 2007년 대선 후보 경쟁에서는 '줄푸세'(세금을 줄이고, 규제를 풀고, 법질서를 바로 세운다는 말)를 주장했다. 그런데 2011년이 된 지금 평생 맞춤형 복지, 생애 주기형 복지 등을 주장한다. 두 가지 주장 사이에는 건너뛸 수 없는 심연이 존재한다. 이런 차이를 국민들에게 해명해야 하는데, 해명도 안 되고 설명되지도 않는 부분이다. 이 간격을 검증하고 물어야 하는데, 언론도 그렇고 전문가들도 그렇고 국민들도 그렇고 그 누구도 적극적으로 이를 확인하려고 하지 않는다. 이것이야말로 포퓰리즘이다. 마치 이명박 대통령이 '평사원에서부터 기업의 최고경영자CEO가 되었기 때문에 서민과 중산층의 삶을 잘 이해하고 이들을 위한 정치를 하겠지.'라는 기대 속에 대통령에 당선되었듯이, 막연한 추측 속에 검증하지 않고 지도자를 뽑는 과오를 2012년에도 반복해서는 안 된다.

한국 사회의 미래상에 대해 생각하는 바가 있다면?

오래전부터 한국은 작은 미국이 아닌, 큰 스웨덴으로 가야 한다고 주장해 왔다. 하지만 미국처럼 소득도 높고 영향력도 강한 미국이 되자는 바람이 한국의 엘리트 및 시민들 사이에 두루 퍼져 있는 것 같다. 많은 엘리트들이 미국에서 공부한 것을 자랑스러워 하고 미국화되는 것을 중요한 가치로 여긴다. 국민들도 미국처럼 잘살았으면 좋겠고 영향력이 강했으면 좋겠다고 생각하는 것 같다. 하지만 미국 시스템이 만들어 낸 빈부 격차 심화나 이에 따른 불안정성은 사회 여러 부분에서 나타나고 있다. 반면에 스웨덴은 금융 위기를 겪은 이후에도 경제성장률이 괜찮았고, 어느 국가보다 국민들 사이의 화합과 통합이 잘 이루어지는 것으로도 유명하다.

특별히 스웨덴 유형을 고려한 계기가 있나?

본격적으로 이야기를 시작한 것은 2006년이었는데 스웨덴 모델에 대해 생각하게 된 것은 그 이전인 1998년도부터였다. 당시 김대중 후보가 당선되어 취임사 준비위원회 위원으로 배정되었다. 거기서 "민주주의와 시장경제 두 수레바퀴로 합의를 구하자."라는 주장을 당선자가 했는데, 당선자가 없는 자리에서 '민주주의와 민주적 시장경제'로 하자고 주장했다. 그런데 혼자 주장하다 물러서고 말았다.

그렇게 주장한 이유는 시장경제, 자본주의의 폭력성과 불안전성 등을 다른 수레바퀴인 민주주의만으로는 통제할 수 없다는 생각 때문이었다. 시장이 가진 폭력성을 경제 시스템 내에서 제어하고 통제하는 장치가 있어야 한다고 주장했다. 그것이 민주적 시장경제다. 김대중 대통령도 1971년 대통령 선거 때는 '대중 경제'라고 해서, 시장경제의 폭압성·폭력성을 제어하기 위한 장치를 두자고 주장했었다.

그래서 1997년 외환 위기가 왔을 때 김대중 대통령은 국제통화기금IMF이 요구하는 것은, 미국과 유럽 채권 은행의 이익을 보장하기 위해 한국 국민들을 희생시키는 것이라며 재협상을 요구했다가 기득권 세력의 총공격을 받아 대선에서 떨어질 뻔했다. 그래서 결국 대통령이 되고 나서도 IMF와 맺은 합의를 꼭 지키겠다고 서명하고 말았는데 굴욕적이었다. 이런 과정들을 겪으며 스웨덴 모델에 대해 고민했다. 이런 문제의식이 당시 일부의 경제학자들에게도 있었는데, 한국 사회 전반에 걸쳐 미국식으로 경제 시스템을 만들자는 생각이 팽배해 논의가 힘을 받지 못했다. 근래에 관심을 갖는 사람들이 있기는 한데 영향력이 기대에 못 미치는 것 같다.

말하자면 미국식 모델보다 유럽식 모델이 우리에게 더 적합하다고 주장하는 것인데, 그렇게 생각하는 이유는 무엇인가?

미국 시스템보다는 북유럽 시스템이 우리 사회에 더 적합한 모델이라고 보는 이유는, 우리에게 힘이 없는 다수와 가진 것이 많은 소수가 대타협을 할 수 있도록 하는 시스템이 다른 무엇보다 필요하기 때문이다. 북유럽 시스템에는 사회 협약, 사회 합의의 구조와 정신이 배어 있다. 그런 제도들을 통해 우리 사회시스템을 논의함으로써 제도적 시행착오를 줄이고 그 폐해를 완화할 수 있기 때문이다. 인류의 보편적 가치를 토대로 한국 고유의 시스템을 만들어 가는 것이 중요한데, 스웨덴·덴마크 등 북유럽 사회시스템을 보니 한국에도 적합하다는 생각이 들었다. 스웨덴 인구가 1천만 명 정도인데 한국은 5천만 명, 남북한 합치면 7천만 명 정도 되니 동아시아의 큰 스웨덴이 되자는 것이다.

· 그러나 여기서 미국식이냐 스웨덴식이냐보다, 우리의 주체성을 찾아야 한다는 것이 중요하다. 우리 사회에 아직도 미국이면 옳다는 사람들이 많은 것 같다. 미국 시스템에서 배울 것도 많지만 잘못된 것도 많다. 미국은 스스로 예외주의 국가임을 자청하며 이라크 전쟁도 유엔 안보리(안전보장이사회)의 합의 없이 전쟁을 일으켰다. 이런 문제의식 없이 미국을 관성적이고 무비판적으로 선호하거나 지지한다면 곤란한 일이다.

유달리 대타협이라는 단어를 많이 쓰는 것 같다. 솔직히 나와 뜻이 다른 사람들과 싸워 이기기보다 그들과 대타협을 이뤄 내기가 더 힘들 것 같다. 그렇게 보면 승리를 얻어 내는 것보다 대타협을 이뤄 내는 데 더욱더 고도의 정치력이 필요하지 않을까 싶은데, 한국 사회 내 여러 세력들 간의 깊은 골을 극복하고 대타협을 이룰 방안이 있는지?

"한국 사회처럼 불평등이 심화되고 있는 상황에서 혁명적 상황이 발생하지 않는 것이 참 기적이다."라는 말을 들은 적이 있다. 혁명적 상황이란 적대적 관계가 노골화되기 시작한 것이다. 소득·재산 불평등 정도가 심화되고 있고, 이는 부자 감세로 더욱 악화되고 있다. 노인의 46퍼센트가량이 상대적 빈곤에 시달리고, 경제협력개발기구OECD 국가 중 한국의 자살률은 1위이다.

이런 고통이 지속되어서는 안 된다. 더욱이 분단 상황에서 혁명적 분위기가 고조된다는 것은 굉장히 위험하다. 이런 고통스러운 사회를 지속할 것인가 아니면 각자 양보해 가며 절충하고 타협할 것인가를 물었을 때 절충과 타협을 통해 사회를 변화시켜 나가는 것이 훨씬 훌륭한 선택이다. 혁명적 갈등 상황은 인간을 망가뜨린다. 이런 고통스러운 사회를 바꿔야 하지 않겠는가? 그러나 기본적으로 힘이 있어야 변화가 가능하다. 정치인들은 어떻게 이런 힘을 집결하고 운용할지를 고민해야 한다.

최근 관심사나 흥미를 갖고 있는 것이 있다면?

앞에서도 얘기했지만 요새 축구를 하는데 골을 못 넣어 속상하다. 컨디션이 안 좋거나, 킥을 하는 순간 발의 각도가 좋지 않았기 때문이거나, 여러 이유가 있을 것이다. 그런데 운동장에서는 그 이유에 대해 고민하다가도 막상

운동장을 벗어나면 또 잊어버린다. 어쨌든 골이 들어갔으면 좋겠다.(웃음)

그리고 우리 사회가 자유롭게 꿈을 꿀 수 있는 사회가 되었으면 좋겠다. 그러기 위해서는 1등부터 1백 등까지 서열화해 놓고 1등이 나머지 99명을 먹여 살린다고 거짓말해서는 안 된다. 1백 명 모두가 각각의 고유한 꿈을 꿀 수 있는 넉넉한 사회가 되기 위해서는 무엇이 필요한지를, 요즘 계속 생각하고 있다.

결정적일 때 골이 잘 안 들어가서 고민이라는 답을 들으니 몇 번의 선거가 연상된다. 축구와 비교하면, 매번 대선 후보로 거론되었지만 대선 후보가 되지 못했던 것이나, 또 2002년 대선 민주당 경선 과정에서 당시 노무현 후보에게 양보한 것이나, 2008년 총선에서 신지호 한나라당 후보에게 진 것 등 결과적으로 골 결정력이 부족한 것 아닌가?

사실 2002년 대선 민주당 경선은 노무현 대통령에게 양보한 것이 아니라 포기한 것이었다. 고통스러워서 경선할 수 없는 마음 상태였고, 내 실력이 거기까지였다고 본다. 대선에서 당시 노무현 의원이 후보가 될 수 있었던 것은 본인의 역량이 컸던 이유도 있었지만 크게 두 가지가 작용했던 것으로 생각된다. 하나는 지역주의와 싸우기 위해 당선이 보장되는 종로를 떠나 부산에 출마해 떨어지는, 정치적으로는 어리석지만 국민들의 가슴에는 감동을 주는 정치 여정이 공감을 일으켰다는 점이다. 다른 하나는 호남 유권자들이 당시 이회창 후보가 당선돼 사실상 한나라당으로 정권이 넘어가는 것은 아닌지 두려워했다는 점이다. 그런데 영남 후보가 주목을 받으면서 영남에서 표를 모으고 호남이 단결하면 이회창 후보에게 정권을 넘기지 않을 수 있다는 집단 지혜가 작용한 것으로 보인다.

사실 당시 내 가슴속에서는 노무현 후보보다 나 자신이 후보로 더 적합하다고 생각했다. 이유는 여러 가지라고 보는데, 우선 내가 나라를 더 잘 운영할 수 있으리라고 생각했다. 그러나 상황이 노무현 후보 쪽으로 전개되었고, 그에 거스르는 것은 옳지 않다는 생각에 사퇴했다.

2008년 총선에서의 실패는 쓰라렸다. 실패할지 모른다는 생각도 들었지만, 사실 실패하지 않으리라고 생각했다. 한 달 전까지만 해도 여론조사에서 많이 앞서 있었고, 계속 추격받기는 했지만 총선 사흘 전까지만 해도 여론조사에서 상당히 앞섰다. 상황이 엄중했다는 것은 잘 알았지만 그 엄중한 정도를 있는 그대로 받아들이지 못했던 것 같다.

나는 참여정부나 열린우리당에서 바른 선택과 바른 길을 주장해 왔다는, 은근한 자부심을 가지고 있었다. 하지만 유권자와 국민들에게는 나도 참여정부 지도자 중의 하나였던 것이다. 열린우리당과 참여정부에서 당 대표도 하고 장관도 했다. 따라서 나 역시 참여정부의 실패에 대해 궁극적으로 책임을 면할 수 없었던 것이다. 뉴타운 열풍이 분 탓도 있지만, 어쨌든 결과적으로 1.1퍼센트포인트라는 간발의 차이로 떨어졌다. 그러나 그것은 국민의 심판이었다. 가슴이 많이 쓰라렸고, 결과를 겸허히 받아들이기까지 시간이 많이 걸렸다.

민주화 운동의 상징이자, 민주주의 투사로서 청춘을 보냈다. 하지만 투사로서의 김근태가 아닌 청년 김근태가 꾸었던 꿈과 낭만에 대해 듣고 싶다.

가슴을 열어야겠다.(웃음) 며칠 전에 가수 최백호의 〈낭만에 대하여〉를 들었다. 낭만은 인생을 살아가는 데 정말 필요한 요소다. 마치 기름칠을 하지 않으면 기계가 뻑뻑하게 돌아가다가 결국 멈춰 버리고 말듯이, 낭만은 한 개인과 사회를 부드럽게 돌아가게 해주는 윤활유 같은 것이다. 나는 사실 1960년대 중반 세대인데 당시 한국에서 '세시봉'이라고 해서 조영남·송창식·윤형주·이장희 등이 유명했고 이 사람들의 노래도 유행했다. 비틀스가 유행했고 무하마드 알리도 유명했다.

무하마드 알리에 대해 개인적으로 편견이 있었다. 알리가 캐시우스 클레이라는 본명을 바꾼 데 대해 미국 언론, 미국 주류 사회가 불편하게 생각했기 때문이다. 당시에는 나 또한 미국 주류 언론의 영향권 아래 있었던 것 같다. 당시 한국의 학생운동은 베트남 참전 반대 투쟁을 전개하지는 않았지만, 그 당위성을 지지하는 분위기였다. 헤비급 복서였던 무하마드 알리는 베트남 파병을 반대하면서 군대 입영을 거부해 챔피언 자격을 박탈당했다. 그럼에도 거기서 포기하지 않고 끊임없이 자신의 정체성을 찾아가고자 노력했는데, 한국에서 청년 학생운동을 하는 입장에서 알리의 이런 행동을 당연히 찬성하고 지지했어야 했다. 하지만 텔레비전 중계로 알리 시합을 볼 때면 오히려 반대편 선수를 응원하곤 했다. 당시 미국 주류 사회와 주류 언론들이 알리에 대해 드러내던 불편한 시선을 무비판적으로 받아들였던 것이다. 나의 젊은 시절을 돌아보면 그처럼 일관되지 못하고 모순된 행동을 했던 것이 떠오른다.

행복했던 기억은, 광나루에 백사장이 있었다. 그 앞에는 배가 있었고, 배에는 식사와 술을 파는 식당이 있었다. 그곳에서 집사람과 데이트를 하고 프러포즈를 했다. 소주를 마시고 프러포즈를 하고 나오는데 비가 내렸다. 우산이 없어서 비를 흠뻑 맞을 수밖에 없었다. 앞쪽에 둥근 콘크리트 수로관이 있어 그곳으로 들어가 비를 피했는데, 그때 전해지는 온기가 참 따뜻했다. 프러포즈도 성공하는 것 같았고, 비에 젖었지만 아내의 체온이 전해지는 것이 행복했다. 당시 지명수배 중이었는데 참 행복했던 기억이다.

지명수배 중에 프러포즈라……. 프러포즈에 성공했는가?

"예스"라는 답은 얻질 못했다. 다만 "노"라고도 하지 않았다.(웃음)

현재 꿈이 있다면 무엇인가?

북한과 중국의 동북 3성을 왕래하고 방문하며, 물류를 이동시키는 미래를 꿈꾼다. 그리고 우리만 잘사는 것이 아니라 북한도 가난에서 벗어났으면 좋겠다. 동아시아에서 좀 더 나은 내일을 위해 북한뿐만 아니라 동북 3성의 조선족, 중국의 한족, 러시아 등과도 협력하며 머리를 맞대는 사회를 만들어가는 것, 이 과정에서 한국이 솔선수범할 수 있기를 꿈꾸어 본다. 그리고 한국 사회에서 소수자, 다문화 가정 등 사회적 소수집단이 보호받고 존중받는 사회가 되었으면 좋겠다. 다만 시혜적인 관점에서가 아니라 그들이 우리의 친구로 한국 사회에서 더불어 잘살 수 있는 사회가 왔으면 좋겠다.

동시대를 살고 있는 청년들과 나누고 싶은 말이 있다면?

총선에서 떨어지고 한양대학교와 우석대학교에서 강의를 했다. 우석대 학생들에게 등록금 인하 투쟁을 하고 일자리가 제공되도록 정부에 요구하라고 했다. 비유가 다소 적절하지는 않지만, 밥을 달라고 보채야 밥을 준다. 이 사회의 기성세대들은 대학생, 청년들에게 일자리를 만들어 주어야 할 책임이 있다. 청년들을 비인간적인 상황으로 몰아넣는 경향과 세력들에 대해 분노해야 한다. 광장으로, 소셜 미디어로 참여해 분노를 집결시켜야 한다. 반값 등록금이 국민의 공감대를 널리 얻고 있는데 좀 더 많은 사람들이 참여해 분노의 불길이 활활 타올라야 한다. 그래야 개선되고 바뀌기 시작한다.

사실 참여정부의 책임자 가운데 한 사람으로서 젊은이들에게 이처럼 고통스러운 제도를 물려준 것이 너무 미안하고 죄송스럽다. 청년들이 당하는 고통에 대해 들을 때마다 고개를 들 수가 없다. 그래서 청년들이 목소리를 내야 한다고 이야기하는 것이 미안하고 면목이 없다. 하지만 청년들이 스스로 이야기하지 않으면 정치인들이 여기에 관심을 가져 주지 않는다. 사실이 그렇다. 청년들이 분노해야 정치인들이 올바른 것을 실천하기 위해 싸움을 불사할 수 있다. 정치인들이 알아서 하지 않는다.

그렇기 때문에 청년들에게 하고 싶은 말은 도전해야 한다는 것이다. 분노하고 도전해야 문제의 원인이 무엇인지 알게 되고, 그것을 극복할 힘이 생긴다. 분노할 것을 보고 분노하는 것은 인간으로서 해야 할 마땅한 행동이다. 나도 함께 분노하고 계속 싸울 것이다. 분노하자.

인터뷰를 하고 나서 불과 6개월 뒤인 2011년 12월 30일, 김근태 상임고문은 갑작스럽게 우리 곁을 떠났다. 인터뷰를 하기 전 93세 레지스탕스 영웅 스테판 에셀이 쓴 『분노하라』(돌베개, 2011)를 읽었다. 그 책을 읽으며, 또 김근태 고문이 살아온 여정을 공부하며, 스테판 에셀의 삶과 김근태의 삶이 매우 닮았다고 생각했다. 하지만 김근태 1947년생, 당시 나이 64세. 스테판 에셀 1917년생, 당시 나이 94세. 한국의 스테판 에셀로 불리기에는 그가 아직 너무 젊었다. 에셀처럼 30년 이상을 더 분노하고 뛸 수 있으리라 기대했고, 앞으로 그가 어떤 '분노의 성과들'을 이뤄 낼지 궁금했다. 한국 반독재 민주화 투쟁의 상징이었던 김근태 고문이 경제적 민주화, 사회적 민주화의 상징이 되어 준다면 얼마나 좋을까 하는 소망에서 한국어판 『분노하라』와 마침 프랑스에서 공수해 온 프랑스어판 『분노하라』를 그에게 선물했었다.

그는 자신의 블로그에 "2012년을 점령하라"라는 생애 마지막 글을 남겼다. 그러고는 2012년을 불과 이틀 앞두고 파란만장한 삶을 마감했다. "수조 원을 소유한 사람들과 하루 1~2달러로 살아가야 하는 사람들이 공존하는 세상에 대해 우린 분노해야만 한다."며 일성을 가했던 스테판 에셀도, 2013년 2월 27일 95세를 일기로 생을 마감했다. 그렇게 우리 마음의 언덕이 되어 주던 이들이 하나둘 곁을 떠나가고 있다. 하지만 그들이 남기고 간 불꽃은 우리에게 여전히 남아 있음을 믿는다.

김근태 상임고문이 마지막 인터뷰에서 말했던 꿈, 북한과 중국의 동북 3성을 왕래하고 방문하며, 물류를 이동시키겠다는 마지막 꿈을 이루지는 못했지만, 생전에 그랬듯이 하늘에서도 오직 한국 민주주의의 발전을 바라고 있으리라 믿는다. 그리고 그 꿈을 이제는 더 많은 사람들이 함께 꾸고 있음을 믿는다. 삼가 고인의 명복을 빈다.

自由人

2012
01
09

김성식

낡은 보수와 낡은 진보의 적대적 공존을 깨라

김성식 전 국회의원(당시 한나라당 의원)을 만났다. 국회 출입 기자단이 모범 의원을 선정하는 국회 백봉신사상 4년 연속 수상, 동료 국회의원이 뽑은 의정 활동 1위, 국회 보좌진이 뽑은 가장 일 잘하는 국회의원 1위, 법률 소비자연맹 주관 국회헌정대상 종합 1위를 차지하는 등 한나라당뿐만 아니라 야당 국회의원들 사이에서도 일 잘하는 정책통으로 손꼽히던 그였다. 그런데 그가 "정치 의병이 되겠다는 각오로 허허벌판으로 나갑니다."라는 말을 남기고 한나라당을 탈당했다. 왜 그랬을까. 그리고 어떤 마음으로 그 허허벌판에 서있을까?

　"이명박 정부의 밀어붙이기식 국정 운영이 나를 힘들게 했다. 국회를 도구화하려는 청와대를 향해 반대표를 던지고 기권 표를 던지는 것이 매우 피곤했다. …… 나의 내면에는 그 어떤 형태의 억누름에 대해서도 받아들이지 않으려는, 긴급조치 시대를 살았던 저항의 DNA가 있는 것 같다. 청와대가 해달라고 하니까 밀어붙이기식으로 하는 것은, 헌법에 규정되어 있는 '소속 정당의 의사에 기속되지 아니하고 양심에 따라 투표한다.'라는 국회의원의 임무에 어긋날 뿐만 아니라 자유인 김성식과는 맞지 않다." 긴급조치 시대를 살면서도 무뎌지지 않았던 자유를 향한 그의 예민한 촉수가 국회의원이 된 그에게도 어김없이 빨간불을 켜며 그에게 경고했나 보다.

　낡은 보수와 낡은 진보는 어떤 면에선 샴쌍둥이처럼 매우 닮은 부분이 있는 것 같기도 하다고 말하자, "우기고 가르치려 하고 위선적인 모습을 가졌다는 점에서 낡은 보수와 낡은 진보는 똑같다. 낡은 보수는 낡은 진보가 있어 주면 자기 개혁을 하지 않고도 때로는 집권할 수 있어 좋은 것이고, 낡은 진보도 낡은 보수가 개혁을 안 해주면 신나게 삿대질하면서 그다음에 정권을 획득하면 되니까 좋은 것이다. 따라서 변화에 대한 근본적인 걸림돌은 적대적인 공존 구도다."라며 한국 정치를 좀먹고 있는 낡은 보수와 낡은 진보에 대해 강력히 성토했다.

그래서 이 적대적 공존 상태를 깨는 것이 다음 사명이라고 생각했던 것일까. 2012년 10월, 그는 새로운 정치 생태계를 이야기하는 안철수 대선 후보 공동선대본부장으로 발걸음을 옮긴 바 있다. 19대 대선 후 선거 캠프는 해산했지만, 새로운 정치 생태계에 대한 그의 꿈은 여전히 현재 진행형이라 믿는다. 그가 서있는 곳이 새로운 정치를 바라는 이들에게 허허벌판이 될지, 행복한 들판이 될지 지켜보고 싶다.

관심을 가지고 하고 있는 일이 있다면?

근래 들어 내게 가장 큰 화두는, 나는 현재 우리 정치의 모습과는 어떤 다른 정치를 할 수 있을까, 그렇다면 그것은 과연 무엇인가 하는 것이다. 그 밖에 드라마 〈뿌리 깊은 나무〉를 1편부터 마지막 편까지 주파하기,(웃음) 그동안 읽었던 동서양 역사책들 다시 뒤지기 등을 하고 있다.

한나라당 의원으로 당선된 뒤 줄곧 '여당 속의 야당'이라는 별명을 가졌고, 2011년 12월 13일에는 한나라당에 재창당 수준의 쇄신을 요구하다 결국 탈당했다. 책임정치의 측면에서 좀 더 버티며 한나라당의 변화를 견인할 수는 없었나?

나와 한나라당은 임계점에 도달했었다. 한나라당은 이미 당의 존폐에 대해 국민이 질문하는 단계에 접어들었다. 혁명적 변화가 필요했고 리모델링 정도로는 안 되는 일이었다. 나 개인적으로는 스스로의 타성을 쇄신하는 것이었다. 18대 국회의원이 되고 나서 보낸 지난 4년은 이명박 정부의 국정을 조금이라도 바로잡고자 발버둥치고, 조금이라도 변화하도록 계속해서 부딪쳐 온 과정이었다. 몇 차례의 쇄신 노력이 성과를 거두지 못하면서 나 자신도 임계점에 도달했다. 한나라당과 한국 정치의 변화에 대해 끊임없이 문제를 제기해 언론에서 쇄신파라는 그럴듯한 별명을 얻기는 했지만, 그 또한 타성이 아닌가 생각했다.

한나라당이 신당 수준으로 재창당하지 않으면 오히려 이 낡은 보수는 건강한 보수가 자라나기 어렵게 하는 방해물, 혹은 건강한 자유민주주의가 제대로 정치적인 꽃을 피우지 못하게 하는 걸림돌이 될 것이었다. 또한 대답이 없는 대통령에게 "대국민 사과하라", "국정 기조를 바꿔라", "인사 정책 제대로 하라." 해봐야 아무런 답이 없는 상태가 되어 버렸다. 이런 상황 속에서 홍준표 대표의 사퇴를 전후로 신당 수준의 재창당을 요구하며 쇄신을 위한 마지막 발버둥을 쳤는데 다 잘 안 됐다. 의원총회 때 평소에 발언을 많이 하지 않던 분들까지 나서서 부역하듯이 억지 말씀을 하는 것을 보고 '내가 당 안에서 이 이상 아웅다웅하다가는 저분들의 마음에 상처를 줄 수 있겠구나.' 하고 생각했다. 정치도 인간적이어야 하는데……

내가 탈당하기를 잘했다고 주장하는 것이 아니다. 탈당의 대전제는 나에 대한 반성이기도 하다. 국회의원 배지를 단 4년 동안 나름대로 노력했지만, 근본적인 혁신을 이루기 위해 나 자신의 전부를 버리면서까지 치열하지는 못했다. 주춤거리기도 하고 비틀거리기도 했다. 국민에게 비난받는 한나라당의 모습에 대해 나 자신도 책임이 있고 죄송한 마음으로 반성도 했다.

이명박 대통령의 국정 기조가 바뀌지 않으리라는 절망감, 국민의 쇄신 요구는 높은데 그것이 제대로 이루어지지 않는 지지부진함, 계파 싸움과 기득권 논리, 실력자들의 눈치를 보고 자신의 자율적인 생각과 정반대되는 언행을 하는 불행한 모습들이 내가 결심하도록 내몰았지만, 더 결정적인 것은 나의 내면인 것 같다. 나 스스로 반복적으로 쇄신을 제기하면서 타성에 안주하고 있는 것은 아닌지, 내가 가지고 있는 것 무엇 하나라도 내려놓고 싸울 진정한 정치 개혁의 의지와 능력이 있는지를 고민했다. 그 고민의 연장선상에서 탈당하기에 이르렀다.

좀 더 근본적인 질문인데, 야당 의원보다 더 야당 같은 모습을 보며, '김성식 의원이 왜 한나라당에 있지?' 하는 의문을 가졌던 사람들도 많이 있다. 한나라당에서 정치를 시작하게 된 계기는 무엇인지?

약간의 업보 같은 거다. 나는 민주화 운동을 했고, 이후 이 운동이 새로운 정치 세력으로 변화되어야 한다고 생각했다. 민주화 운동은 국민의 분노를 키우는 것인데, 민주화 이후에는 정치를 통해 분노를 조화로운 변화의 에너지로 바꿔 내야 한다고 생각했다. 하지만 새로운 정치 세력으로 변화하려는 민주화 운동 세력들의 시도는 번번이 실패했다. 나는 고 제정구 선배님 등과 더불어 '꼬마 민주당'이 이회창의 신한국당과 합당해 한나라당이 될 때 함께 따라나섰다. 즉 한나라당은 나의 새로운 정치적 둥지이자 개혁 대상이었다. 기왕 들어왔으니, 기존의 보수 주류를 변화시킬 수 있다면 우리 정치 전체가 크게 변화하는 것이라고 생각해 보수를 혁신하고자 나름 노력하기도 했다.

한나라당 비대위에서, 한나라당 정강·정책에서 '보수'를 빼자고 해 논란이 됐다. 줄곧 새로운 보수, 사회와 소통하는 보수에 대해 이야기해 온 입장에서 이에 대해서는 어떻게 생각하는가?

'보수'라는 용어를 넣고 빼자는 논란 자체는 핵심이 아니다. 분명한 것은 기득권에 집착하고 자기 변화를 거부하는 낡은 보수는 우리 사회를 발전시키고 조화롭게 만들어 가고 국민을 행복하게 만드는 데서 존재할 의미가 없다는 것이다. 지금 보수를 앞세운다고 해도 국민이 그것을 참된 자유민주주의를 하자는 뜻으로 받아들이지는 않을 것이다. 보수가 기득권에 연연하고 변화를 거부하는 용어로 상징되어 있다면, 정치 기술적인 의미에서 이를 버릴 수도 있는 것이다. 그러나 중요한 것은 어떻게 하면 자유민주주의를 더 풍요롭게 가꿔 나갈 것인가 하는 관점에서 보수 논쟁을 녹여 내는 것이지, 계파적 이익을 지키려고 보수를 빼지 말자고 하거나, 그 용어를 빼더라도 실질적인 쇄신은 제대로 하지 않는다면, 실제 국민들과는 거리가 먼 논란일 뿐이다.

국회 백봉신사상 4년 연속 수상, 동료 국회의원이 뽑은 의정 활동 1위, 국회 보좌진이 뽑은 가장 일 잘하는 국회의원 1위, 법률소비자연맹 주관 국회 헌정 대상 종합 1위를 차지하는 등 의정 활동에서 좋은 성적표를 받았다. 그렇게 정책 디자인에 매달리게 하는 힘은 무엇인가?

정치를 하면서 주권자는 국민이고 국회의원은 국민이 일하라고 위임해 주는 4년 비정규직이라는 생각을 늘 한다. 어떤 현안에 대한 해법은 국민의 수만큼 많은데, 정치의 역할은 이를 몇 가지로 간추리는 것이다. 가령 사교육을 어떻게 줄일 것인가 하는 문제에 대해 국민 모두가 한마디씩 할 수 있으리라고 본다. 정치란, 이런 수많은 해법을 간추려 국민들을 대신해 싸우는 것이자 토론과 절충을 거쳐 다수의 차선의 길을 찾는 길이라고 본다. 이를 가능하게 하는 핵심이 정책이다. 정책은 책상을 떠나는 동시에 정치의 영역이 된다. 정치가가 교수나 정책 전문가와 다른 점이 바로 이것이다. 궁극적으로 정책을 잘 결정해 내고 잘 시행하는 것이 정치의 핵심이다. 그리고 정책과 연관된 일은 내가 재미있어 한다. 날밤 새우기도 마다하지 않으며 현장의 소리를 듣기 위해 뛰어다녔다.

이번 정기국회 때 〈협동조합 기본법〉을 대표 발의해 통과시켰는데, 숱한 고비 속에 마무리하고 나서 희열을 느꼈다(2011년 10월 12일 손학규 의원이 협동조합기본법안을 대표 발의했고, 11월 2일 김성식 의원이 정부 부처 간 협의 내용을 반영한 협동조합기본법안을 대표 발의했으며, 같은 날 협동조합기본법 제정연대회의도 민간단체 합의안을 입법 청원했다. 이후 경제재정소위원회에서 세 개 안을 심사해 만든 법안이 12월 29일 국회 본회의에서 통과되어 〈협동조합 기본법〉이 제정된 바 있다). 금융 리스크를 줄여 보고자 추진했으나, 3년 동안 청와대가 막아서 실현되지 않던 〈한국은행법〉 개정도 결국 저축은행 사태가 터지고 마지막까지 싸운 후에야 통과되었다. 추가 감세를 철회하고 고용을 줄이는 기업에 대해 세금 혜택을 주지 않게 하는 법도 3년 만에 해냈다. 또한 부양 의무자 기준을 완화해, 기초 생활 보장 수급자 혜택을 받지 못하던 사람들 가운데 상당수가 혜택을 받게 되었다. 정책을 통해 점진적으로나마 사회에서 억눌린 사람들이 더 자유로워지고, 막다른 골목에 있는 사람들이 더 많은 기회를 갖게 되고, 힘이 없는 사람들이 힘을 얻고, 반면에 힘센 쪽이 절제할 수 있게 하고, 그들이 갖고 있는 경제적·정치적 권력이 정의의 관점에서 제한될 수 있도록 입법 활동을 해왔다. 하지만 근본적으로 양쪽이 서로를 적대시하지 않도록 노력했다.

정치를 하면서 가장 힘든 때는 언제였나? 그리고 그 상황을 이겨 낼 수 있는 힘을 준 사람,. 명언 혹은 다른 특별한 것들이 있었다면?

여야가 낡은 보수와 낡은 진보에 얽매여 패싸움을 일삼는 정치 구조가 가장 힘들었다. 국회에 있는 목욕탕에서 만나면 합리적으로 이야기하던 사람들이 의정 단상에 여야라는 자리로 앉기만 하면 그때부터 반사이익만을 추구하게 된다. 국익과 민생을 위한 결정이 아니라 어떻게 하면 표가 되는지를 궁리하며 상대방에게 딱지 붙이기를 한다. 예를 들어, 한나라당과 이명박 정부는 지난 김대중 정부와 노무현 정부에 대해 '잃어버린 10년'을 이야기하면서 정권을 시작했다. 야당의 경우에는 자신들이 (2007년) 대선에서 왜 550만 표 차이로 졌는지는 성찰하지 않은 채 (이명박 정부가) 새로운 민간 독재라고 공격했다. 모두 정치를 앙상하게 만들 뿐이었다.

또 이명박 정부의 밀어붙이기식 국정 운영이 나를 힘들게 했다. 국회를 도구화하려는 청와대를 향해 반대표를 던지고 기권 표를 던지는 것이 매우 피곤했다. 나는 미디어 법과 관련해 신문·방송 겸영 허용 법안에 대해 반대한다는 뜻의 기권 표를 던졌다. 금산 분리 완화와 4대강 관련 법에 관해서도 마찬가지였다. 힘센 권력자를 뒷받침하고자 하는 계파들은 오로지 실력자의 포지션만 생각하지 정치가 해야 할 역할에 대해서는 고민하지 않으니 답답하다. 그것이 궁극적으로 그 실력자한테 도움이 안 되는데 말이다.

또 하나는 시간의 한계다. 국회의원이란 이리저리 뛰어다니느라 참 바쁘다. 어떤 때는 3D 업종이라는 생각도 든다. 옛날 정치인들은 돈도 많이 받아먹고 사람도 심었다던데, 요즘 정치인들은 말 한마디로도 신상 털기를 당해야 한다.(웃음) 물론 국민의 눈살을 찌푸리게 만드는 일도 생기지만.

어려운 고비마다 힘을 얻었던 것은 국회에 들어오면서 만들었던, 초선 의원들의 모임 '민본21'이었다. 낡은 보수와 계파에 얽매이지 않고 새롭게 정치를 해보자는 모임이었는데 이것이 어려울 때 큰 힘이 되었다. 만일 민본21이 없었다면 나 또한 정치 쇄신을 위해 노력할 수 없었을 것이고, 입법 과정에서 효과적으로 협업하기도 어려웠을 것이다. 개인적으로 지역구 주민들이 참 고맙다. 내가 속한 관악구 갑 지역구는 수도권 지역에서는 이른바 야당 텃밭이다. 특히 서울대학교를 지나는 지하철 2호선이 있어 젊은 학생과 직장인 층이 두터운 곳이라 여당 의원으로는 (당선되기가) 어려운 지역구이다. 이곳에서 두 번째로 낙선했을 때 선거 직후 관악구 전체 새마을 바자회가 있었는데 정말 가기 싫었다. 어쩔 수 없이 면피성 낙선 인사를 하러 갔는데, 지금껏 야당을 지지하던 부녀회 회원들께서 뜻밖에 내게 낙담하지 말라고 용기를 주셨다.

"이번 탄핵 바람 때문에 당신을 못 찍었지만, 당신을 미워한 것은 아니다. 사람만 봐서는 당신이 참 서민적이고 마음씨도 좋은데, 아무쪼록 힘내라."라고 응원해 주었다. 그러면서 떡볶이와 부침개를 만들던 손으로 나를 많이 안아 주셨다. 그 덕에 양복이 얼룩덜룩해졌지만 주민들의 사랑에 뭉클하고 감사했다. '내가 열심히 하면 이분들이 마음의 문을 열어 주겠구나.'라는 생각과 함께, 콘크리트 같은 흑백논리의 선거판에서 사람을 봐주는 온기를 느꼈다. 때로는 피곤하고 정치적 판단이 어려워 가닥을 잡지 못할 때 이분들을 생각하면 힘이 난다.

한미 자유무역협정FTA 비준안 처리 때 기권했다. 당의 지침을 따르지 않기가 쉽지 않았을 텐데, 당과 자신의 평소 소신이 충돌할 때 결정 기준은 무엇인가? 더불어 기준을 가진 것과 별개로 소신을 지킬 용기는 어디서 나오는가?

나의 내면에는 그 어떤 형태의 억누름에 대해서도 받아들이지 않으려는, 긴급조치 시대를 살았던 저항의 DNA가 있는 것 같다. 청와대가 해달라고 하니까 밀어붙이기식으로 하는 것은, 헌법에 규정되어 있는 "소속 정당의 의사에 기속되지 아니하고 양심에 따라 투표한다."라는 국회의원의 임무에 어긋날 뿐만 아니라 자유인 김성식과는 맞지 않다. 그래서 소신을 지키는 데 주저함이 없었고 나름대로 소신 투표를 많이 했었다. 내게 이런 과정은 보람된 일이었다. 하지만 모든 일을 다 소신껏 한 것은 아니고, 경우에 따라 타협할 때도 있었다. 이런 모습을 국민들이 어떻게 보셨는지는 모르겠다. 하지만 궁극적으로는 개념 있는 정치를 하고 싶었다.

한미 FTA의 경우는 이 협정이 지난 정부에서 맺어진 사항이고 결정적인 이익 균형이 허물어졌다고 보지 않기 때문에 국민적 검증 아래 충분히 토론한 다음 정상적으로 비준하는 것이 좋다고 판단했다. 그런데 청와대나 여당은 어떻게 해서든 이 협정을 빠른 시일 내에 밀어붙이려고 하고, 야당은 아예 몸싸움을 당론으로 결정해 버리고 말았다. 참으로 답답한 일이었다. 당내 쇄신파들은 시간이 걸리더라도 국민적인 검증과 토론을 전제로 여야의 표결을 통해 한미 FTA 비준안이 처리되길 바랐다. 정태근 의원은 단식까지 했다. 논란이 된 투자자-국가 직접 소송제 조항은 재협상의 길을 열어 해결하려고 했다. 이렇게 해서 한미 FTA를 정상적으로 처리할 수 있다면 이제까지 밀어붙이기식이었던 대통령의 국정을 쇄신하는 실천적 모습을 국민에게 보여 줄 수 있다고 보았기 때문이다.

한미 FTA 비준안 처리 당시 나는 국회 본회의장에 들어가면서, 국회의장이 개회를 하면, 의사 진행 발언을 신청해 의장과 한나라당에는 직권 상정을 중단하라고 요구하고, 야당에는 단상 점거를 그만하고 본회의장에서 몇 박 며칠이라도 텔레비전이 생중계하는 가운데 쟁점에 대해 충분히 토론한

다음 표결하자는 발언을 하려고 마음먹고 있었다. 그런데 개회 이전에 최루탄이 터지는 바람에 국회를 바로 세우고자 했던 나의 마지막 시도 자체가 무산되었다. 결국 그날 그렇게 표결하는 것 자체에 동의하지 않는다는 뜻으로 기권 표를 던졌다.

'낡은 보수와 낡은 진보의 적대적 공존 상태'를 얘기했다. 본인이 생각하기에 이 둘 간의 적대적 공존 상태란 무엇인가? 그리고 낡은 보수와 낡은 진보는 어떤 면에선 삼쌍둥이처럼 매우 닮은 부분이 있는 것 같기도 한데, 정치를 하면서 이에 대해 특별히 느낀 점이 있다면 무엇인가?

우기고 가르치려 하고 위선적인 모습을 가졌다는 점에서 낡은 보수와 낡은 진보는 똑같다. 낡은 보수는 낡은 진보가 있어 주면 자기 개혁을 하지 않고도 때로는 집권할 수 있어 좋은 것이고, 낡은 진보도 낡은 보수가 개혁을 안 해주면 신나게 삿대질하면서 그다음에 정권을 획득하면 되니까 좋은 것이다. 따라서 변화를 가로막는 근본적인 걸림돌은 이 적대적인 공존 구도다. 집권 세력이 되었을 때 국정 운영 방식과 여당의 행태를 과거 틀에서 벗어나게 해야 하는데 지난 노무현 정부 때도 이명박 정부 때도 이런 적대적 공존 구도를 바꾸지 못했다.

이 핵심적 문제의 기저에는 지역주의에 기반을 둔 독점적 공천 구조가 깔려 있다. 영호남, 충청 지역 같은 경우에는 특정 정당의 공천만 받으면 선거에서 이기는 구조가 여전히 존재한다. 또한 통치 구조가 대통령 5년 단임제라는 것도 이유가 된다. 당선되는 순간 국민과 야당과의 대화를 통해 책임 정치를 하기보다는 '역사의 평가'를 내세우며 우격다짐의 정치를 하는 구조적인 문제도 있는 것이다.

결국 구조적인 문제를 포함한 선거제도, 통치 제도, 개헌의 문제에 이르기까지 정치가 가진 많은 문제점들을 모두 고쳐 가야 한다. 하지만 그전에 정치 행태부터 개혁해야 한다. 정치 행태를 개혁하는 데는 국회의원 개개인의 치열한 노력이 매우 중요하다. 공천에서 탈락할 각오를 하면 되는 것이다. 정치인 스스로가 권력의 눈치를 보고 해바라기처럼 따라다니는 정치를 하지 말아야 한다. 청와대에서 호루라기를 불면 따라가는 정치, 몸싸움의 도구가 되는 정치 수준을 넘어서야 한다.

문제 해결 능력과 국민적 공감 능력을 키워 이것을 대의 민주주의 과정 속에서 녹여 내고자 하는 여야 정치인들의 노력이 절실하다. 솔직히 4년 동안 정치 행태 개혁이라는 영역에서 초선 의원 김성식 개인으로서는, 〈뿌리 깊은 나무〉에 나오는 세종대왕의 어록을 빌려서 감히 말하자면, 할 만큼 했다. 좀 더 치열했으면 하는 반성도 있지만 지칠 만큼 했다. 그런데 정치 구조, 거기에 한계가 있었다.

한국 정치에서 여야 대립은 고질적인 문제인데, 우리 정치의 문제 해결 능력을 어떻게 해야 키울 수 있다고 보는가?

세 가지 문제를 예로 들자. 남북문제, 정규직-비정규직 문제, 마지막으로 복지 부담을 늘리는 문제와 복지를 확대하는 문제. 이 세 가지 문제는 어느 한 정당이 해결할 수 없는 것들이다.

먼저 남북문제를 보자. 정부가 햇볕 정책을 할 때도 북한은 핵과 미사일을 개발했고, (1999년과 2002년) 두 차례 서해 교전에서 젊은이들이 희생되었다. 이명박 정부의 고립정책 기조에서도 천안함 폭침 사건과 연평도 포격 사건이 있었다. 즉 남한 내부가 갈라져 있을 때는 어떤 정책도 북한의 변화나 한반도 안정에 기여하지 못하고 북한이 남한을 갖고 놀 수 있는 수단이 되는 거다. '전쟁이냐, 평화냐.'라는 야당식 구분과 '퍼주기'라는 낡은 보수의 논리가 모두 선동적인 것이다. 그렇기 때문에 여야가 적어도 남북문제에 관해서만큼은 합의된 로드맵과 정치적 방향이 있어야 북한에 이용당하지 않고, 국민의 에너지를 낭비하지 않고, 북한 동포들에게 필요한 정책을 펼 수 있는 것이다. 이것이 대한민국의 안보를 지켜 내는 동시에 북한의 점진적인 변화를 이끌어 낼 수 있다고 생각한다.

다음으로, 양극화 문제 중의 핵심은 대기업과 중소기업의 관계 문제, 정규직과 비정규직의 문제이다. 그런데 진보 진영에서는 대기업 강성 노조의 기득권 문제에 대해서는 한마디도 하지 않는다. 모 자동차 노조는 아들을 정규직으로 취업시키는 것을 단체 협약에 넣으라고 요구했다는데 이것은 옳지 않다. 그것이 노동자를 위하는 것이 아니다. 새로운 자동차 조립라인을 세울 때 사실상 노동조합이 결재권을 쥐고 있는데 그것은 경영의 영역이다. 이런 행태는 결국 비정규직과 차별적인 도급 구조가 만연해지게 하는 요인 가운데 하나이다.

즉 정규직과 비정규직의 문제는 양보와 타협과 이해의 조화를 전제로 해서 해결될 수 있는 것이다. 노동의 유연화만 추구하는 신자유주의적 정책도 문제이지만, 표를 의식해 비정규직 철폐와 보호만을 이야기하면서 정규직의 양보에 대해 말하지 않는 무책임한 자세로는 비정규직 문제를 해결할 수 없다. 차별 시정은 당장 시작해야 한다. 기업주는 노동 유연성과 차별적인 저임금을 동시에 얻으려고 해서는 안 된다. 사회보험과 고용 보험의 사각지대에 있는 많은 사람들을 구제하고, 실업 후에 고용 보험과 노후에 국민연금을 탈 수 있고, 건강보험이 끊기지 않게 하는 정도부터 문제 해결의 출발점이 시작되어야 한다고 생각한다.

고용 보험 사각지대에 있는 1천만 명과 국민연금 사각지대에 있는 650만 명을 그대로 둔 채 '무상 시리즈'를 이야기하는 것이나, 국민들의 살림이 어려워 불안에 빠져 있는데 골고루 돌볼 생각은 하지 않고 시장경제 논리만 주장하는 것은 문제가 있다. 이런 문제들 또한 사회적 합의와 양보를 통해야만 해결할 수 있는데, 이는 어느 한 정당이 해결할 수 있는 것이 아니라, 제대로 된 정치적 합의를 추구하는 연립정부식 운영을 통해 가능하다고 생각한다.

복지 문제도 마찬가지다. 복지를 확대하기 위해서는 부담이 증가하는 것을 감수하기로 결정하고 우선순위를 정하는 문제가 있다. 여기에 정치적 합의를 도출할 필요가 있다. 그런데 우선 국민이 힘들어 죽겠는데 4대강 예산에 돈을 쏟아붓는 정부에 화가 나지 않을 수 없다. 또한 보편적으로 할 것은 보편적으로 하고 맞춤형으로 할 것은 맞춤형으로 하면 될 것을 가지고, 보편적 복지냐 선별적 복지냐 하는 논쟁으로 몰아가는 야당도 우스꽝스럽다. 자신들이 집권했을 때는 왜 안 했는가. 이 정부와 낡은 진보가 서로 얽매여 삿대질하는 사이 민생은 팍팍해지고 복지 사각지대는 더욱 커지면서 국민들은 기성 정치권을 불신하게 된 것이다.

한나라당이 야당일 때 반값 등록금 이야기를 했고, 기초 노령연금 정책도 모든 노인을 대상으로 해야 한다고 주장했다. 당시 여당이었던 민주당은 국립대학 등록금이 사립대학에 비해 너무 낮기 때문에 국립대학 등록금을 올려야 한다고 주장했고, 급식은 지방정부 사업으로 하자면서 일부 예산을 주는 데 그치며 책임을 전가했다. 그런데 여야가 입장이 바뀌고 나면 반대되는 이야기를 한다. 이런 무책임한 정치 때문에 우리나라의 복지 정책이 체계적으로 발전하지 못한 것이다. 따라서 여러 정당이 함께 어울려서 정치적 합의를 형성하고 이를 바탕으로 사회적 합의를 끌어내는 정치를 해야 한다.

그렇지 않으면 지금보다 더 고통스러운 대한민국이 되리라고 자각하는 것이 중요하다.

따라서 이제 정치는 아집과 독선을 넘어서서 타협의 능력과 문제 해결의 능력을 보여 줘야 한다. 조화로운 타협의 정치가 아니면 이제 정치는 망한다. 정치가 망하면 기득권을 가진 기존 정치 세력이 망하는 것은 말할 것도 없고 공동체의 피해, 국민의 피해로 귀결한다. 여기에 정치 개혁의 당위성이 있다. 앞으로 대통령이 될 사람은 정치적 합의 도출을 중시해야 하고, 그런 국정 시스템을 체계화해야 한다. 당론을 앞세우는 정당 권력은 줄어들어야 하고 국회의 자율적인 심의와 토론의 영역이 더욱 커져야 한다.

최근 한 언론에서 "복지 논쟁과 관련해 성장과 복지, 분배 문제를 대립적으로 사고하는 방식에서 벗어나는 것이 중요하다."고 강조했는데, 바람직한 복지국가의 모델, 패러다임은 어떤 것이라고 생각하는가?

복지 제도라는 것은 지층과도 같아서 과거 복지 제도의 정책적 결과물의 축적 위에 복지가 서는 것이다. 그렇기 때문에 보수·진보 할 것 없이 재정 건전성을 유지하면서도 어떻게 하면 중부담·중복지 국가로 갈 수 있는지에 대한 솔직한 로드맵을 내놓아야 한다. 이제는 복지가 민생과 직결된 문제가 되었기 때문이다. 우리 사회는 국민들의 불안이 크고, 일자리가 막혀 있을 뿐만 아니라 그 질도 나빠져 있는 상태이다. 과거와는 달리 개천에서 용이 나는 시대가 아니라, 재산 격차가 교육 격차로 이어져서 미래 격차로 이어져 있다. 또한 도급 구조 속에서 대기업의 거대한 수익이 밑으로 내려오지 않고 있다. 이런 시기에는 경쟁력 강화와 복지 강화를 균형 잡힌 선순환 구조로 보는 것이 중요하다.

경쟁력 강화를 위해 구조 조정이 필요할 때도 있다. 구조 조정 자체를 막겠다는 논리는 동의하지 않는다. 그러나 사람들을 낭떠러지로 내모는 구조 조정에 대해서는 반대한다. 국제경제 환경, 기술 환경에 따라 제대로 구조 조정이 이루어지기 위해서도 제대로 된 복지 시스템이 필요한 것이다. 핀란드의 대표적인 휴대폰 기업인 노키아가 스마트폰에서 경쟁력을 잃음에 따라 망하기 일보 직전이 되었다. 2011년 노키아는 핵심 인력이 4천3백 명에 달했는데 그중 1천7백 명을 해고했다. 그런데 해고된 1천7백 명이 사무실을 점거하고 농성했다는 이야기도, 낭떠러지로 떨어졌다는 이야기도 들어 본 적이 없다. 왜냐하면 예전에 자신이 받던 봉급의 80퍼센트 이상을 실업수당으로 받고, 수당을 받는 기간도 길고, 본인이 원하는 재취업 훈련도 받을 수 있기에 다른 기업에 취업할 수 있기 때문이다. 노키아의 사례는 우리 사회가 경제 활력을 높이기 위해서도 복지를 확대해야 한다는 것을 잘 보여 준다.

진보 또한 경제 활력을 키우기 위한 여러 노력을 병행하면서 복지를 말해야 한다. 사람들은 일 속에서 자아를 실현하는 것을 가장 중요시한다. 즉 기업이 투명성과 사회적 책임성을 높이게 하되, 일자리를 늘릴 수 있도록 투자 여건을 잘 마련하는 것도 중요하다. 이런 문제를 가지고 자꾸 계급적 시각 혹은 신자유주의적 시각으로 편협하게 재단하는 것은 우스꽝스러운 일이다.

정치권의 무능에 대한 국민들의 문제 제기는 바로 이것이다. 그런 의미에서 보수와 진보가 자기 성찰과 혁신을 통해 더욱 풍요로워지고 현대화되는 것이 중요하다고 생각한다. 물론 낡은 보수가 더 큰 문제이다. 민본21 정도의 정체성을 가진 집단이 보수의 주류가 되어야 한다.

신자유주의도 사회주의도 아닌 '정의로운 자유민주주의'를 이야기했다. 구체적으로 어떤 것인가?

신자유주의나 사회주의는 이미 미래가 아니다. "자유민주주의냐, 사회민주주의냐." 하는 것은 의미 있는데 우선 나는 이 둘은 공존 가능하며 경쟁해도 좋은 것이라고 생각한다. 극우적인 전체주의나 극좌적인 전체주의는 용납할 수 없다. 나는 자유민주주의를 기초로 해서 정치를 하고 싶다. 왜냐하면 대한민국에서 사회민주주의를 하기에는 인문학적·사회문화적 정치적 내공이 너무 취약하기 때문이다. 유럽 사민주의는 어느 날 갑자기 만들어진 것이 아니다. 우리 사회는 아직까지 타협이라든가, 배려라든가, 법치라든가 하는 사회적 자본들이 미흡하다. 또한 자원이 많지도 않은 상황에서는 창의적인 경제 활력이 여전히 중요하다. 나는 자유민주주의를 정의롭게 가꿔 나가는 것이 바람직하다고 생각한다. 권력의 정의, 시장의 공정성 등을 확립하는 것이 핵심 과제이다. 합리적인 사회민주주의자와 대화할 수 있고 그쪽에서 제기되는 어젠다를 적극적으로 흡수하는 정의로운 자유민주주의자의 길을 가는 것이 나의 원칙이다.

낡은 보수의 가장 핵심적인 문제점은 공정하지 않은 경쟁을 시장경제라고 우기는 것이다. 대기업이 중소기업을 쥐어짜면서 이것을 시장경제라고 우기는 것, 인력과 기술을 탈취해 가고 창의에 대해서는 보상도 해주지 않는 것, 정부로부터 10억 원짜리 조달을 받으면 5억 원은 챙겨 놓고 5억 원으로 하청(도급)을 돌리면서 이를 시장경제라고 주장하는 것이 바로 문제인 것이다. 또한 부모의 재산 격차가 엄연히 교육 격차와 미래 격차로 이어지는데 그저 대학 입시 원서를 낼 수 있는 자유를 기회의 평등이라고 주장하는 것이 낡은 보수이다.

낡은 진보는 결과의 평등에 집착해 인간의 자유와 창의에 대한 고민을 하지 않는다. 개인의 자유와 창의를 바탕으로 하는 자기실현과 이익의 추구가 사회 발전의 동력이 될 수 있다는 점에 대한 이해가 부족하다. 즉 모든 것을 결과의 평등으로 해석하려 하고 서로 다름에 대해 인정하지 않는 것이 문제인 것이다. 진보의 또 다른 문제는 자신이 의롭다고 생각하면 그 주장만 진리라고 주장하고 나머지를 선과 악이라는 이분법으로 바라보는 것이다. 그것은 국민들에 대해서뿐만 아니라, 정치인 본인의 영혼을 위해서도 결코 바람직하지 않다. 선동 정치는 쉽다. 그러나 문제 해결의 정치는 어렵다. 좁은 길이지만, 나는 정의로운 자유민주주의를 가꾸어 갈 것이다.

"전 이미 당에서 나왔습니다. 제가 정치적으로 죽더라도 새 정치의 싹이 피어난다면, 즉 한나라당뿐만 아니라 여야 정치판 전체가 국민의 준엄한 요구대로 혁신된다면 족합니다."라는 글을 봤다. 하지만 '이러다가 정말 정치적으로 죽으면 어떻게 하나.'라는 두려움이 몰려올 때도 있지 않은가? 그럴 때 마음을 어떻게 다스리는지?

이미 두 번의 낙선 경험이 있다. 이것이 나를 담담하게 해주는 밑천인 것 같다. 마음을 다스리는 일은 오랜 독재 정권 시절에 민주화 운동을 해오는 과정에서도 있었다. 나는 나 자신의 미래와 별개로 우리 정치가 진화하기를 바란다. 반복적인 응징성 목표로는 과거를 심판할 수는 있지만 정치적 진화를 축적할 수는 없다. 정치도 결국 사람이 하는 것인데 최종 종결자는 국민이다. 국민들께서 우리 정치의 바람직한 변화를 위해 필요한 사람을 가려보는 흐름도 만들어 주시기를 바랄 뿐이다.

김성식에게 자유란?

내게 자유란 '쪽팔리지 않는 것'이다. 어떤 형태의 짓눌림이나 전체주의적 분위기에 휩쓸려 따라가는 것을 거부하고 개념 있고 당당한 것이 바로 자유이다. 국민들에게는 한걸음 더 나아가 삶에 더 많은 행복과 기회를 얻는 것, 그리고 그것을 1인 미디어 시대에 맞게 주권자의 목소리로 표출하고자 하는 것이 자유이다. 그런 의미에서 자유 2.0이 필요하다. 예전에는 엘리트가 공동체의 방향을 정해 국민에게 떠먹이는 식이었다면, 지금은 정보와 1인 미디어로 무장한, 새로운 정치의 주역이 된 주권자들과 그 위임자들이 선순환 소통을 하는 자유 2.0이 필요하다.

청년 시절 꿈은 무엇이었나?

경제학 교수가 되는 것이었다. 트럭 운전을 했던 아버지는 일에 열심이었고 순박했으나, 돈을 버는 것과는 거리가 있었다. 넉넉지 못한 가정 형편에 어머니가 시장 좌판에서 옷가지를 팔면서 책을 엄청나게 많이 사주셨다. 경제학 교수가 되면 고루 잘사는 나라가 되는 데 뭔가 기여할 수 있지 않을까 생각했다. 그러나 대학 시절 학생운동 하느라 경제학 공부를 제대로 하지 못했다. 미시·거시 경제학 교과서도 나중에 감옥 안에서 겨우 읽었다.(웃음)

정치인 김성식이 아닌 인간 김성식에게 가장 행복한 시간은 언제인가?

나는 아내와 잘살고 있는 것이 가장 행복하다. 내게 사랑이란 '눈이 머는 것'이다. 분석하고 비교해서 취할 수 있는 것이 아니다. 사실 고등학교 1학년 때 여학생도 있는 서클에 가보자는 선배의 꾐에 넘어가 아내를 만나게 되었다. 아내는 고등학교만 졸업하고 기능공으로 일했고 나는 운이 좋게 서울대에 합격해서 서로의 길이 달라졌지만, 그 우정이 변치 않았다. 대학생 시절 민주화 운동을 한다고 집사람을 자주 만나지 못했는데, 어느 날 "나는 감옥에 갈지도 모르며, 돈도 제대로 벌지 못할 거다. 그래도 받아 줄래?"라고 프러포즈를 했다. 지금도 집사람이 그 얘기를 하면서 "그것을 프러포즈라고 했느냐?"며 "사람이 착한 것 같아 봐주는 심정으로 수락했지 당신 말에 동의한 것은 아니다."라고 한다.(웃음) 그간 우여곡절을 다 참으며 견뎌 주었고 정치를 하는 과정에서 더 크게 나를 보듬어 주는 아내가 있어서 정말 행복하다. 바쁜 의정 활동으로 밤에 늦게 들어와 라면 끓여 달라고 칭얼대는 것, 그것을 타박하면서도 끓여 주는 아내가 있다는 것, 그것이 제일 행복하다. 다시 말하지만 사랑은 눈이 머는 것이다. 눈이 멀어야 사랑이 가능하지 따지면 사랑이 아니다.

인간 김성식이 가장 뜨겁게 눈물 흘렸던 적이 있다면, 언제인가?

비밀이다.(웃음) 요즘은 유행곡 가사 하나하나가 가슴속에 많이 들어온다. 심수봉 노래를 원래는 좋아하지 않았는데 〈사랑밖엔 난 몰라〉라는 노래, "무심히 버려진 날 위해 울어 준 단 한 사람…… 서러운 세월만큼 안아 주세요." 하는 가사가 좋아지는 요즘이다. 우리 국민들도 서러움이 많은 것 같다. 나도 그럴 자격이 있느냐를 떠나서 때로는 서럽다. 급변하는 세대를 살아서 세대별로 경험도 다르고 서러움을 느끼는 지점도 제각기 다르다. 이 서러움이 서로 공감될 수 있게 해보고 싶은 것이 꿈이다.

　나중에 좀 더 힘을 가진 정치인이 된다면 광화문 사거리에 익명의 조각상을 만들고 싶다. 유명 인사의 형상이 아니라 6·25 전쟁 때 목숨을 걸고 싸웠지만 지금 여전히 힘들게 살아가는 참전 용사, 가족을 두고 중동에 가 열심히 노동판에서 일한 가장, 밤새 공장에서 미싱을 돌렸던 여공, 외환 위기 때 여러 가지 어려움을 겪고 극복한 기업가, 영세 상인, 젊은 세대 등등의 조각상을 만드는 것이다. 그 안에 긍정의 역사가 담겨 있다. 지금 찜질방에 누워 계시는 50대 아주머니들도 자기 남동생을 대학에 보내기 위해 공부를 포기하고 공단으로 갔던 분들이다. 그 내면의 자부심을 봐야 한다. 그래서 이 시대를 살아가는 대한민국 국민들이 그 조각상 안에서 자신을 발견하고, 그것을 통해 화해하고 또 다른 세계와 계층의 사람들을 배려하는 마음을 키웠으면 좋겠다.

대한민국은 정말로 대단한 나라다. 식민지와 전쟁을 겪은 나라 중에서 이만큼 발전한 나라가 없다. 현재 우리 상황이 글로벌 금융 위기다 한반도 위기다 해서 어려움이 있지만, 우리 국민이 부지런하고 열정이 있기 때문에 반드시 극복하리라고 확신한다. 정치만 개혁하면 된다. 정치가 그들의 서러움을 이해하고, 짓밟지 않으면 된다.

이제는 대립의 정치를 극복하고 낡은 보수와 낡은 진보가 자기 성찰 속에서 거듭나 정치적 합의를 이끌어 내는 능력을 키워야 한다. 그렇지 않으면 정치는 그 의미를 잃게 된다. 우리 국민은 행복해질 권리와 자격이 있다. 이를 위해 내일이 끝일지라도 열심히 정치를 할 것이다.

마지막으로 동시대를 살아가고 있는 청년들과 나누고 싶은 이야기가 있다면?

베끼지 말고 자유로워지려고 노력했으면 좋겠다. 베끼는 것은 부끄러운 일이다. (트위터에서 쓰이는 용어로 비유하자면) 리트윗을 하지 말라는 이야기가 베끼지 말고 자유로워지려고 노력했으면 좋겠다. 리트윗을 하지 말라는 이야기가 아니라, 스스로 멘션을 달 수 있는 인생이 될 때 리트윗도 의미가 있다는 거다.

아니라, 스스로 멘션을 달 수 있는 인생이 될 때 리트윗도 의미가 있다는 거
다. 당장은 베끼고 스펙을 쌓는 것이 계책이 될지 몰라도, 미래는 창의와 어
울림의 능력으로 결정된다. 좋은 스펙보다도 이 두 가지 자질이 우리 젊은
사람들의 미래를 열어 주리라고 확신한다.

2012
06
22

김용익

사람을 살리는 의사에서 제도를 만드는 의사로

김용익 민주통합당 국회의원. ‘의료보험 통합 운동을 이끈 정책 전문가’, ‘참여정부 사회정책수석’, ‘민주통합당 내 경제민주화를 이끌 대표 선수 중 한 명.’ 그를 설명하는 몇 가지 수식어들이다. “그동안 나는 지금 이 국면에서 무엇을 해야 할지, 무엇을 하는 것이 제일 도움이 될지를 생각하고 나 자신을 그곳에 배치하면서 살아왔다. 김영삼 정부 때는 국민들에게 조금이라도 도움이 되는 일이 무엇인가를 생각해 의료보험 통합 운동에 나를 배치했다. 노무현 정부 때 미래사회위원장이나 사회정책수석에 나를 배치한 것도 마찬가지 의미였다.”

그에게 자유란 무엇이라고 생각하는지 물어보았다. 그랬더니 “사람에게는 천부의 인권, 천부의 자유가 있다고 하는데 나는 그 말이 성립되지 않는다고 생각한다. 자유라는 것은 일정한 조건에서 만들어지는 것이기 때문이다.”라고 답한다. 그렇다면 그가 말하는 ‘자유가 가능하기 위한 조건’은 무엇일까.

그는 자유롭다고 느낀 적이 한 번도 없었다고 했다. “늘 사회적 인권에 대한 갈증, 내가 나 자신에게 부여한 책임, 이것들이 만드는 어떤 구속감 같은 것들로 인해 스스로 편안하고 자유로웠던 적은 정말로 없었던 것 같다. …… 우리에게 자유가 주어진 적이 역사상 한 번이라도 있었던가? 자유에 대한 희망, 자유에 대한 강한 갈망은 있었지만 자유에 대한 ‘추억’은 내게 없다.”라고 답한다. 그래서 그렇게 자유의 조건을 만들기 위한 상황들에 자신을 배치해 왔던 것일까.

“1987년에 인의협(인도주의실천의사협의회)을 시작하고 나서 일종의 엠티를 간 적이 있다. 밤늦도록 토론을 하는데 의자가 딱딱해 엉덩이가 아파서 도저히 오래 앉아 있을 수가 없었다. 왜 이렇게 불편한가 했는데 1977년에 학교를 졸업해 거의 10년 동안 안락한 의자에만 앉아 살아온 내 모습이 보였다. 학회를 해도 호텔에서 하고 학내 모임을 해도 편하고 좋은 곳에서만 했으니, 딱딱한 의자에 엉덩이가 낯설어진 것이다. 그 뒤로 딱딱한 의자에 빨리 다시 익숙해져야지 하면서 의도적으로 노력을 했다.” 하지만 아는 사람은 안다. 푹신한 의자에 익숙한 사람이 다시 딱딱한 의자에 익숙해지기란 낙타가 바늘귀에 들어가는 것만큼이나 어려운 일이라는 것을.

그는 한쪽 다리가 불편해 나머지 한쪽 다리마저 다치면 휠체어를 타야 거동이 가능하다. 그래서 가끔 ‘도가니’ 같은 장애인 나라에 잠깐씩 다녀온다고 한다. 그 지독한 경험들이 그를 경제민주화, 좀 더 구체적으로는 복지국가를 만드는 데 자신을 배치하게 했나 보다.

‘민초넷’이라고 하는 민주당 초선 의원 네트워크를 만들어 국민들의 눈높이에서 당의 변화를 이끌어 가기 위해 고군분투하고 있는 김용익 의원. 그의 존재가 민주통합당을 자극하는 것을 넘어, 이 땅의 장애인들이 더는 도가니 같은 걸리버 나라에서 고통 받지 않는 데 쓰이기를 기대해 본다. 그들이 자유로워질 때 우리 사회는 얼마나 더 자유로워질까 상상하면서 말이다.

척수성 소아마비를 앓아서 오른쪽 다리가 좀 불편한 것으로 알고 있다. 질풍노도와 같은 사춘기 시절, 자신의 육체적 어려움을 어떻게 받아들였는가?

어려서는 지금보다 훨씬 불편해 거의 매일 넘어지다시피 했다. 초등학교 3학년 때 수술을 받았고 고등학교 때 한 번 더 수술을 받았다. 지금은 많이 편해진 것이다. 다리가 불편해 크게 어려웠던 기억은 없다. 익산에서 초등학교를 다녔는데, 학교를 들어갔더니 놀리고 찝쩍대는 아이들이 있었다. 1학년 1학기 말에 처음 시험을 봤는데 내가 1등을 했다. 자랑 같지만 내게는 그 시험이 너무 쉬웠다.(웃음) 열 문제 중에 한 문제를 틀렸는데, 뭐가 틀렸는지도 기억난다. 잠자리를 그려 놓고 이것이 무엇이냐고 쓰는 문제였는데 전라도 사투리로 '잠마리'라고 썼다가 틀렸다.(웃음) 그 이후부터는 아이들이 나를 놀리지 않았다. 공부 잘하는 아이는 놀리지 않는다. 공부를 잘하거나, 힘이 세거나 하면 따돌리지 않는다.

대부분의 장애인이 가장 고민하는 때는 연애하고 결혼할 때다. 나는 고민까지는 하지 않았지만 대학 시절 미팅은 피했다. 미팅 상대자 여학생이 기분 나빠할 수도 있겠다 싶어서였다. 딱 한 번 미팅을 해본 적이 있었다. 친구가 하도 강권해 할 수 없이 끌려 나갔는데 성공적이었다. 사귀자고 하면 금방 사귈 수 있을 것 같았는데, 이미 내게 여자 친구가 있어서 그러지 못했다. 양다리 걸칠 수 없으니 말이다.(웃음) 그 여자 친구와 1979년에 결혼했다. 그 이후로 다리가 아픈 것이 내게 불편함을 가져다주는 일은 없었다.

의약분업을 추진할 때 이에 반대하는 의사들이 나를 심하게 공격하고 비난했는데 그중 어떤 소아과 단체에서 내게 장애가 있어서 마음이 비뚤어졌다는 글을 발표한 적이 있었다. 당시는 의협(대한의사협회)이 상당히 이성적인 편이었다. 의협이 취소를 종용해 그 단체가 내게 사과했다. 의사가 장애를 거론하는 것은 안 되는 일이고 더군다나 소아과에서 그런 이야기를 하면 안 되는 거였다. 그런데 지금도 트위터 등에 여전히 그런 말을 쓰는 사람이 있다. 다리가 불편한 것 때문에 생기는 어려움은 어렸을 때보다 의약분업 이후가 더 심해진 것이 아닌가 생각한다. 그렇다고 특별히 신경 쓰는 것은 아니다.(웃음)

살짝 연애 이야기가 나왔으니, 사모님과 어떻게 만났는지 궁금하다.

의료봉사 하는 서클에서 만난 간호학과 학생이다.(웃음)

대학 시절 본과 1학년 때부터 매주 서울 지역의 판자촌을 다니며 의료봉사를 했던 것으로 알고 있다. 김용익에게 빈민촌의 의료봉사는 어떤 경험이었는가?

본과에 들어가 우연히 학교 게시판을 보았는데 진료 봉사를 하는 서클 광고가 있어서 친구와 함께 들어갔다. 1973년 본과 1학년 때부터 1976년 졸업할 때까지 매주 주말마다 한 번도 빠지지 않고 판자촌 진료를 하고 방학 때는 시골로 무의촌無醫村 진료를 갔다. 당시 서울에는 도처에 판자촌이 있었다. 우리가 처음 진료를 시작한 곳은 영등포 문래동의 안양천 일대였다. 그다음에는 지금의 성산대로 주변 내부 순환도로 밑에 있는 모래내로 옮겼다. 연세대학교 뒤쪽 남가좌동에서 시작해 한강까지 모래내를 따라 양쪽 뚝방이 판자촌으로 꽉 차있었다. 그 일대 사람들이 철거를 당해 당시의 고양군 행신리 일대로 이사를 가서 천막을 치고 살았는데 거기까지 쫓아가 진료하기도 했다. 시골로는 평창·고성·포천 등으로 무의촌 진료를 갔었다. 여름에 간 강원도 고성에서는 모기에 뜯겨서, 겨울에 간 포천에서는 너무 추워서 죽을 뻔했다.(웃음)

　내가 들어간 진료 서클은 특별했다. 이름이 '송촌 의료봉사회'였는데 '송촌'은 지석영 선생의 아호이다. 그 전신은 '사회의학 연구회'라고 하는 연구회가 설치한 '함춘 의료봉사회'였다. 이들이 서울대학교 의과대학의 의료 운동권 1세대들이다. 긴급조치가 시작되면서 '함의봉' 회원들이 많이 퇴학당하고 정학당하면서 해체되었다가 송촌 의료봉사회로 재조직된 것이었나.

우리는 단순히 진료 봉사를 한 것이 아니라, 지역사회 의학이라는 이론 체계를 가지고 있었다. 지역사회 의학은 전문화되고 세분화되고 동시에 환자가 객체화되어 비인간화되는 현대 의학에 대한 대안적 움직임이었다. 지역사회 주민이 주체가 되어 그들의 자발적인 참여를 바탕으로 보건 의료가 이루어지고, 나아가 이것이 예방과 치료와 재활을 포괄하는 보건 의료가 되어야 한다는 것이다. 그러기 위해서는 1차·2차·3차 의료 전달 체계가 있어야 한다고 생각하며 활동했다.

그래서 진료 봉사를 나가면 단순히 진료하고 약만 주고 오는 것이 아니라 판자촌 주민들을 일일이 방문했다. 우리는 이를 '예방 보건 활동'이라고 부르며 굉장히 중요하게 생각했다. 집집마다 돌아다니며 건강교육을 하고, 비록 실현되지는 못했지만 동네 의료보험을 만들어 보자는 구상을 하기도 했다. 보통 농촌 봉사를 가면 반쯤 일하고 반쯤 놀다가 오는데, 우리는 처음부터 끝까지 쉬는 시간이 없었다. 아침부터 밤까지 가정방문을 하고 진료하고, 끝나면 술 먹고 노는 것이 아니라 평가 회의를 하곤 했다.(웃음)

1977년에 졸업하고는 지역사회 의학을 하겠다는 마음으로 예방의학을 전공하기로 했다. 예방의학 중에서도 의료 정책 분야를 하자고 생각했는데, 당시에는 사실상 의료 정책이 존재하지도 않았다. 그때 마침 신영수 교수라는 분이 미국으로 유학을 갔다가 귀국하셨다. 둘이서 거의 개척하다시피 의료 정책 연구를 시작했다. 함춘 의료봉사회, 송촌 의료봉사회 그룹이 1987년 '인도주의의사협의회'를 만든 주축이었다. 돌이켜보면 송촌 의료봉사회에서 진료 봉사를 한 것이 내 전공 분야로 이어지고, 나중에 의료 개혁을 하게 되는 출발점이 됐다고 할 수 있다.

옛날부터 무슨 대단한 생각을 갖고 살아온 것도 아니다. 그냥 평범하고 조용한 학생 중의 하나였다. 다만 '어떤 의학, 어떤 의료, 어떤 의사'에 대한 고민이 조금 있어서 남들이 하지 않는 의료봉사도 하고 지역사회 의학을 하게 된 것이다. 의료 정책 분야를 선택한 것은 나 자신이 임상 의사가 되면 수만 명의 의사 가운데 한 명이 되겠지만, 좋은 의료 제도를 만들면 그 제도를 토대로 수많은 의사들이 좋은 의료를 할 수 있겠다는 생각이 들어서였다. 그래서 임상 의사보다는 좋은 제도를 만드는 의사가 되고 싶었다.

화두라고 한다면, 내가 청년이었을 즈음의 시대가 매우 암울했기 때문에 아무래도 민주주의에 대한 생각을 하지 않을 수 없었다. 초등학교 3학년이었던 1961년에 박정희 체제가 시작되어 결혼해 집들이를 했던 1979년에 막을 내렸으니까, 아홉 살부터 스물일곱 살까지 내 소년기와 청년기의 전부가 박정희 지배 아래 있었던 것이다. 철이 든 이후, 그 시기 동안 내 마음은 단 한 번도 온전히 행복하다고 느낀 적이 없었다. 단 한순간도 말이다. 5월 16일 (당시 표현에 따르면) "군사혁명"이 일어났다고 해서 선생님께 "4·19는 4월 19일에 일어나 4·19라고 하는데, 그럼 이건 앞으로 5·16이라고 하겠네요?"라고 물었더니 "어떻게 그런 생각을 했느냐?"며 놀라시던 기억이 난다. 대학 시절은 개학하면 데모하고, 데모하면 위수령 하고, 위수령이 풀릴 때쯤 방학하고, 계속 그렇게 돌고 돌았다. 그때는 서울대학교 의예과가 지금 대학로에 있는 마로니에 공원에 있었는데, 매 학기 데모의 연속이었고 악몽에 시달리며 고민하고 또 고민하던 시기였다.

한 번은 내가 존경하는 유명한 소아과 교수이자 향린교회의 중요한 구성원이었던 홍창의 교수님께 "저는 1979년까지 한 번도 행복한 적이 없었습니

다."라고 말씀드렸더니 "김 선생이 그러면 나는 어땠겠소?"라고 하셨다. 아닌 게 아니라 그분은 일제강점기에 태어나서 한국전쟁을 겪고 이승만 체제와 박정희 체제를 모두 겪은 분인데 그 앞에서 내가 철딱서니 없이 그런 말을 했으니 나는 어땠겠느냐고 한 것이다.(웃음)

의약분업 시행 과정에서 의사 출신으로는 드물게 찬성 입장에 앞장섰다. 그로 인해 많은 동료 의사들에게 질타와 쓴소리를 들었다. 의약분업 도입을 관철하기까지 가장 큰 어려움은 무엇이었나? 그리고 어떻게 극복할 수 있었는가?

의약분업을 찬성한 정도가 아니라 주모자였다.(웃음) 1998년 김대중 정부가 들어서면서 의료 분야에서 두 가지 큰 정책이 추진되었는데, 하나는 의료보험(건강보험)을 통합 일원화하는 것이었고, 하나는 의약분업을 시행하는 것이었다.

의료보험 통합 일원화는 그 역사가 길다. 1988년에 농촌 지역에서 의료보험이 시작되었는데 농민들이 반발해 의료보험증을 불사르는 등 강력한 저항이 일어났다. 직장 의료보험이나 공무원 및 사립학교 교직원 의료보험은 의료보험료를 사용자가 반, 피용자가 반을 부담했는데 농민들은 전액을 다 본인이 부담해야 했기 때문에 불만이 터져 나온 것이다. 마침 1987년 가을에 인의협(인도주의실천의사협의회)·건치(건강사회를위한치과의사회)·건약(건강사회를위한약사회) 등 의료 운동 단체가 결성되어 농민들과 함께 이 운동을 시작했다. 이런 운동이 10여 년 지속되어 오다가 1998년 김대중 정부 때 통합 일원화가 본격적으로 추진된 것이다.

거의 같은 시기에 의약분업 논의가 시작되었다. 의약분업은 원래 〈약사법〉을 제정할 당시부터 실시하기로 되어 있던 것이다. 다만 부칙으로 실시를 유보하는 조항을 달아 계속 미루고 있었다. 이 유보 조항은 일정한 시한이 설정돼 있었는데 그 부칙을 거듭 개정해 온 것이다. 의약분업을 추진할 당시 유보 시한은 2000년이었다. 다른 정부 같으면 그냥 또 유보하고 지나갔을 텐데 김대중 정부는 의약분업을 실시하겠다고 나섰다.

정부에서 하겠다고 나오니까 나도 의약분업을 할 준비를 해야 했는데, 의료보험 통합 때문에 한동안 미뤄 두고 있었다. 의료보험 통합이 어느 정도 진전된 다음 며칠 밤을 새워 어떤 논리로 의약분업을 해야 하는지에 대한 생각을 정리했다. 핵심만 뽑아 두 쪽 분량의 짧막한 문건을 완성했다. 의약분업의 장애 요인은 분업의 기술적인 측면 때문이 아니라 약가(약값)에서 생기는 비공식적인 이익 때문이고, 의약분업을 하기 위해서는 약가를 내리고 수가를 동시에 올리는 조치를 선행해야 한다는 틀을 짠 것이다. 당시 기준으로 병원 수익의 3분의 1 정도가 약가 차액에서 나왔기 때문에 약가 차액은 병원 운영에 어마어마하게 중요하게 비중을 차지하고 있었다. 이 부분을 정리하지 않으면 의약분업을 할 수가 없다는 것을 깨달았는데 그 결과 문제가 더 복잡해졌다. 그걸 깨닫지 못했으면 의약분업을 안 했을 텐데 말이다. (웃음) 내가 한번 물은 것은 놓치지 않는 성격이라서 사서 고생을 한다.

지속적이고 단계적으로 추진했다. 처음에 원리를 만들고 그 생각에 기초해 약가·수가 조정 방안을 만들고, 의약분업 자체의 모델을 만들어 이것을 의사와 약사들 사이를 왔다 갔다 하면서 일종의 협상을 계속했다. 그 과정이 쉽지만은 않았다. 그렇게 의사와 약사 간에 합의를 이루기 위해 사방으로 뛰어다녔는데 도저히 안 되는 것이다. 한번은 정말 의사회와 약사회가 합의해 발표까지 하고 뉴스에도 크게 났는데, 이들이 돌아가서는 파기해 버려 이후에도 계속 복잡한 상황이 전개되었다. 어쨌든 그런 과정들을 극복하고 결국 2000년 7월 1일 의료보험 통합 일원화와 의약분업이 동시에 실시되었다.

의약분업이 실시되는 과정에서 남들이 보기에는 내가 의사들에게 욕먹고 광장히 힘들었을 것이라고 생각한다. 물론 힘이 하나도 안 들었다면 거짓말이지만 많이 힘들지는 않았다. 그것보다는 그렇게 힘든 과정을 거쳐 이룬 의약분업 제도가 바람직하지 않은 방향으로 왜곡된 것이 훨씬 고통스러운 일이었다. 지금 의약분업의 문제점이라고 거론되는 것은 대부분 그런 변형들 때문이다. 의약분업이 제대로 시행되려면 의약 분업 자체도 중요하지만 의약분업을 둘러싼 제도들이 같이 정비되어야 한다. 약가 제도와 의약품의 생산·유통 체제 등이 정비되지 않다 보니 약효 동등성, 의약품의 품질, 리베이트 등과 관련된 문제들이 계속 발생한다. 이런 문제들이 해결되어야 의사와 약사 간 분쟁의 소지가 줄어들고 의사와 국민들의 신뢰 관계도 복구될 수 있다.

의약분업을 처음 들었을 때 신선했다. 의약분업을 실시하자고 했을 때 기존 제도로부터 혜택을 받던 그룹의 강력한 저항이 있었다. 그런 상황들을 다 뚫고 제도를 도입하기 위해서는 본인 스스로 의약분업 제도가 우리 사회에 꼭 필요하다는 확신이 있어야 했을 것 같은데?

의약분업을 하지 않는 나라는 제국주의 전통이 있는 일본·한국·타이완 정도다. 한국에서 의약분업을 하기 훨씬 전에 싱가포르·인도네시아·말레이시아·필리핀 등을 방문한 일이 있었는데 이미 그곳에서는 의약분업을 하고 있었다. 서양 의료 제도의 영향을 직접 받았기 때문이다. 그런데 일본에서는 메이지유신 때 서양식 의료 제도를 만들면서 의약을 분업하되 실시는 유보하는 제도를 만들었다. 그 영향이 지금도 일본 자체는 물론, 식민지였던 한국과 타이완에 남아 있는 것이다. 그런 점에서 의약분업의 실시는 한국이 일본 식민의 역사 중 하나를 벗어 버린 것이기도 하다.

서양에서는 의약분업이 몇 백 년 전에 이미 제도화되었다. 지금은 의사가 한 종류로 되어 있지만 19세기 초반 정도까지 유럽에는 내과의physician, 외과 의surgeon, 산과의obstetrician, 아포테캐리apothecary(약제상) 등 4종의 의사가 있었다. '피지션'이라는 내과의가 제일 고급 의사로서 중세기부터 대학에서 신학·철학·법학·의학을 가르쳤다고 하는데, 그때 대학을 다녔던 의사가 바로 이들이다. '서전'이라는 외과의는 피지션과 완전히 기원이 다르다. 외과의의 조상은 칼을 가지고 있는 이발사이다. 지금도 이발소 문 앞에는 으레 빨강·파랑·하양의 3색 원통이 돌아가는데 이것이 각각 동맥·정맥·신경을 나타내는 색이다.(웃음) 산과의의 조상은 동네의 산파 할머니였다. 아포테캐리는 약을 만들어 파는 제약상 같은 것으로 서양 동화를 보면 마귀할멈이 큰 항아리에 무엇인가를 넣어서 부글부글 끓여 묘약을 만드는 그림이 흔히 나온다. 그것이 바로 약을 조제하는 아포테캐리의 모습이다.(웃음) 내과·외과·산과 의사는 약을 직접 짓지 않았다. 그럴 수가 없었다. 왜냐하면 수많은 동식물을 재료로 갖추어 두고 처방대로 갈고 자르고 다리는 일을 의사들이 하기에는 너무 번거로웠던 것이다. 환자에게 처방전을 주면 아포테캐리가 처방대로 약을 만들어 주었다. 이들은 직접 환자를 보고 약을 지어 주기도 했다. 나중에 아포테캐리의 일부는 의사로 흡수되고 일부는 약사가 되었다. 이런 연유에서 영국 말로 약사는 '케미스트'chemist(화학자)라고 하고, 독일어로는 약국을 '아포테케'Apotheke라고 한다. 약사가 된 아포테캐리는 환자를 직접 볼 수 없게 되었다. 이처럼 서양에서는 의사들이 약을 다루지 않았고 처방전만 주면 약사들이 약을 만들었다. 서양에는 의약분업이라는 말 자체가 없다. 너무 오래되고 자연스러운 것이어서 단어 자체가 없는 것이다. 나도 의약분업을 영어로 번역하는 데 애를 먹었다. 방도가 없어 다국적 제약회사에 의약분업을 뭐라고 하냐고 물었더니 그냥 '분리'separation라고 한다더라.(웃음)

　그래서 당연히 의약분업을 해야 한다고 생각했다. 단순히 서양을 따라 한다는 것이 아니라 의사가 약을 조제하고 약사가 병을 처방하는 현상은 매우 전근대적이라고 여겼다. 약사가 환자에게 "기침 나세요? 머리가 아파요? 콧물도 나세요?"라고 하면서 바로 약을 지어 준다는 것은 상상할 수 없는 일이다. 그리고 의사가 환자를 보고 처방하고 직접 약을 지어 주는 일 또한 상상할 수 없는 일이다. 굉장히 비효율적이고 옳지 않은 일인 데다가, 돈 문제와 연결되어 있으면 더욱 복잡해진다. 예를 들어 경제학자가 사회학을 가르치고 사회학자가 경제학을 가르치는 것과 비슷한 것이다. 물론 경제학과 사회학 둘 다 사회과학이기는 하지만 경제학을 한 사람과 사회학을 한 사람은 엄연히 다르지 않나. 의사의 기능과 약사의 기능이 혼재된 상태가 해결되지 않고 그 위에 다른 의료 시스템을 시행하기란 불가능한 일이다.

2001년 11월 25일 국가인권위원회가 출범하던 날 새벽, 진정 1호를 낸 것으로 알고 있다. 제자 이희원 씨가 장애인이라는 이유로 제천시 보건소장 지원 과정에서 차별받은 것에 분노해 진정 서류를 대신 들고 인권위를 찾아가 두 달 만에 장애인 차별이라는 판정을 받은 것으로 알고 있는데, 그때 이야기를 듣고 싶다.

이희원은 정말 기적 같은 친구다. 집안 형편이 어려운 가운데 의과대학을 다녔는데 아주 성실했다. 나중에 알게 된 일이지만 자주 두통에 시달렸다고 한다. 두통은 흔한 질병이고 원인은 수백 가지인데 이 친구에게는 뇌동맥류라는 특별한 원인이 있었다. 동맥류란 동맥의 혈관 벽이 일부 얇아져서 그 부분이 풍선처럼 부풀어 오르는 병이다. 나이 든 여자들의 종아리 뒤에 울

통불통 튀어나오는 정맥류가 이와 비슷하다. 정맥이 아니라 동맥에 생기면 아주 위험하다. 뇌동맥류는 뇌 속의 동맥이 터지면서 엄청난 속도로 피가 터져 나오는 것이라 대부분 죽는다. 그런데 이희원은 수술실 실습을 돌다가 동맥류가 터졌다. 옆방의 신경외과 교수님을 급히 불러 그 자리에서 응급 수술을 받았기에 기적적으로 살아났다. 밖에서 터졌으면 바로 죽는 것인데 말이다. 살기는 살았지만, 혼수상태가 계속됐다. 다시 기적이 일어나 의식이 돌아왔고 일부 마비된 상태가 지속되었으나 재활 치료를 받아 1년여 만에 천천히 걸을 정도로 회복되었다. 기적의 연속이었다.

그런데 이 친구가 졸업할 때쯤 나를 찾아와 보건소에서 일하고 싶다고 했다. 처음에는 '몸이 안 좋으니까 보건소에 취직하려나 보다.' 했는데 이야기를 듣고 보니 원래부터 가난한 사람들과 같이 살면서 의료 활동을 하고 싶었던 것이다. 자리를 찾아 제천시 보건소로 보냈더니 구석구석 돌아다니면서 의사 생활을 잘했다. 시간이 지나 보건소장 자리가 공석이 되어 지원하려고 했더니 시장이 "장애인을 참모로 쓰면 내가 창피해서 어떻게 시장을 하는가."라며 상대를 안 해준다는 것이다. 내게 와서 하소연하는데, 이건 말도 안 되는 일이었다. 기업 사장들이 장애인을 차별하는 경우가 흔하다지만, 이 사람은 시장이었다. 시장이 장애인을 그렇게 생각하면 제천의 장애인들은 다 뭐가 되겠나. 이 문제를 어떻게 할지 방법을 찾던 중 마침 막 출범하려던 국가인권위원회에 제소하는 것이 어떻겠냐는 권유를 받았다. 그리고 기왕에 제소하려면 첫 번째로 해야 뉴스에도 나오고 사회적으로 주목받을 수 있으니 이른 새벽에 나오라고, 당시 인권위 준비위원으로 있던 김선민이라는 제자가 상세하게 코치해 주었다. 그래서 새벽에 나가 1번으로 이 사건을 제소할 수 있었다.(웃음)

결국 장애인 차별이라는 판정이 나왔다. 그렇지만 별 소용은 없었다. 당시 김창국 인권위원장이 나를 보자고 해서 찾아갔더니, 굉장히 미안한 표정으로, 차별인 것은 맞지만 보건소장을 시켜 줄 수는 없다고 했다. 왜냐하면 이희원이 보건소장에 임명된 후에 해임한 것이 아니라 응모 단계에서 안 된다고 한 것이기 때문에 보건소장으로 임명하라고 강제할 수는 없다는 것이었다.

이듬해 봄에 지방선거가 있었는데 그 시장이 또 출마한다는 소식이 들려왔다. 이 사람을 꼭 떨어뜨리려고 제천 시내 한복판에서 1인 시위를 했다. 그 시장은 원래 한나라당 소속이었는데 이희원 사건으로 공천받지 못해 당시 무소속으로 출마했다. 내가 시위하고 있으니 자민련(자유민주연합) 선거 운동원들이 바카스도 사다 주고 그랬다.(웃음) 결국 그 시장은 떨어졌고 이희원은 춘천 소년원으로 가서 지금까지 그곳에서 활동하고 있다.

『한겨레』에 실린 칼럼, "걸리버의 장애인 나라 여행기"(2011년 10월 10일자)에서 "나는 종종 넘어져서 한두 주씩 걷지 못하는 일이 생긴다. 그러면 다시 잠깐씩 장애인 나라에 들렀다 온다. 마치 추석날 시골집에 다녀오듯이. '도가니' 같은 장애인 나라에서 영원히 출국 금지가 되어 있는 그 나라의 국민들을 만나고 온다."라는 대목이 무척 인상적이었다. 장애인으로서의 삶이, 그리고 가끔 휠체어에 의지해야 하는 상황들이 장애인을 위한 정책을 만드는 데 적용되지 않을까 싶다.

의약분업을 추진하는 와중에 피곤해서 넘어졌다. 서울대병원에는 시계탑이 있는 옛 대한의원 건물이 있다. 그때 우리 과가 그 건물 2층에 있었다. 옛날 건물이라 계단이 고르지 않아서 내려가다가 넘어져 종아리뼈가 부러졌다. 원래 한쪽 다리가 불편했는데 다른 쪽 다리마저 부러져 버렸으니 양하지 장애(척수 장애)가 되었다. 두 다리가 모두 힘을 못 쓰면 목발을 짚을 수도 없어 휠체어를 타야 한다. 그 경험을 칼럼에 쓴 것인데, 실제는 그것보다 훨씬 더 심했다. 휠체어를 타보니 한국에서 휠체어를 탄 장애인이 사람답게 살기 위해서는 운전사가 있는 자가용을 타야 한다는 사실을 알았다. 도저히 다닐 수가 없다.

한국에서 장애인으로 산다는 것은 부가적인 돈이 많이 드는 일이다. 치료 받아야지, 어디로 움직이려면 택시 타야지……. 기본적으로 장애인은 비장애인들과 같은 수준의 교육을 받기가 어렵고, 그래서 교육 수준이 낮아진다. 신체적 능력의 한계와 더불어 교육마저 부실해 좋은 직업을 갖기가 어려우므로 결과적으로 가난해진다. 한국에서 장애인이라는 것은 곧 가난하다는 것을 의미한다. 이는 장애인 개인에게만 해당되는 이야기가 아니라 장애인을 둔 가정에도 해당된다. 예를 들어 다섯 명의 가족이 있는데 한 명이 휠체어를 타야 하는 장애인이면 이 사람이 병원을 가려고 할 때 네 사람 중 한 명은 하루 일을 빼먹고 병원에 같이 가줘야 한다. 그러면 빠진 만큼 돈을 벌지 못하게 된다. 그러다 보니 장애인은 웬만하면 아파도 참게 되고, 그러다가 오히려 병이 더 악화된다. 그렇기 때문에 장애인에게는 장애로 인해 생긴 가난을 보충해 주는 소득 보장에 더해, 장애 때문에 생기는 추가 비용을 더 부담해 주어야 한다. 그렇게 될 때 장애가 없는 이들과 겨우 출발점이 같아진다.

의료에 대한 장애의 불편은 이것만이 아니다. 청각 장애인이 병원에 가면 말이 통하지 않아 의사와 커뮤니케이션을 할 수가 없다. 필담을 해야 하는데 요즘 의사소통이 원활해도 3분 진료를 할 판에 청각 장애인이 와서 필담하자고 하면 좋아할 의사가 어디 있겠는가. 그러니까 병원에 마음대로 못 가는 거다. 청각 장애인은 보이기도 하고 움직일 수도 있으니까 괜찮을 것 같지만, 길거리에 나가면 소리가 안 들리기 때문에 불안해진다. 우리가 알게 모르게 소리에 의지해 위험을 인지하고 위치를 파악하는데, 그럴 수 없으니 밖으로 나가는 것을 피하는 것이다. 극단적인 예는 영화 〈오아시스〉에 나오는 뇌성마비 장애인의 경우다. 이런 장애인이 치과 치료 한 번 받으려면 몇 명이 붙잡고 있어야 한다. 그가 임신해 아이를 낳는다고 생각해 보자. 얼마나 힘이 들겠나?

나도 휠체어를 타보기 전까지는 장애인들의 이런 불편에 대해 깊이 알지는 못했다. 그 일이 있고 나서 보건복지부에서 연구비를 좀 얻어 장애인 보건 의료 연구를 했다. 그 당시까지는 장애인 정책 가운데 보건 의료 연구가 없었다. 그래서 개념을 정리하고 종합적인 상황과 대안을 정리해 보고서를 냈다. 지금은 여러 후배들이 이 분야 연구를 하고 있다. 흔히 장애인 의료라고 하면 장애와 직접적으로 관련된 의료만을 생각한다. 예를 들어 척추 장애 같으면 척추, 시각 장애인 같으면 눈에 관련된 의료를 지원해야 한다고 생각한다. 그러나 실제로 조사해 실태를 알고 보면 장애인들은 일반인에 비해 훨씬 많이 온갖 질병에 시달린다. 그럴 수밖에 없는 것이 움직이기 어렵고 몸이 약하니까 배가 아파도 남들보다 더 아프고 머리가 아파도 더 아픈 것이다. 이들은 장애 관련 의료뿐만 아니라 일반적인 의료를 더 많이 필요로 한다.

그런데 이 모든 것의 바탕에 이동권 문제가 있다. 이동할 수 없으면 교육을 받을 수 없고 이동할 수 없으면 일자리도 얻을 수 없다. 이동할 수 없으면 병원에도 갈 수 없다. 장애인에게 이동권은 편의의 문제가 아니라 생존의 조건이다. 사람들이 장애인의 이동 문제를 얼마나 오해하는가 하면, 장애인 이동권은 저상 버스만 해주면 다 된다고 생각한다. 저상 버스고 뭐고 길거리를 나가 보면 장애인들이 제대로 돌아다닐 수 없다. 보도블록을 새로 깔아도 1년만 되면 울퉁불퉁해져 걷는 데 아주 불편하다.

언젠가 학생들에게 과제를 내준 적이 있다. 대학로에 있는 서울대학교 의대부터 성균관대학교까지 휠체어를 타고 가보고, 종로구 안에 휠체어를 타고 갈 수 있는 병원이 몇 개나 있는지 조사해 보라고 했다. 일단 성균관대까지 휠체어를 타고 가본 학생은 한 명도 빠짐없이 모두 넘어져서 갈 수가 없었다. 그리고 종로구에 있는 병원에 들어가 의사가 있는 방문 앞까지 휠체어를 자기가 끌고 갈 수 있는 경우는 10퍼센트가 되지 않았다. 장애인 혼자서는 절대로 움직일 수 없다. 초등학교 때부터 대학교 때까지 휠체어를 밀어 주는 희생적인 어머니가 누구에게나 있으리라는 법이 어디 있는가? 그리고 어머니라고 해서 왜 희생해야 하는가? 장애인 이동권 문제를 해결하는 정책이 시급하다.

"부자가 해서는 안 될 일"(『한겨레』 2011년 10월 31일자)이라는 칼럼에서 "'노블레스 오블리주'를 부르짖지 말라. '귀족은 의무를 진다'는 뜻인데 당신들은 의무를 질 필요가 없다. 해서는 안 될 일만 안 하면 된다. …… 당신들이 조금만 베풀어 주면 입시 지옥도, 청년 실업도, 중년 과로사도, 노인 자살도, 비정규직 차별도 없어질 것 같다. 삶이 오죽 팍팍하면 젊은 것들이 새끼를 못 낳겠다고 하겠나? 살 날 며칠 안 남은 노인네들이 제 손으로 목을 매겠는가?"라며 가진 자들에 대해 매우 신랄하게 비판한 것을 보았다. 본인이 생각하는 '노블레스 오블리주'는 무엇인가?

프랑스어로 '노블레스'라는 말은 '귀족'이라는 명사이고 '오블리주'는 '의무를 진다'는 동사이다. 노블레스 오블리주란 '귀족은 의무를 진다.'라는 하나의 문장이다. 그런데 내게 노블레스 오블리주가 뭐냐고 묻는다면, 그런 것은 기본적으로 없어야 한다고 말하겠다. 귀족이 의무를 지려면 우선 귀족이 있어야 하는데, 귀족이란 지금으로 말하면 특권층을 가리키는 것이다. 특권층 같은 것은 애당초 없어야 하는 것 아닌가. 흔히 영국의 왕자들이 전쟁에 앞장서서 나가는 것을 노블레스 오블리주의 예로 드는데 이것도 나로서는 이해가 안 되는 부분이다. 군대에 가는 것은 왕족이나 평민이나 당연한 일 아닌가. 또 대기업들이 사회적 공헌을 한다고 해서 노블레스 오블리주를 실천한다고들 칭찬하는데, 그것도 '노블레스가 되는 과정' 자체가 정당할 때만 칭찬받을 수 있는 것이다. 돈을 버는 과정은 '개' 같았는데 쓰는 것이 '정승' 같다고 칭찬할 수는 없는 일이다. 개같이 번 부분은 용서받고, 정승같이 쓰는 부분으로 존경까지 받고 싶어 한다면 곤란하다. 요즘은 기업에도 ISO 26000(국제표준화기구ISO가 2010년 11월 1일 발표한, 기업의 사회적 책임에 대한 국제 표준) 같은 사회적 규범이 나와서 이런 것들을 다 지킨 후에 노블레스 오블리주를 실천한다면 진정한 노블레스 오블리주가 되겠지만, 나는 그보다 훨씬 더 중요한 것은 경제민주화라고 생각한다.

민주통합당의 '3+1'(무상 의료·급식·보육, 반값 등록금) 정책, 특히 무상 의료 정책을 구상하는 데 영향을 미쳤고 또 직접 관여한 것으로 알고 있다. 김용익 표 무상 의료 정책의 핵심은 무엇인가?

무상 의료는 정확히 이야기하자면, 의료 이용을 할 때 본인 부담금이 '0원'이라는 의미는 아니고 실질적으로 의료에 들어가는 본인 부담금을 획기적으로 줄인다는 정도를 의미한다. 좀 더 정확히는, 획기적인 건강보험 급여 확대를 통해 본인 부담금을 대폭 줄이는 것인데, 여기에는 감자 뿌리처럼 이어지는 여러 가지 문제가 있다.

가장 대표적인 것이 비급여 부분이다. 우선 획기적인 건강보험 급여 확대를 위해서는 비급여 부분이 있으면 안 된다. 비급여 부분이란 건강보험이 적용되지 않는 부분, 즉 보험의 대상이 아니거나 제외되는 것을 말한다. 예를 들어서 MRI(자기 공명 영상법) 같은 것이다. 성형수술의 경우는 치료가 아니라 미용 목적의 수술이기 때문에 원래 법에서 비급여 부분으로 되어 있지만, 치료 목적의 서비스 중에도 건강보험에 적용되지 않는 부분이 상당히 많다. 병원에서 비급여 부분을 자꾸만 만들면 보장성이 낮아진다. 실제로 참여정부에서 정점에 달했던 보장성이 이명박 정부 들어 점점 낮아졌다. 그런데 이명박 정부에서 떨어뜨리려고 해서 떨어진 것이 아니라 아무것도 안 하니까 저절로 떨어지는 것이다. 그래서 비급여 부분들을 모두 보험 급여로 넣어야 하는 문제가 있다.

그런데 이렇게 비급여 부분을 없애고 보장성을 좋게 하면 개인 부담이 훨씬 줄어 환자들이 대형 병원에 몰리고, 지방에 있는 환자들이 서울로 오는 문제가 발생한다. 이런 부작용을 예방하기 위해서는 병원 인프라를 다시 짜야 한다. 지방에 훨씬 좋은 병원이 있어서 서울에 올 필요가 없고, 서울 안에서도 2차 병원을 좋게 해 3차 병원에 갈 필요가 없어야 하는 것이다. 이 같은 재편성은 상당 부분 공공 인프라로 짜여야만 가능하다.

또 한 가지 중요한 것은 이미 양극화 문제가 심각하다는 것, 그리고 이에 겹쳐 고령화가 급속하게 진행되고 있다는 것이다. 무상 의료를 통해 치료해주는 방식만으로는 이 문제를 결코 감당할 수 없다. 2050년이 되면 65세 이상 노인 인구가 (전체 인구의) 38퍼센트가 되고, 60세 이상의 인구는 대략 절반이 된다. 이 때문에 최대한 가정방문을 통해 질병 자체가 생기지 않도록 예방하는 노력이 필요하다. 기본적으로 보건소의 임무이다. 그러나 직장에 출근하거나 학교에 가는 사람들은 지역 보건소에서 제공하는 혜택을 전혀 누리지 못하기 때문에 직장 보건과 학교보건을 대폭 강화해야 한다. 가정·직장·학교를 포괄하는 강력한 예방 보건 네트워크를 만들어 양극화와 고령화 문제에 대응해야 한다. 2020년 정도가 되면 고령화가 아주 빠르게 진행될 것이다.

무상 의료 정책에는 건강보험 급여 확대, 보건 의료 인프라 개혁, 치료에서 예방으로 보건 의료의 중심 전환이라는 세 가지 중요한 부분이 있다. 나는 이 중에서 인프라 개혁을 가장 중요하게 여긴다. 인프라 개혁이 없으면 급여 확대도 예방도 이룰 수 없다고 생각한다.

국회의원으로서 특별히 집중하고 있는 분야가 있다면?

민주당 강령을 보면 '보편적 복지국가의 건설'이라는 부분이 있는데, 내 전공 분야가 보건 복지이므로 이 부분을 잘해야 할 것이다. 국회의원 중에서도 정치나 정무를 중심으로 하는 의원이 있는가 하면, 정책 위주로 자신의 전공 분야를 살리는 의원들이 있다. 각각의 영역들이 존재하는데 이들이 중구난방으로 서로 경쟁하는 것이 아니라 협업 체제로 가는 방식이 필요하다.

참여정부 시절 청와대 사회정책수석을 할 때, 당시 사회정책수석은 업무 영역이 타 정부에 비해 매우 넓어 교육, 보건 복지, 여성, 노동, 환경, 문화·체육·관광, 행자부의 지방자치 부분을 홀로 담당했다. 그래서 여러 사회정책들을 조율하는 역할을 많이 했고, 이런 경험들을 통해 사회정책들이란 각각 독립된 영역이 아니라 모두 연결되어 있음을 깨달았다. 또한 사회정책은 경제정책적인 의미도 갖는다. 복지 정책만 해도 실제로는 매우 중요한 경제 정책이 될 수 있는 것이다. 예를 들어 기초 생활 보장 수급자에게 지원금을 주자면 몇 조 원씩 돈을 투입해야 하는데 이는 국가 경제를 운영하는 데 중요한 문제가 된다. 국가 재정의 문제이기도 하지만 엄청난 내수 진작 대책으로서의 의미도 갖는다. 국민연금도 마찬가지로 해마다 몇 십조 원씩 쌓여갈 텐데 이 기금의 운용을 통해 어마어마한 경제정책이 실현되는 것이므로, 국민연금이 복지부 소관이어야 하는지, 경제부처 소관이어야 하는지 자체가 논란이 될 만큼 중요한 문제이다. 노동정책 또한 경제정책이기도 하고 사회정책일 수도 있다. 이렇게 사회정책 상호 간, 경제정책과 사회정책 간 조율이 필요한데 여기에 내가 기여해야 한다는 압박을 느끼고 있다.

지금의 민주당은 구민주당, 한국노총, 혁신과통합 등이 연합체로 모여 있는데 통합은 했지만 새로운 방향으로 혁신하고 있느냐 하는 점에서는 많이 부족하다. 그래서 민주당의 초선 의원들이 이런 변화를 위해 어느 정도 역할을 해야 할 것 같다는 생각으로 얼마 전 '민초넷'(민주통합당 초선 의원 네트워크)이라는 모임을 만들었다. 이를 통해 개혁적인 목소리를 조금씩 내고 있다. 혹시나 이것이 당의 분열로 오인될까 봐 조심스럽기도 하지만, 그럼에도 국민의 눈높이에서 당의 변화 내지 역동성을 고양하는 역할을 해야 한다고 생각한다. 또한 민주당을 보면 상당히 열려 있는 것처럼 보이지만 자세히 들여다보면 폐쇄적인 부분도 없지 않다. 시민사회와 교류하고 협력하고 의견을 조율하는 데서 훨씬 더 열린 마음으로 임해야 하며, 그렇게 할 수 있는 구조를 만들어야 한다고 생각한다. 그렇게 해서 당의 지지도 자체를 올려야 한다.

김용익에게 자유란? 인생에서 가장 자유롭다고 느꼈을 때는 언제인가?

사람에게는 천부의 인권, 천부의 자유가 있다고 하는데, 나는 그 말이 성립되지 않는다고 생각한다. 자유라는 것은 일정한 조건에서 만들어지는 것이 우리에게 자유가 주어진 적이 역사상 한 번이라도 있었던가? 자유에 대한 희망, 자유에 대한 강한 갈망은 있었지만 자유에 대한 '추억'은 내게 없다. 아마 많은 사람이 그럴 것이다.

기 때문이다. 외적으로는 우선 시민적 권리와 시민적 자유와 같은 정치적 의미의 조건이 필요하다. 내가 박정희 시대 전체가 암울했다고 했던 것은 그런 정치적 조건들이 갖춰지지 못했기 때문이다. 그래서 자유롭다는 느낌이 없었던 것이다. 이명박 정부에 들어와서도 마찬가지다. 두 번째로는 내적 조건이 보장돼야 하는데 이것은 사회적 인권의 부분이다. 이 부분이 갖추어져야 문화적 자유라고 할 수 있는 마음의 여유, 심리적 자유와 같은 것들이 가능해진다.

자유롭다고 느낀 적이 있느냐고 물었는데 솔직히 한 번도 없었다. 늘 사회적 인권에 대한 갈증, 내가 나 자신에게 부여한 책임, 이것들이 만드는 어떤 구속감 같은 것들로 인해 스스로 편안하고 자유로웠던 적은 정말로 없었던 것 같다. 김지하 시인의 시, "타는 목마름으로"의 한 구절 중에 "살아오는 저 푸르른 자유의 추억"이라는 구절이 있는데, 오래전 처음 이 시를 읽었을 때부터 늘 이 부분이 마음에 걸렸다. 자유가 있었던 적이 있어야 추억이 있지, 우리에게 자유가 주어진 적이 역사상 한 번이라도 있었던가? 자유에 대한 희망, 자유에 대한 강한 갈망은 있었지만 자유에 대한 '추억'은 내게 없다. 아마 많은 사람이 그럴 것이다.

어쩌면 자유에 대한 갈망으로 살아온 게 아닌가 싶다. 그런데 시대가 요구하는 의무나 문제의식에서 벗어나 개인적인 행복을 위해 살고 싶은 순간들은 없었나?

사회에 부채 의식을 본격적으로 느끼기 시작한 것은 아마 1987년 이후였을 것이다. 1987년 인의협을 시작하고 나서 일종의 엠티를 간 적이 있다. 밤늦도록 토론을 하는데 의자가 딱딱해 엉덩이가 아파서 도저히 오래 앉아 있을 수가 없었다. 왜 이렇게 불편한가 했는데 1977년에 학교를 졸업해 거의 10

년 동안 안락한 의자에만 앉아 살아온 내 모습이 보였다. 학회를 해도 호텔에서 하고 학내 모임을 해도 편하고 좋은 곳에서만 했으니, 딱딱한 의자에 엉덩이가 낯설어진 것이다. 그 뒤로 딱딱한 의자에 빨리 다시 익숙해져야지 하면서 의도적으로 노력을 했다. 그 전까지는 지역사회 의학에 대해 의무를 느껴 예방의학을 하겠다고 했지만 1987년 인의협을 시작한 이후 사회문제에 좀 더 적극적으로 참여했다. 그렇게 삶의 방향을 잡고 나서는 여기에서 벗어날 생각을 별로 해보지 않았다.

그동안 나는 지금 이 국면에서 무엇을 해야 할지, 무엇을 하는 것이 제일 도움이 될지를 생각하고 나 자신을 그곳에 배치하면서 살아왔다. 김영삼 정부 때는 국민들에게 조금이라도 도움이 되는 일이 무엇인가를 생각해 의료보험 통합 운동에 나를 배치했다. 노무현 정부 때 미래사회위원장이나 사회정책수석에 나를 배치한 것도 마찬가지 의미였다. 권력을 얻으려고 청와대에 들어간 것이 아니다. 정부에 들어가 정책을 추진할 수 있는 위치에 내가 가장 가까웠으므로 나를 그곳에 배치한 것이다. 물론 이렇게 이해해 주는 사람들도 있지만 출세를 위해 들어갔다고 생각하는 사람들도 있었다는 것을 나중에 알았다. 청와대에서 나오고 나니 운동권에서 알게 모르게 나를 많이 배척했다. 그런데 이번에는 국회의원으로 들어갔으니 임기를 마치고 나가면 또 운동권에서 배척할지도 모르겠다.(웃음)

살아가면서 힘들고 어려울 때 가장 버팀목이 된 사람이나 문구가 있다면?

닮고 싶은 롤 모델도 없고, 외우고 다니는 명언도 별로 없다. 간단하고 외우기 쉬워서인지 가끔 생각하는 말은 있다. '사무사'思無邪라는 말인데『논어』의 "위정편"爲政篇에 나온다. 공자가 말하기를,『시경』에 나오는 3백여 편의 시를

다 읽어 보니 한마디로 얘기해 사특한 생각이 없다는 것이다. 원래는『시경』의 시들을 평한 말이지만, 나는 어떤 것을 생각할 때 사사로운 이익을 추구하지 말아야 한다는 말로 새기고 다닌다. 나도 사람이니 때때로 이렇게 하면 내게 이익이 되겠다거나 손해가 되겠다는 생각을 한다. 이럴 때 반사적으로 마음속에 '사무사'를 떠올린다. 국회의원을 할까 안 할까, 청와대에 갈까 안 갈까, 이런 식으로 하면 될까 안 될까 하는 것들을 생각할 때 이 말을 떠올리면 대개 사적으로 판단하지 않게 된다. 그러고 나서도 하게 되는 일은 내 사적인 이익과 출세를 위한 것이 아니라 공적인 역할을 감당하기 위한 것들이다. 그런 것만 남는다.

마지막으로 청년들에게 나누고 싶은 이야기가 있다면?

지금의 청년들에게 "낭만적으로 살아라, 청춘을 즐겨라, 충분히 놀아라."라고 얘기했다간 뺨 맞을 것 같은 시대다. 내 20대를 돌이켜보면 스물일곱에 장가를 갔더니 청춘은 끝났더라. 나이를 불문하고 결혼을 하면 청춘은 끝나는 것이다.(웃음)

나는 서울고등학교를 나왔는데 경희궁 터에 지은 학교라, 운동장이 세 개나 되고 숲도 있고 도서관도 있는 아름답고 좋은 학교였다. 이곳 숲 속에 있는 도서관에서 웬만한 한국의 중요한 소설은 다 읽었다. 대학에 들어가서도 의대 6년 가운데 예과 2년은 열심히 놀았다. '예과 성적은 평생 아무도 쳐다보지 않는다', '본과에 진입하기만 하면 된다', '본과에 가면 놀 시간이 없다.'고 생각했기 때문이었다. 그때는 맥주 집도 많이 다녔지만, 다른 한편 독어 강독도 하고 셰익스피어도 읽고 이래저래 고전을 많이 읽었다. 독어 강독으로는 카프카를 읽었는데, 물론 하나도 기억이 안 난다.(웃음) 그래도 고전을 읽은 것이 지금도 도움이 많이 된다.

그런데 요즘 친구들은 고전은 고사하고 책도 잘 안 읽는 것 같다. 나는 우리 청년들이 책을 많이 읽고 고전도 읽고 연애도 하고 그랬으면 좋겠다. 하지만 그렇게 충고하면 무슨 뜬구름 잡는 소리냐 할 것 같다. 그렇게 할 수 있는 조건을 못 만들어 주고 그러라고 하니까 말이다. 청와대에도 있었고 국회의원도 되고 게다가 교수인데……. 이 점에 대해 이중 삼중으로 책임을 느낀다.

自由人

2012
01
26

남경필

내가 틀렸다는 것을 인정하는 것이 민주주의

새누리당(당시 한나라당)의 대표적인 쇄신파 5선 의원인 남경필 의원을 만났다. 새누리당, 쇄신파, 5선 의원. 이 세 가지 조합이 그로 하여금 참 많은 고민이 들게 하지 않을까 싶다. 우리 사회에 여전히 큰 불씨로 남아 있는 한미 FTA 비준 과정에 대해 당시 외교통상통일위원회(외통위) 위원장으로서 어땠느냐는 질문으로 인터뷰를 시작했다.

"참담했다. 하지만 실제로 한미 FTA 처리 과정에서 여야에서 겉으로 드러난 차이는 거의 없었다. …… 물리적 충돌을 해서라도 한미 FTA를 막거나 보류했어야 한다면 한미 FTA를 19대 국회에서 비준해야 했다. 이것은 선택의 문제였다고 본다."

"18대 국회에서 마지막으로 해야 할 일은 국회에서 과반이 조금 넘는 수를 가지고 밀어붙이는 것도 아니고 소수가 물리적으로 막는 것도 아니다. 절대 과반이라고 할 수 있는 5분의 3 정도가 어떤 한 가지 사안에 합의하면 나머지 5분의 2와도 합의하기 위해 토론과 회의로 들어가는 제도를 도입해 앞으로 대한민국 국회에서 몸싸움이나 최루탄이 없도록 만드는 것이다."

이후 그는 마지막으로 해야 한다던 그 일을 결국 해냈다. 2012년 18대 국회 종료를 앞둔 5월 국회에서 국회의장의 직권 상정을 대폭 제한하면서 재적 의원의 5분의 3(180명) 이상이 동의해야 신속 처리 법안으로 분류할 수 있도록 하는 국회 선진화법(〈국회법〉 개정안)을 한나라당 쇄신파 의원들과 이에 동의하는 민주통합당 의원들과 함께 통과시킨 것이다. 여당이 야당의 협조 없이는 쟁점 법안을 처리할 수 없도록, 그래서 국회가 힘이 아닌 대화와 타협을 통한 정치로 운영될 수 있는 기반을 만들어 냈다.

하지만 그 법이 2013년 3월, 그가 속한 새누리당에 의해 다시 흔들리고 있다. 박근혜 정부의 〈정부조직법〉 개정안 통과가 막히자 새누리당 지도부가 국회 선진화법 개정을 주장하고 나선 것이다. 그러자 그는 2013년 3월 7

일 트위터를 통해 "여야가 〈정부조직법〉 개정안을 합의 처리하지 못하는 이유는 정치력과 협상력의 문제이지 '국회 선진화법' 제도의 문제가 아닙니다."라며 "국회 선진화법을 도입할 때의 절박한 마음으로 돌아가서, 합의에 이를 때까지 대화하고 타협하자."며 정치가 아닌 힘에 의해 국회를 운영하고자 하는 새누리당 지도부들에게 각성을 촉구하고 있다.

하지만 소신파들이 위기 시에만 나타난다는 비판이 있다. 동시에 그만큼 당 내부적으로 변화에 대한 저항이 크기 때문이 아니겠느냐는 안쓰러움도 있다. 그가 비판의 목소리를 멈추지 않으면서도 계속 당을 지키는 이유가 궁금했다. 그러자 "정치·역사적으로, 구조적으로 대한민국 정치를 바꾸는 가장 확실하고 빠른 방법은 한나라당을 바꾸는 것이다. 이번에 동료 의원들이 (당을) 나간다고 할 때 이제 거의 다 왔다고 호소했다."라고 말했다.

"새로운 체제를 만드는 사람으로 기록되고 싶다. 얼음은 빙점(어는점)에 이르는 어느 순간 순식간에 녹아 버린다. 그 전까지는 영하 10도에서부터 영하 8도, 영하 7도, 영하 6도, 여전히 얼음인 상태로 있다. 하지만 그 내부에서는 조금씩 변화가 생기다가 0도가 되는 시점에 얼음이 녹아 버리듯이, 정치에서도 그 시점이 올 것이라고 본다. 그러나 2012년에 얼음이 녹을지 2017년에 녹을지 아직은 결정되지 않았다. 분명한 것은 온도가 점점 올라가고 있다는 것이다. 그렇기 때문에 아직 얼음이더라도 포기하지 않고 불을 때야 한다."던 그. 그는 아직도 불을 때고 있을까.

스스로를 빨강도 파랑도 아닌 오렌지색이라고 이야기한 그는, 강고해 보이기만 하는 빙벽을 어떻게 녹여 갈까. 과연 그가 말하는 어는점은 올까. 먼 훗날 사람들이 그를 얼음을 녹이다 빙벽에 갇혀 버린 화석으로 기억하지 않기를, 빙벽을 녹이겠다는 내면의 심지가 왼쪽과 오른쪽 모두에서 불어 닥치는 바람에 흔들릴지언정 결코 꺼지지 않기를 돌아오는 내내 간절히 바랐다.

한미 FTA 비준안을 물리적으로 강행 처리할 경우에는 2012년 4월 총선에 불출마하겠다는 선언까지 했다. 그런데 결과적으로 여야 간 대화와 타협 없이 강행처리되었다. 그렇게 불출마하겠다는 배수진까지 친 이유는 무엇인가?

2010년 예산안을 처리하면서 다른 법안들까지 한꺼번에 처리하는데 더는 이런 방식으로 못하겠다는 생각이 들었다. 이젠 좀 바꾸자고 생각했다. 국민들이 뽑아 준 국회의원으로서 자기 소신이나 철학을 가지고 판단해 표결하면 되지, 집단적인 충돌에 의해 한쪽은 밀어붙이고 한쪽은 드러눕는다면 국회의원을 하는 의미가 없다고 생각했다. 당시 한미 FTA를 눈앞에 두고 있었고 내가 외통위원장이었기 때문에 불출마 선언을 하는 것이 굉장히 큰 부담이었다. 그럼에도 앞으로 대한민국 국회에서 최소한 국회의원들끼리 몸싸움은 하지 말자는 심정으로 불출마 선언까지 하게 되었다.

당내 쇄신파인 남경필 의원이 그렇게까지 이야기해 많은 사람들이 강행 처리되지는 않으리라고 기대한 것 또한 사실이다. 그만큼 사람들의 분노와 좌절도 커 보인다. 하지만 남경필 의원 본인의 좌절 또한 클 것 같은데, 어떤가?

참담했다. 하지만 실제로 한미 FTA 처리 과정에서 여야 간에 겉으로 드러난 차이는 거의 없었다. 민주당 쪽에서는 대통령이 말한 투자자-국가 직접 소송제ISD 재협상을 믿지 못하겠으니, 미국에 가서 서명을 받아오라고 요구했고 한나라당 쪽에서는 서명을 해와도 결국 또 뒤집지 않겠느냐며 신뢰하지 않았다. 결국 종이 한 장 차이의 신뢰 문제였다. 그것을 보면서 '결국은 이렇게밖에 갈 수 없는 것이구나.' 하고 생각했다. 처리 과정에서 의원들 간의 물리적 충돌이 있으면 법안을 처리하지 않겠다고 사전에 약속한 바 있는데,

물리적 충돌을 피하기 위해 야당 측에서 작전을 짠 것 같다.

결국 강행 처리로 갔지만 몸싸움은 일어나지 않았다. 그동안 참고 노력하는 중에 이제 몸싸움은 못하겠다는 의원들이 다수 생겼다. 강행 처리되던 그날, 민주당 의원들도 밑에서 소리 지르는 정도에 그쳤다. 김선동 의원이 최루탄을 터트리며 난장판이 되어 버렸지만 말이다. 과거의 한미 FTA 강행 처리 과정이나 미디어 법, 예산안 등을 처리할 때 보였던 의원들 간의 몸싸움이나 쇠사슬에 인간 띠를 묶는 식의 일들이 벌어지지 않은 데는 합의에 이르려는 그간의 노력이 중요했다고 본다.

사람들이 결과만 놓고 이야기하지 그 과정의 중요성을 이야기하지 않기 때문에 이명박 정부가 비판받는 것 같다. 한미 FTA 처리 과정에서 상당히 오랫동안 토론이 이루어졌다. 하루에 아침 10시부터 저녁 8시까지 5일 동안 거의 2천 분가량 토론했다. 얼마든지 상임위에서 방을 옮겨 그냥 처리할 수 있었던 것을 그렇게 하지 않고 계속 기다리다가 결국 이런 결과를 보여 주고 말았다. 해외 토픽감은 아니었지만, 김선동 의원의 최루탄은 완전히 개인적인 해프닝이라고 생각한다. 올해 예산안 처리만 해도 그렇다. 결국 단독 처리였지만 과정을 보면 그것은 합의 단독 처리였다.

18대 국회에서 마지막으로 해야 할 일은 국회에서 과반이 조금 넘는 수를 가지고 밀어붙이는 것도 아니고 소수가 물리적으로 막는 것도 아니다. 절대 과반이라고 할 수 있는 5분의 3 정도가 어떤 한 가지 사안에 합의하면 나머지 5분의 2와도 합의하기 위해 토론과 회의로 들어가는 제도를 도입해 앞으로 대한민국 국회에서 몸싸움이나 최루탄이 없도록 만드는 것이다.

물리적 충돌이 없었다는 점에서는 긍정적일지 모르나 사안이 사안인 만큼 물리력을 동원해서라도 막아야 했던 것 아니냐며, 결과적으로 한미 FTA 비준을 통과시켜 준 민주당에 대한 질책이 많았다. 외통위원장으로서 이런 국민들의 답답함에 대해 어떻게 생각하는가?

물리적 충돌을 해서라도 한미 FTA를 막거나 보류했어야 한다면 한미 FTA를 19대 국회에서 비준해야 했다. 이것은 선택의 문제였다고 본다. 그렇다면 앞으로가 중요하다. 내가 한미 FTA 처리를 맡은 외통위원장이 되고 나서부터 정부에 줄곧 주장해 이번에 통과된 〈통상조약의 체결절차 및 이행에 관한 법률〉(이하 〈통상절차법〉)이 있다. 이 법이 대통령이 가지고 있는 조약 체결권을 침해한다는 얘기도 있지만 〈통상절차법〉이 만들어졌다는 것 자체가 매우 중요하다. 앞으로 중국을 비롯한 다른 나라와 FTA를 맺을 때 모든 통상 과정을 의회로부터 통제받게 하는 제도이기 때문이다. 한미 FTA 때는 이것이 없어서 (협상 과정을 통제하지) 못했다.

나는 정치를 긴 흐름으로 정의하고 싶다. 어떤 순간의 단면을 끊어서 보는 것은 기자들과 언론의 시각이다. 언론은 사건이 터지면 중간을 딱 잘라서 결을 읽어 내는 것이 필요하고 또 국민들도 그것을 원한다. 그러나 정치인들에게는, 단편적인 사실을 읽어 내는 것도 중요하지만, 흐름을 파악하는 것이 중요하다. 과연 이번에 한미 FTA 처리 과정에서 보여 주었던 흐름이 역사적으로 퇴행의 과정이었을까, 아니면 아쉽기는 하지만 역사가 조금씩 나아지는 과정이었을까.

과거에는 〈통상절차법〉이 없었다. 정부는 정보를 공개할 필요도 없었고 국회에 보고할 의무도 없었다. 그런데 이제는 〈통상절차법〉을 통해 통상 절차를 국회와 국민들에게 보고할 수 있는 절차를 만들어 놓았다. 이렇게 역사가 조금씩 발전해 가는 것이다. 이제 나 같은 정치인들은 흘러가고 새로운 세대들이 들어온다. 내가 지금까지 해온 일이었고 앞으로도 해야 할 일이라면 과거의 구조들을 그대로 이어 가지 말고 그 구조들을 깨려고 노력해 조금씩이라도 발전시키는 것이다. 겉으로 드러난 단면만 보면 그것밖에 못 하느냐고 비판받을 수 있다. 실제로 부족하기 때문이다. 하지만 나는 큰 흐름으로 보고 싶다는 것이다.

나는 새로운 체제를 만드는 사람으로 기록되고 싶다. 얼음은 빙점에 이르는 어느 순간 순식간에 녹아 버린다. 그 전까지는 영하 10도에서부터 영하 8도, 영하 7도, 영하 6도, 여전히 얼음인 상태로 있다. 하지만 그 내부에서는 조금씩 변화가 생기다가 0도가 되는 시점에 얼음이 녹아 버리듯이, 정치에서도 그 시점이 올 것이라고 본다. 그러나 2012년에 얼음이 녹을지 2017년에 녹을지 아직은 결정되지 않았다. 분명한 것은 온도가 점점 올라가고 있다는 것이다. 그렇기 때문에 아직 얼음이더라도 포기하지 않고 불을 때야 한다. 나는 지금 불을 때고 있다.

순간순간 비판받는 것에 대해서는 어떻게 생각하는가?

그때그때의 칭찬과 비판은 염두에 두지 않는다. 물론 도덕적으로나 윤리적으로 해서는 안 될 일을 해서 받는 비판이라면 그때는 정치를 그만 두어야 한다. 지금껏 권력 분산을 위해 일하면서 극심한 갈등과 시련을 겪었다. 대통령 한 사람에게 집중되는 권력을 국회의원과 국민에게 나누기 위해 일해 왔다. 그 무서운 이회창 대표가 있을 당시에도 당권과 대권 분리를 주장했다. 야단도 엄청 맞았다. 대통령과 야당 지도자의 막강한 권한을 국민에게 돌려주자고 끊임없이 요구해 왔는데 숱한 비판을 거쳐 드디어 10년 만에 오픈 프라이머리(완전 국민 경선제)가 도입되어 가는 것이다.

이렇듯 단편으로 보면 부족하고 비판받을 수 있지만 긴 흐름으로 보면 대

한민국 정치도 의회의 역사도 발전하고 있다. 그런 점에서 남경필도 처음에 비해 조금씩 발전해 가려고 노력하는 정치인이고 실제로 발전하고 있다고 생각한다.

한미 FTA에 대한 국민적 저항 및 골이 깊다. 앞으로 어떻게 풀어 갈 것인가?

한미 FTA는 재협상하자고 얘기했다. 하지만 폐기할지의 문제는 다른 문제이다. 솔직히 한미 FTA 폐기를 바라는 국민이 그렇게 많다고 생각하지는 않는다. FTA 자체에 대한 문제 제기라기보다 문제될 수 있는 부분을 수정·보완하자는 의견이 다수라고 생각한다. 만약 한미 FTA를 폐기한다면 (현재 협상 중인) 한중 FTA와 한일 FTA는 어떻게 할 것인가? 노무현 대통령 이전에 이미 세계무역기구WTO에 가입하고 세계 자유무역 체제로 뛰어들었다(한국은 1995년 1월 1일 WTO가 출범할 때 가입했다). 이것은 이명박 대통령도 아니고 김영삼 대통령과 김대중 대통령을 거치면서 국민적 합의를 통해 걸어온 길이다. 한미 FTA를 폐기하자는 국민적 합의가 있으면 한미 FTA를 폐기하는 것이 옳다. 그런데 과연 그런 합의가 있었나? 무역보다는 내수로 국가 경제를 지탱하자는 데 국민적 합의가 모아지면 그렇게 하면 된다. 그런데 그런 국민적 합의가 아직까지 없다.

지금 민주당이 한미 FTA 폐기를 주장하고 있다. 과연 집권당이 되거나 다수당이 되더라도 한미 FTA 폐기를 주장할 수 있을까? 그렇지 않다고 본다. 한미 FTA 처리 과정에서의 문제, 미국이라는 독특한 존재와의 관계 속에서 한미 FTA에 대한 비난 여론이 거세지니까 폐기를 주장하고 있는 것이다. 기존의 한미 FTA를 무조건 고수해야 한다고 생각하지는 않는다. 문제가 생기면 새롭게 구성되는 국회에서 해결해 가야 한다.

책임 있는 정당과 정치인들은 역사의 흐름을 계속 이어 가야 한다. 트위터 등 SNS(사회관계망서비스)를 통해 보이는 국민들의 여론에 따라 그 흐름에 편승해서는 안 된다. 단면을 잘라 보는 것은 진정한 정치인이 아니다.

19대 국회에 기대하는 것은?

19대 국회에서는 몸싸움이 없는 국회, 의원들의 자기 소신에 의해 표결하는 국회와 정당 체제를 만들고 싶다. 그래서 들고 나온 것이 한나라당 당 대표를 폐기하자는 것이다. 당권과 대권을 분리할 것, 공천권을 국민들에게 돌려줄 것, 원내 중심 정당으로 가서 대통령의 영향을 받지 않고 국회의원들이 자유롭게 판단해 결정하게 할 것, 당정협의회를 없앨 것 등의 주장들을 일관되게 해오고 있다. 이런 논의들이 19대 국회에서 꽃피우리라고 본다.

정두언 의원 등과 함께 당 쇄신안을 내놓았다. 그런데 완전 국민 경선제 등은 매우 혁신적인 것처럼 보이지만, 장기적으로는 정치에 관심 있는 사람들이 정치 활동을 위해 굳이 당원이 되어야 할 필요를 없게 만드는, 결과적으로 정당의 존립 근거를 약화할 수 있는 안이라고 본다. 이에 대해서는 어떻게 생각하는가?

17대 국회에서 이와 관련해 상당히 열띤 논쟁이 있었다. 대한민국의 정당 체제를 유럽식 계급정당으로 갈 것인가 미국식 원내 정당으로 갈 것인가 하는 논쟁이었다. 이 논쟁 끝에 여야가 미국식 원내 정당으로 가자고 합의해 그 당시 지구당을 폐지했다. 그리고 비대한 중앙당의 유급 사무직원을 1백 명으로 제한했다. 또한 정책 중심의 정당을 만들기 위해 국고보조금의 30퍼센트를 연구소에 지원하자고 합의했다. 그런데 지구당을 폐지했지만, 현실적으로 지구당 역할을 없앨 수 없어 당원협의회라는 이름으로 계속 운영하고 있다. 중앙당 유급 사무직원을 1백 명 이하로 줄인다고 했지만, 실제로는 1백 명으로 못 줄이고 그 인원들을 국회로 다시 파견 보냈다. 여의도연구소의 지원금도 직원들 인건비로 돌리고 있는 실정이다. 정당들이 다 국민을 속이고 있는 셈이다. 그러면 여기에서 어느 방향으로 가야 하나. 약속한 대로 끝까지 가자는 거다.

당원들 문제는 어떻게 되느냐. 결국 장기적으로 보면 당원 중심 정당이 아니라 지지자 중심 정당이 되어야 한다. 사람들이 한나라당을 좋아하기 때문에 한나라당을 지지하는 것이지, 한나라당의 당원으로서 활동하는 것은 아니다. 미국에는 민주당원·공화당원의 정체성을 가진 사람들이 많다. 그런데 그 사람들은 당비 내면서 활동하는 당원들이 아니라 그냥 지지자들이다. 당에서 지지자 정당으로 가자고 방향을 잡았으면 그렇게 가야 한다. 그렇다면 진성 당원들에게는 어떻게 할 것인가 하는 질문이 남는다. 그 경우에는 당원들에게 대통령 후보를 경선할 수 있는 일정한 지분을 주면 된다. 예를 들어, 한나라당 대선 후보 최종 두 명을 뽑는 데까지는 당원들이 결정하게 하고, 마지막 한 명은 국민들이 선택하도록 하자는 거다. 그렇게 하면 당원들의 정체성에 관해서는 문제가 없다고 본다.

정치에 입문한 뒤, 줄곧 당내 소신파·개혁파·쇄신파로 목소리를 내왔다. 하지만 한나라당의 개혁에 대한 국민적 요구는 그 어느 때보다 높다. 한나라당이 여기까지 오는 데 소신파들은 무엇을 했느냐는 비판도 있는 것 같다. 이에 대해 한나라당의 대표적인 소신파 의원으로 어떻게 생각하는가?

죄송스럽다. 한나라당의 일원으로 책임이 크다. 사실 집권 초반기에 이상득

부의장 문제, 정권 핵심부의 비리 문제, 최근 터져 나온 CNK 문제, 그리고 4대강, 미디어 법 밀어붙이기 등은 경고했던 문제들이었다. 당·청 관계가 이런 식으로 가면 안 된다고 했는데, 결국 이렇게 되었다. 힘이 미약해 목소리밖에 낼 수 없던 것이 죄송스럽다.

소신파들이 위기 시에만 나타난다는 비판도 있고, 그만큼 한나라당 내부적으로 변화에 대한 저항이 크기 때문이 아니겠느냐는 안쓰러움이 깔린 우려도 있다. 초선 의원의 경우에는 당내 벽을 넘기 어렵다는 말이 이해되지만 벌써 4선 의원이 아닌가? 중간에 탈당하고픈 유혹을 느낀 적은 없었는지? 계속 비판의 목소리를 외치긴 하지만 변하지 않는 당을 보며 가장 크게 절망을 느꼈던 적은 언제인가?

탈당하겠다는 생각은 한 번도 해보지 않았다. 김성식 의원, 정태근 의원이 나갈 때도 나는 설득하는 입장이었고, 한나라당 쇄신파 내에서 탈당 이야기가 나올 때도 "나는 탈당하느니 차라리 불출마하겠다."고 이야기했다. 죽이 되든 밥이 되든 이 안에서 하겠다고 생각했다. 개인적으로 한나라당은 4선이나 한 정당이고, 그렇기 때문에 나는 초선 의원들과는 좀 다르다. 당으로부터 받은 것이 많다. 그리고 정치·역사적으로, 구조적으로 대한민국 정치를 바꾸는 가장 확실하고 빠른 방법은 한나라당을 바꾸는 것이다.

　이번에 동료 의원들이 (당을) 나간다고 할 때 이제 거의 다 왔다고 호소했다. 초선 의원부터 시작해 한나라당 개혁을 위해 일하면서 선배들에게 욕도 많이 먹었지만 어찌 되었건 지금은 원희룡·정두언·남경필 같은 사람들이 최고위원 반열에 올라와 있지 않은가. 이제 조금만 더 하면 된다고 말이다. 지금까지는 변방에서 소리 지르는 역할만 했지만, 조금만 더 하면 우리도 한나라당을 바꾸기 위해 무엇인가 할 수 있을 때가 오고 있다. 그때가 되면 우리가 꿈꿨던 것들을 하자고 이야기했다. 나는 거의 다 왔다고 생각한다.

그동안 정말 힘들었다. 특히 FTA 처리를 거치면서 '(외통위)위원장으로서 대화와 타협으로 끌고 갈 수 있는 한도는 여기까지구나.'라고 느꼈다. 외통위에서 한미 FTA 문제를 어떻게든 해결해 보려 하다가, 김선동 의원이 안에 들어가 외통위 문을 잠가 버리는 순간에 이 문제는 대통령, 원내 대표, 당 대표의 권한이 존재하는 본회의로 가버린 것이다. 이 과정에서 '내가 원내 대표였다면, 당 대표였다면 어떻게 했을까?' 하고 생각해 보았다. 그러면서 권한을 가지고 책임을 다할 수 있는 자리로 가야겠다고 생각했다. 만약 그런 자리에 올랐는데 거기서 제대로 일하지 못하면 그때는 은퇴해야 하는 거다.

한나라당의 그 많은 당 대표들 중에 대권 반열의 지도자에 오른 사람은 박근혜 비대위원장밖에 없다. 왜일까. 다른 대표들은 그럴 수 있는 권한이 없었을까. 차이가 뭘까. 바로 자기가 평상시에 했던 이야기들을 당 대표가 되고 나서 실제로 해냈다는 데 차이가 있다. 박근혜 대표는 당을 실제로 변화시켰다.

어떤 면에서 그런가?

기억할지 모르겠지만 박근혜 위원장이 한나라당을 탈당한 적이 있다. 탈당하면서 "한나라당은 이회창 총재의 일인 제왕적 체제이다. 정치 개혁의 흐름은 권력 분산이다. 그래서 나는 이런 체제 속에서는 못 하겠다."라며 나갔다. 그런 그가 다시 복당했다. 우리가 주장해서 당권과 대권이 분리된 다음에 들어왔던 것이다. 이제는 한나라당도 권력 분산의 길, 개혁의 길로 들어섰기 때문에 들어온 거다. 사람들이 아무리 박근혜 위원장을 답답하다고 할지라도 단 한 가지 시비 걸지 못하는 것이 있는데, 한마디로 '공천 가지고 장난 안 칠 것 같다.'는 것이다. 모두가 공감하는 부분이다. 그가 대표로 들어와서 당 대표와 공천권을 분리하겠다고 했는데, 실제로 요만큼도 개인적으로 부탁하는 일이 없었다. 자기가 했던 약속들을 지켜 가면서 당을 바꾼 것이다. 이것이 리더의 힘이고, 그런 사람들은 지도자 반열에 오를 수 있다.

정치를 하면서 힘들었을 때와 보람되었던 때를 꼽는다면?

'독수리 오형제'라고 불리던 김부겸·김영춘 의원이 탈당했을 때 제일 안타까웠다. 그때가 생각나서 이번에 김성식·정태근 의원이 나가는 것을 그렇게 막으려고 했던 것이다. 인사동에서 술을 진탕 마셨다. 거리에서 말리고, 껴안고 울면서 한나라당 안에서 느끼는 갑갑함을 토로했다. 예컨대 의총에서 〈국가보안법〉을 수정하자는 의견을 내놓으면 빨갱이 소리를 들어야 했다. 나는 워낙 긍정적인 사고를 갖고 있는 성격이라 스트레스를 받지 않았지만, 김영춘 의원과 김부겸 의원은 달랐다. 그런 것들을 참지 못했던 것이다.

그때는 자신과 생각이 조금이라도 다르면 모두 다 '색깔'로 몰았다. 나는 워낙 타고난 게 한나라당 베이스니까 도저히 빨갱이 소리를 못 갖다 붙이고, 대신에 오렌지색을 갖다 붙였다. 빨갱이하고 파랭이 둘밖에 없었는데 이상한 색이 나타났으니 말이다.(웃음) 동료 의원들이 탈당하고, 여전히 자신과 생각이 다른 것을 인정하지 않는 한나라당 안에 남아 있을 때 너무 힘들고 안타까웠다. 그런데 요즘엔 많이 달라졌다. 한나라당 의원 중에 의총에 나가서 무슨 이야기를 하더라도 누구 하나 소리 지르는 사람이 없다. 다 듣고 있다. 나와 생각이 다른 것을 인정하기 시작한 한나라당에 있어 지금은 너무 행복하다. 요즘에 정말로 변화의 조짐이 있다. 단면으로 잘라 보는 사람들의 시각으로 보면 아직 갈 길이 멀지만 영하 10도에서 시작했던 것을 생각하면 조금씩 따뜻해지고 있는 것 같다.

조금만 더 가면 된다. 우리가 할 만큼 하고 후배들에게 물려줘야겠다는 생각을 한다. 초선 의원들이 들어오면, 부족하긴 하지만 나름 쇄신파·개혁파라는 둥지가 한나라당 내에 차려져 있다. 우리가 초선 의원일 때는 직접 새로 집을 지어야 했다. 하지만 지금은 한나라당 안에 친이·친박이 있듯이 쇄신파가 있어서, 한나라당 내에서 한나라당의 변화와 개혁을 이야기하고 있다. 하지만 민주통합당에는 없다. 친노와 486이 있을 뿐이다.

다수가 역사를 만들어 가는 것이 아니다. 올바르고 일관성 있게 끊임없이 노력하는 소수가 결국은 다수가 된다. 다수가 되고 나서 정신 못 차리면 다른 소수가 치고 올라온다. 다 왔다. 조금만 더 가면 된다. 집 나간 김성식은 바깥에서 정치 해라. 다시 만나자.

"나와 생각이 다르더라도 함께 토론해 견해를 좁혀 가는 것이 정치 아닐까요?"라고 이야기했다. 본인이 생각하는 정치란 무엇인가?

'정치란 무엇인가'에 대한 나름대로 일관된 생각이 있다. 나는 지금까지 권력 분산을 위해 일해 왔다. 그리고 자기가 틀렸다는 것을 인정하는 민주주의를 위해 일해 왔다. 민주주의란 자기가 틀렸다는 것을 인정하는 데서 시작된다. 나 혼자 내린 결론보다 두 명이 토론해 나온 결론이 정의와 선에 더 가까울 수 있다고 본다. 내가 틀릴 수도 있으니까 말이다. 이것이 세 명, 네 명, 다섯 명 그리고 n으로 늘어나, 그 n이 모여서 결정하는 것이 정의에 가깝고 그것이 바로 민주주의이다. 다수결을 통해 대의 민주주의가 가능한 원리이다.

나도 틀릴 수 있음을 인정하고 나와 타인이 다름을 인정하면서 그 차이를 좁혀 가는 것이 정치이고 민주주의이다. 우리 사회는 이것이 부족하다. 나하고 의견이 다르면 다른 게 아니라 틀리다고 생각한다. 세상에 틀린 것은 없다. 나는 민주노동당(당시 통합진보당)의 주장에 대해 동의하지 않지만 그들이 틀렸다고 생각하진 않는다. 다르다고 생각할 뿐이다. 그래서 나는 심상정 의원을 좋아한다. 각자 원내 수석대표가 되었을 때 함께 일할 기회가 있었는데 사고가 굉장히 유연했다. 서로의 다름을 인정하고 경청할 만한 의견이라면 조정해 합의를 보자고 하더라. 이것이 바로 정치가 아니겠는가.

정치인 남경필이 아니라, 인간 남경필에게 가장 행복했던 순간은 언제인가?

지금까지 살면서 가장 행복했던 순간은 막내 동생의 딸 돌잔치가 있던 날이었다. 우리 형제들은 굉장히 우애가 깊다. 아버지께서 돌아가시고 나서 아버지의 사업체를 상속하는 과정에서도 우리 형제는 의가 상하지 않고 둘째 동생에게 통째로 주었다. 솔직히 내가 장남이긴 하지만 사업할 사람이 아니었고, 막내 동생 또한 그랬다. 그런데 둘째 동생은 아버지를 많이 닮아 사업체를 꾸리는 데 부족함이 없었다.

그런데 막내 동생이 늦은 나이에 결혼할 때였다. 결혼하기 전에 건강검진을 받았는데 간에서 7센티미터 크기의 암이 발견되었다. 6개월 전에 검사할 때만 해도 없었는데 6개월 만에 간을 잘라 내는 수술을 해야 할 정도로 심각해진 것이다. 동생은 본인이 더는 살 수 없다고 생각했는지 여자 친구와도 헤어져 몇 년 동안 수술과 치료에 전념했다. 여러 번 증세가 재발했는데, 결국 간 이식 수술을 했다. 그때 우리는 정말로 막내 동생이 죽는 줄 알았다. 그런데 수술이 성공해 정상인처럼 회복하고, 헤어진 여자 친구와도 결혼하게 되었다. 제수씨 되는 사람이 막내 동생을 기다렸던 것이다. 두 사람은 함

다수가 역사를 만들어 가는 것이 아니다. 올바르고 일관성 있게 끊임없이 노력하
는 소수가 결국은 다수가 된다.

께 미국으로 유학을 갔고, 그곳에서 아이를 낳아 돌잔치를 했는데, 우리가
다 같이 가서 축하해 주었다. 그때 정말로 기뻤다. 죽을 줄 알았던 막내 동생
이 살아났고, 사랑하는 여인과 가정을 이루고, 아이까지 낳았다. 정말 신의
축복이었다.

가족들과 함께 따뜻하고 행복한 시간을 보내는 것만큼 좋은 것은 없는 듯
하다. 그래서 나는 대한민국이 선진국이 되기 위해, 큰 틀에서 여러 가지 복
지 문제에 관련된 구조를 짜는 것도 중요하지만, 모든 것의 기본은 역시 우
리 모두 행복한 가정을 만들 수 있어야 하는 것이라고 본다.

남경필에게 자유란?

자기가 생각하는 것과 남이 생각하는 것이 다를 수 있음을 충분히 인정하고,
그 속에서 자신의 의견을 스스럼없이 말하며 다름에 대해 자유롭게 토론할
수 있는 것이다.

마지막으로 동시대의 청년들에게 하고 싶은 말이 있다면?

내가 젊은이들에게 해주고 싶은 말은 '무한 도전'이라는 단어다. 무엇이든지
도전하라. 정치인 남경필이 약속할 수 있는 것은 청년들이 성공하는 것에
대해서는 보상하고, 실패한 것에 대해서는 다시 도전할 수 있는 제도와 길
을 마련하겠다는 것이다. 20대가 실패를 두려워하지 않고 그들이 하고 싶은
일에 마음껏 도전할 수 있는 기반을 정부가 마련하도록 열심히 노력하겠다.
그러니 젊은이들이여 도전하라. 삼성에 취직하지 말고 미래의 삼성을 만들
어라. 나는 여러분의 응원자가 되겠다.

노회찬

한국 사회의 금기인 노동 문제, 이것을 깨는 리더십이 필요하다

노회찬 진보정의당 공동 대표(당시 진보신당 상임고문)를 만났다. 한진 중공업 문제를 해결하기 위한 30일 동안의 단식으로 인해 중학교 때 입었던 모시옷이 넉넉하게 맞을 정도로 홀쭉해져 있었다. 그의 트레이드 마크였던 동그란 호빵맨 얼굴이 뾰족한 브이 라인이 되어 있는 모습을 보니 고생이 얼마나 심했는지 짐작이 갔다. 하지만 극한적인 상황을 견뎌 낸 사람만이 가질 수 있는 단단함 때문일까. 삼성 X파일, 선거제도 개혁, 진보신당과 민주노동당 통합 등 여러 사안들에 대한 그의 입장은 홀쭉해지기는커녕 더욱 탄탄하고 튼튼해져 있었다.

"이제는 금기를 타파하는 정치인이 나와야 한다. 노동문제도 그 금기 중 하나이다. 리더십은 시대에 도전하는 것이어야 하고 그런 리더십이 시대를 만들어야 한다. …… 대선 정류소에서 이미지를 관리하며 기다리는 리더십이 아니라, 과감하게 도전하고 시도하는 리더십이어야 한다."

그가 처음부터 시대를 앞서 보고 미래를 희망해 왔던 것일까. "1987년 노동자들의 투쟁이 벌어질 때 나는 믿지를 못했다. 내 평생에 볼 수 없을 것 같던 장면을 보게 된 것이다. 내 생에는 그런 날이 안 올 줄 알았다. …… 1987년의 경험을 통해 나는 역사에 대해 굉장히 낙관적이 되었다."

그래서 그렇게 과감하고 두려움이 없는 것일까. 삼성으로부터 떡값을 받은, X파일 속 전·현직 검사 7명의 실명을 공개했다는 이유로 기소된 그에게, 대법원이 유죄를 선고하면 2012년 총선에 출마할 수 없을 텐데 어떻게 보느냐고 묻자, "삼성 X파일 사건은 한국 사회의 최대 강자에게 국회마저 사실상 유린·농락당한 일이라고 생각한다. …… 아이들에게 사회에 대해 혐오감을 갖게 하는 반사회적 판결이다. 그렇기 때문에 싸우지 않을 수 없다. …… 끝까지 좌절하지 않을 것이다."라고 이야기했다. 그리고 그는 실제 2012년 4월 총선에 나가 57퍼센트라는 높은 득표율로 당선되었다. 하지만 강자의 카르텔에게는 그들을 두려워하지 않는 그가 너무 위험해 보였던 것일까. 2013년 2월 14일 대법원은 그에게 명예훼손 및 〈통신비밀보호법〉 위반을 적용해 징역 4월에 집행유예 1년, 자격정지 1년을 선고했고, 결국 의원직을 상실하고 말았다.

청년 시절 왜 노동운동에 뛰어들었는지를 물었을 때, 그는 "학생운동이 촉매제 역할은 할 수 있겠지만 사회를 바꾸는 것은 민중임을 깨달았다. 그렇다면 나는 무엇을 할 것인가를 고민했고, 역사의 주인이 주인으로서 일어서게 해야겠다고 생각했다. 처음부터 급하게 생각하지 않았다. 길게 봤고, 평생 하더라도 될까 말까 한 일이라고 생각했다. 그러다 보니 각오를 많이 다지게 되었다."라고 답했다.

대법원 판결로 의원직을 상실하게 된 날, "8년 전(2005년) 그날, 그 순간이 다시 온다 하더라도 똑같이 행동할 것"이라는 말을 마지막으로 남긴 채 기자회견장을 떠나는 노회찬 대표를 보며 어쩌면 그는 다시 길게 보고, 평생 하더라도 될까 말까 한 일을 풀기 위해 나선 것이 아닐까, 그래서 각오를 많이 다지고 있지 않을까 하는 생각이 들었다. 그가 다시 역사에 대해 굉장히 낙관적이 될 날이 그리 멀지 않았으면 좋겠다.

한진중공업 정리 해고 문제와 비정규직 문제가 큰 이슈가 되고 있다. 이와 관련해 (한진중공업 정리 해고 철회와 희망 버스 참가자에 대한 경찰의 과잉 강경 진압을 규탄하기 위해) 30일 동안 단식했는데 현재 건강은 어떤지? 어떤 마음으로 30일 단식을 버텼나?

단식을 여러 번 해봤다. 그런데 한여름 노상에서 30일 단식한 것은 처음이었다. 사람을 강제로 굶기면 나흘만 지나도 못 참는다. 그런데 스스로 판단해 굶는 것은 또 다른 것 같다. 단식 같은 방식을 선호하지 않고 권하고 싶지도 않다. 수단이 없을 때 마지막으로 어쩔 수 없이 선택하는 방법이다. 나 같은 경우 다른 방법이 없었다. 한진중공업 문제의 절박성 때문에 더는 늦출 수 없다고 보았기 때문이다. 단식을 시작할 때 바다에 돌 하나 던지는 심정으로 시작한다는 말을 했었다. 파도를 막는 방파제도, 바다에 던진 돌이 쌓여서 이루어지지 않나? 그런 마음으로 단식을 시작했다. 모든 상황이 종료되지 않은 채 단식을 중단하게 된 것은 가슴 아픈 일이지만 단식하는 과정에서 노사 간 교섭이 재개되고 한진중공업 사태와 조남호 회장에 대한 국회 청문회도 열리게 되는 등 일정한 상황의 변화가 있어서 다행이라 생각한다 (그 뒤 2011년 11월 10일 김진숙 민주노총 부산지부 지도위원은 309일간의 고공 농성을 마치고 내려왔다. 하지만 한진중공업의 손배·가압류 및 해고자 복직 문제는 박근혜 정부가 들어선 2013년 3월 현재까지도 해결될 기미가 보이지 않고 있다).

포기하고 싶지 않았나?

물론 힘들기는 했지만, 쓰러질지언정 포기할 생각은 없었다. 인연이 참 묘하다. 2009년 12월부터 조남호 회장이 정리 해고를 한다고 했다. 그래서 2010년 1월에 김진숙 지도위원이 '정리 해고 철회'를 내걸고 단식을 시작했는데 당시 단식 24일째 되는 날 김진숙 위원을 찾아가 제발 끝내라며 말렸다. 그런데 내가 똑같은 이유로 단식을 하게 되었다. 이번에는 김진숙 위원이 그만 하라고 말렸다. 인연이 참 기구하고 묘하다는 생각을 했다. 이런 일로 단식하는 사람이 더는 없기를 바란다.

한진중공업의 정리 해고 문제를 포함해 한국의 노동문제는 무엇이라 보는지?
그리고 비정규직 노동에 대한 근본적인 해결 방안이 있다면?

정리 해고가 없는 사회가 오면 제일 좋겠지만, 기업주는 설사 정리 해고가
법으로 허용되지 않아도 시행할 것이다. 그러므로 정리 해고 요건을 엄격히
하는 것이 중요하다. 비정규직의 경우, 민주당이 뒤늦게 사용 사유 제한을
이야기하고 있기는 하지만, 동일 노동에 대해 임금 차별을 용인하지 않는
국가들이 많다. 한국은 동일 노동에 동일 임금을 지급하지 않아 법률적으로
아무런 제약이 없기 때문에, 심한 경우 비정규직에게는 정규직 임금의 10퍼
센트만 줘도 된다. 스위스만 해도 차별 임금은 형사처분의 대상인데, 한국에
는 그런 제도가 없다. 비정규직에게 정규직 임금의 80퍼센트 이상을 임금으
로 줘야 한다는 것이 법적으로 보장되기만 해도 많이 나아지리라 생각한다.
물론 현재 싼 임금에 적응되어 왔던 영세기업 내지 중소기업의 경우는 문제
가 될 수 있다. 이들에겐 사회적으로 특정한 기금을 조성하든지 해서 정규
직으로의 전환을 장려하는 인센티브를 주는 대책 등이 있다. 이에 대한 세
부적인 안도 만들어 놓았다.

삼성 X파일 사건의 대법원 유죄판결에 대한 토론회가 (2011년 8월 17일) 국회에
서 열렸다. 어땠나?

2005년에 일어난 사건이다. 내가 말이 잘 막히지 않는 사람인데, 표현할 단
어가 생각나지 않을 정도로 어이없는 일이라고 생각한다. 거대 권력들의 결
탁에 의한, 용서할 수 없는 부패 행위라는 점을 한나라당까지 모두 인정한
사건이고, 테이프 내용을 공개해서라도 처벌할 것은 처벌해야 한다는 데 여

야 모두 동의한 사안이다. 17대 국회의원 299명 중 290명이 두 개의 법안, 즉 한나라당이 제출한 테이프 공개 법안과 당시 열린우리당 등이 제출한 공개 법안에 모두 서명했다. 그리고 특별검사 도입까지 다 했다. 그러나 결과적으로 아무것도 해결되지 않았다. 누가 수사를 받았는가? 나와 이상호 기자만 수사를 받았고, 재판을 받았다. 당시 홍준표 의원도 "노회찬은 무죄다."라고 제일 먼저 말했다.

이것은 보수·진보의 문제도 아니다. 정의에 관련된 문제다. 보수라고 해서 삼성을 편들 일도 아니지 않은가? 우리 사회가 아직 이런 기초적인 정의도 서있지 않다는 사실이 이 사건을 통해 다시금 확인되었다. 삼성 X파일 사건은 한국 사회의 최대 강자에게 국회마저 사실상 유린·농락당한 일이라고 생각한다. 이런 사회구조 아래에서라면 1백 년이 흘러도 이 문제의 실체를 밝힐 수 없을 것이다. 나는 이 사건과 관련된 사람들이 모두 죽은 후에도 이 테이프는 공개되어야 한다고 본다. 이런 의미에서도 이 사건은 끝나지 않았다고 생각한다.

향후 파기환송심에서 대법원이 유죄를 선고하면 피선거권을 박탈당한다. 그러면 2012년 총선에 출마할 수 없게 되는데, 그것은 진보 진영에도, 노회찬 개인에게도 큰 손실이다. 심적 부담이 매우 클 것 같다.

이만한 일은 각오했다. 다만 워낙에 대법원 판결이 받아들이기가 힘든 것인데, 판결 내용이 8년 전의 일을 왜 공개했느냐는 것이다. 내가 공개한 사안이 공적 관심사가 아니라, 개인 생활에 해당되는 문제라고 이야기하는 것은 말이 안 된다. 대한민국에서 가장 큰 재벌의 돈을 대한민국에서 가장 큰 권력인 대선 후보에게 전달하는 것을 모의한 사건인데, 어떻게 이것이 공적 관심사가 아니란 말인가? 그리고 8년 전에 다 끝난 일을 왜 파헤치느냐는 식으로 대법원에서 말하는 것은 있을 수 없는 일이다.

내가 볼 때 이것은 미성년자 관람 불가 판결이다. 자라나는 아이들에게 알려 줘서도 안 되는 내용이다. 아이들에게 사회에 대해 혐오감을 갖게 하는 반사회적 판결이다. 그렇기 때문에 싸우지 않을 수 없다. 헌법재판소에도 헌법 소원을 냈다. 그리고 파기환송심에서 끝이 아니다. 재벌들은 파기환송심을 몇 번이고 한다. 그렇다고 내가 재판 만능으로 갈 생각인 것은 아니다. 끝까지 좌절하지 않을 것이다. 한 가지만은 내가 장담한다. 2012년 4월 총선에 나는 1백 퍼센트 출마할 것이다. 다른 것은 몰라도 이것은 꼭 지킬 것이다(그는 2012년 19대 총선에서 서울시 노원구 병에 출마해 57퍼센트를 득표하며 당선되었다).

2011년 3월 "선거제도 개혁의 전도사가 되겠다."라며 단순 다수대표제에서 정당 명부식 비례대표제로의 개혁에 앞장서겠다고 했는데, 특별히 이 문제에 집중하게 된 이유가 있나?

한국 정치가 많은 국민들에게 불신을 받고 있는 것은 사실이다. 가장 큰 이유는 한국 정치가 국민을 위한 정치가 아닌, 정치인을 위한 정치라는 것이다. 한국 정치가 제구실을 하고 신뢰받기 위해서는 현대적 정당정치로 변화되어야 한다. 그러기 위해서는 〈정당법〉이 바뀌어야 하는 것이 아니라 〈공직선거법〉, 선거제도가 바뀌어야 한다. 그래서 국민들이 원하는 만큼 비례해 권력을 나눠 갖게 하는 것이 중요하다.

부산 시민 중 54퍼센트만 한나라당을 찍고 있는데 비례성이 매우 낮은 소선거구 일위 대표제로 인해 부산 국회의원 의석의 94퍼센트를 한나라당이 점유하게 되었다. 이런 문제가 반복되는 것을 해결하기 위해서는 완전 비례 대표제로 바뀌어야 한다. 스웨덴식·독일식 등 여러 가지 방식이 있지만 분명한 것은 국민들이 투표한 것에 비례해 의석을 갖게 해야 한다는 것이다. 이렇게 되면 지금처럼 골치 아픈 후보 단일화 과정은 없어도 된다. 정책이 비슷한 정당끼리 정책 공조 및 연대를 하면 된다. 정당들 간의 합리적인 연대에도 도움이 된다. 선거제도의 개혁 없이 진보 정당이 발전하기란 불가능하다. 진보 정당의 성장과 집권은, 외국 사례를 보더라도 선거제도 개혁과 밀접한 관련이 있다. 진보 정당이 제대로 뿌리내리기 위해서도 관건은 선거제도 개혁이다. 선거제도 개혁에 대해 오랫동안 문제가 제기되었고 피로도도 있는 것 같다. 이런 상황에서 쉬운 일은 아니지만 선거제도 개혁에 더 박차를 가해야 한다고 생각한다.

사실 선거제도만 제대로 개혁해도 헌법을 몇 번 개정하는 것 이상의 효과를 볼 수 있다. 대개 선거제도 개혁을 어려워하는 이유는 선거제도를 개혁할 권한을 가지고 있는 사람들, 즉 국회의원들이 현 선거제도에서 이득을 누리는 사람들이기 때문에, 이들이 선거제도를 바꾸는 데 동의할 리가 없다는 데 있다. 따라서 이는 무모한 노릇이라며 포기하는데, 그 심정은 이해하지만, 절대 포기해서는 안 되는 부분이다.

그래서 나는 2012년 선거에서 정책 공조를 하게 된다면 가장 핵심적인 합의 사항의 첫 번째로 선거제도를 개혁하자고 제안한다. 대통령 후보와 국회의원 후보들이 약속하고 정책 공조를 해서 대통령 당선 후 1년 안에 선거제도를 개혁하겠다고 공언하면 국민들이 지지해 줄 것이라 본다. 국회의원들이 스스로 개혁하기를 기다리는 것은 어렵다. 감나무 밑에서 감도 아닌 달이 떨어지기를 기다리는 것과 같다. 진보 세력이 선거제도 개혁을 위해서는 다른 부분의 양보도 감수할 수 있다고 본다.

복지 담론 등 진보적 어젠다를 우리 사회의 주요 이슈로 만들어 가는 데 진보 정당들의 역할이 매우 크다. 그럼에도 진보 진영을 지지하는 그룹은 여전히 미약하다. 일반 대중의 마음을 얻는 데 너무 소홀한 것 아닌가?

두 가지 이야기를 할 수 있을 것 같다. 하나는 실제 진보 정당이 국민들에게 받는 지지율을 보면 굴곡이 있다. 올라갔다가 다시 떨어지고, 또다시 올라가고 있지만 이전보다는 완만하다. 이런 점에서 국민들의 마음을 얻는 데 일단 실패했다고 볼 수도 있다. 나는 이 점을 중요하게 봐야 한다고 생각한다. 한 예로 민주노동당의 지지율이 2004년 말까지 18퍼센트, 19퍼센트, 20퍼센트까지 올라갔다가 점점 떨어지기 시작해 2005년 8월에는 8퍼센트까지, 2007년에는 3퍼센트까지 떨어졌다. 내가 2004년 말에, 이대로 가면 지지율이 2005년에는 8퍼센트까지 떨어진다고 이야기했다가 재수 없는 이야기한다고 비판받기도 했다.(웃음) 국민들의 기대감이 높아진 만큼 그 기대감에 걸맞은 정책이나 운영, 활동을 보여 주지 못해 기대가 실망으로 바뀐 것이라 생각한다.

한국에서 진보 정당이 뿌리내리기 힘든 이유로 많은 사람들이 분단 상황, 일반 국민들의 의식 등 조건이 안 좋아서 그렇다는 이야기를 많이 했다. 그런데 진보 정당이 한때 국민들로부터 20퍼센트대의 지지율을 받았다는 것은 이런 조건이 더는 문제가 아님을 보여 준다. 20퍼센트는 제1야당이 평소에 받는 지지율이다. 이는 객관적 조건의 문제가 아닌 진보 세력 주체의 문제라고 본다. 진보 세력 주체가 가진 문제를 회복하기 위해 노력해야 하고 스스로 혁신해 가야 한다.

다른 국가에서 진보 정당들이 처음 만들어지고, 성장하고, 집권에 이르는 과정을 비교해 볼 때, 현재 우리가 늦게 시작하기는 했지만 더디게 성장하는 것은 아닌 듯하다. 근래 '진보의 시대'라고 해서 너도나도 진보를 이야기해 진보 정당의 정체성이 없는 것처럼 보일 수도 있지만 오히려 조건은 좋아졌다고 본다. 우리가 늘 이야기해 왔던 것들이 받아들여지고 있다면, 이런 문제에 대해 가장 깊이 생각하고 강한 의지를 가진 집단이 국민들에게 좀 더 다가갈 수 있으리라는 측면에서 말이다. 또한 많은 사람들이 진보 정당이라 하면 집권과 관련이 없다고 생각한다. 그러나 긴 흐름에서 볼 때 진보 정당의 집권 시기는 다가오고 있다고 볼 수 있다.

2012년에 대선이 있다. 미래 한국을 이끌어 갈 리더로 어떤 인물상을 생각해 볼 수 있을까? 혹은 이 시대에 필요한 리더십에 대한 생각을 듣고 싶다.

리더십을 말하기 이전에 한국의 대선 전야 풍경에 대해 말해 보고 싶다. 미국의 경우 지금 이 시점이면 이미 각 당의 유력 후보까지 정해져 있다. 그런데 한국은 전혀 오리무중이다. 한국 정치의 특징이다. 이 문제는 정당정치의 허약성에서 기인한다고 본다. 대개 다른 나라의 경우, 당은 그대로 존재하고 선거 때마다 후보가 바뀐다. 그런데 한국은 후보가 나오면 그 사람 주변으로 당이 새로 생긴다. 후보를 못 내면 당도 없어지고, 후보 중심으로 당이 통폐합되기도 한다. 또한 선거에서 지면 당이 4개, 5개로 쪼개지기도 한다. 그만큼 한국의 정당은 허약하다. 정당정치가 정착되어 있지 않다 보니 선거 자체가 예측 불허가 된다.

　이런 한국 정치의 상황에서는 제대로 리더십을 평가할 수 없다. 리더십이라는 것이 정견과 정치적 경륜, 그리고 여러 가지 역량의 총합으로서 평가되어야 하는데 현재 한국 정치에서 리더십은 이런 것으로 평가될 수가 없다. 내가 만든 말인데, 한국 정치에서의 리더십이란 실상 이미지십에 불과한 것일 경우가 많다. 그래서 검증되지 않은 사람이더라도 상관이 없다. 이미지가 끌고 가기 때문이다. 리더십의 여러 항목이 미확인 또는 확인 불가임에도 이미지로 해결된다. 이미지 자체를 폄하하는 것이 아니다. 현대 정치에서 이미지의 중요성은 나도 인정한다. 그러나 그것은 어디까지나 보완적인 것이어야지 그것을 중심으로 대선 후보가 등장하고, 심지어 대통령이 되는 것은 문제라고 본다.

그래서 이기기 위한 이상한 연합들이 생겨난다. 그런 절박성은 이해하지만, 연합 상대가 누구라도 상관없이 이기려고만 하는 것은 한국 정치의 심각한 문제이다. 이런 점에서 새로운 시대를 나로부터 열겠다는 정치 리더십이 필요하다. 그리고 정당정치의 재편을 주도할 수 있는 능력과 철학이 있어야 한다. 이것 없이는 구시대 정치가 반복될 수밖에 없다.

이제는 금기를 타파하는 정치인이 나와야 한다. 노동문제도 그 금기 중 하나이다. 리더십은 시대에 도전하는 것이어야 하고, 그런 리더십이 시대를 만들어야 한다. 새로운 시대라는 것이, 버스처럼 기다리면 오는 것이 아니다. 대선 정류소에서 이미지를 관리하며 기다리는 리더십이 아니라, 과감하게 도전하고 시도하는 리더십이어야 한다. 대선은 후보들만의 선거가 아니다. 대선은 유권자도 함께 만들어 가는 것이고 또 책임질 수밖에 없는 선거이다.

노회찬의 리더십은 무엇이라 할 수 있나?

리더십만큼 팔로십이 더욱 중요하다고 본다. 강제로 끌고 가는 것은 진정한 리더십이 아니다. 인정하고 따라오는 사람이 있기 때문에 리더십도 존재할 수 있는 것이다. 이런 점에서도 국민들과 함께하는 리더십이 중요하다고 본

이제는 금기를 타파하는 정치인이 나와야 한다. 노동문제도 그 금기 중 하나이다.
리더십은 시대에 도전하는 것이어야 하고, 그런 리더십이 시대를 만들어야 한다.

다. 개인적으로 노자의 『도덕경』에 나오는 '상선약수'上善若水를 리더가 가져야 할 철학으로 늘 생각하고 있다. 이 세상에서 으뜸이 되는 선은 물과 같다는 것이다. 물은 어디서 왔는지 따지지 않고 함께 흐르고, 또 계속 합해져서 흐른다. 그리고 어떤 난관이 와도 반드시 돌파한다. 산이 있으면 휘감아 돌아가고, 낭떠러지가 나오면 폭포가 되어 떨어지고, 높은 언덕이 있으면 밑에서 채워서라도 넘어간다. 그러다 마지막에는 제일 낮은 곳으로 흐르는데 제일 낮은 곳으로 흐르면 바다에 도달하게 된다. 정치의 목표가 많은 사람들을 행복하게 만드는 것, 국민들의 행복이라면 바다는 민중, 국민들이다. 리더십의 철학으로 상선약수라는 말을 항상 이야기하고 또 권하기도 한다.

자유주의의 정의에 대해 듣고 싶다. 더불어 한국 사회에서 벌어지고 있는 자유주의 논쟁에 대한 생각은?

중요한 문제다. 내가 첫 번째 만든 유인물이 고등학교 1학년 때 유신 반대 유인물이었다. 그 유인물에 "서울대 4·19 선언문" 첫 문장을 인용했다. "자유의 종을 난타하라."였던 것 같다. 그래서 '자유'라고 하면 그 문장이 기억난다. 한국은 오랫동안 자유가 억압되어 왔기 때문에 자유를 위한 투쟁에서 많은 사람이 희생당했고, 자유의 획득이 민주주의의 초보적 발전과 등치되기도 했다. 이에 더해 반공이라는 이름으로 모든 것을 억압했다. 즉 반공이 자유를 참칭한 부분도 있다.

현재 극우 단체들을 보면 자유라는 말을 참 잘 쓴다. '자유총연맹' 같은 이름에서 자유는 사실 반공이다. 자유총연맹이 아니고 반공총연맹이다. 독재 시대에 반독재의 의미인 자유라는 말을 겁도 없이 쓸 수 있었던 것은 그들에게 공산주의의 반대가 자유였기 때문이다. 요즘 강조되는 자유민주주의도 자유 더하기 민주주의라기보다는 사실 반공 민주주의이다. 반공 없는 민주주의는 위험한 민주주의라는 것이다. 이것은 냉전의 산물이다. 그리고 현재 한국 사회에서 이런 반공 민주주의는 극우이다. 여기에 신자유주의 문제까지 이야기되기 때문에 한국에서 자유주의 개념은 굉장히 혼탁해져 버렸다.

원래 자유주의에는 양 측면이 있다고 본다. 구체제를 타파하는 혁명성이 있고, 또 한편으로는 그것이 타파된 이후에 스스로 권력을 가지며 보수화되는 양 측면이 모두 있었다고 본다. 인간이 스스로 인간임을 인정하는, 각 개인의 천부인권을 인정하는 것도 자유주의로부터 비롯된 것이다. 그렇기 때문에 자유주의는 평등과도 관련이 깊다. 파시즘을 제외하고는, 자유주의로부터 영향을 받지 않은 사상은 아무것도 없다. 심지어 마르크스주의도 그 근간에는 자유주의가 있다고 본다.

한국에서 벌어지는 자유주의 논쟁과 관련해서는 역사적 고찰과 한국적 특성에 입각한 고찰 등 양쪽을 다 살펴봐야 한다. 일단 한국 사회는 정치적 자유만 보더라도 아직까지 해결해야 할 과제가 남아 있는 단계다. 또 경제적 자유와 관련해서는, 자유주의에 대한 왜곡일 수도 있는데, 자본주의사회에서 자본이 갖는 자유를 극대화하는 것이 자유주의를 추구하는 것인 양 말하고 있다.

내가 볼 때 자본주의의 역사는 자본의 자유에 대한 규제의 역사이다. 어떤 사람은 자신이 번 돈을 마음대로 하겠다는 것이 왜 문제냐고 말한다. 자본주의 초기에는 자기가 가진 자본을 마음대로 할 수 있었다. 그러나 그것을 무제한으로 방치하니 사회적으로 심각한 위기가 찾아왔기 때문에 각종 규제를 만들게 된 것이다. 개인의 자유와 관련해서도, 자기 마음대로 하는 것이 자유가 아니다. 자유라는 말에는 남에게 해를 끼치지 않는 범위 내에서 자기 의지에 따라 어떤 속박도 받지 않고 행동해야 한다는 전제가 붙어 있다. 자본에 대해서도 마찬가지다. 그래서 자본주의 역사를 자본(의 자유)에 대한 규제의 역사라고 말한 것이다. 신자유주의는 바로 그동안 규제당해 온 자본의 자유를 회복하자는 것이다. 그래서 노동시장에서의 규제를 완화하고 노동조합을 약화시키고 자본의 이동에 대한 자유를 보장하라는 것이다. 자본과 관련된 규제를 풀어서 자본이 처한 위기를 넘어서자는 것이다. 이런 일방통행식의 신자유주의는 사회경제적 민주주의에 대한 심대한 도전으로 나타날 수밖에 없다는 점에서, 자유주의는 민주주의의 도로 위를 달리는 자동차여야 한다는 점을 강조하고 싶다.

이와 관련해 사회민주주의와 진보적 자유주의에 대해 말한다면?

사회민주주의와 진보적 자유주의가 달성하고자 하는 것이 크게 다르지 않은 것 아니냐는 문제의식으로 묻는 것 같다. 내가 보는 관점도 크게 다르지는 않다. 진보적 자유주의라는 것은 자유주의에 대해 성찰함으로써 나왔다고 생각한다. 어찌 보면 더 나은 자유주의, 또는 자유주의라는 이름으로 행해졌던 한계나 문제를 보완하는 자유주의, 이른바 수정 자유주의에 해당한다고도 본다. 예를 들면 인간의 얼굴을 한 사회주의라는 말과 같은 방식으로 진보적 자유주의를 생각해 볼 수 있을 것 같다. 사회주의가 원래 추구하고자 했던 바가 있는데, 실제 사회주의를 실현하는 과정에서 인간의 체온이 없고 오히려 인간을 억압하기까지 하는 사회주의가 나타났다. 그 결과 이에 대한 반성으로 더 많은 민주주의, 민주주의와 함께하는 사회주의라는 식으로 발전했다. 진보적 자유주의가 말하는 것도 이와 같다고 본다. 이런 접근은 바람직하고, 이런 점에서 사회민주주의도 앞에 단어를 붙여야 한다고 생각한다.

초기 사회민주주의와 오늘날의 사회민주주의가 많이 다르다는 점에서 사회민주주의도 스스로 돌아볼 필요가 있다. 사회주의와 사회민주주의의 차이는 그 출발점에서 자본주의를 혁명적으로 극복할 것이냐, 아니면 점진적으로 극복할 것이냐였다. 사회민주주의의 출발은 점진적 방법에 의해 자본주의를 극복하자는 것이었다. 사회민주주의가 출발할 때의 문제의식이 지속되고 있는지를 성찰할 필요가 있다. 북유럽에 가보니 사민주의 정당이 집권한 나라는 많지만 사민주의적 사회는 지구상에 몇 나라가 되지 않았다. 사민주의가 하나의 철학과 규범으로 그 사회에 뿌리를 내린 나라가 그렇게 많지 않다는 것이다.

노회찬에게 자유란?

내게 자유란 어머니가 주신 첫 선물이다. 살아 있지 않으면 자유도 없다. 반면에 자유가 없으면 살아 있어도 의미가 없다. 즉 어머니로 인해 부여받은 생명만큼이나 자유는 나에게 중요하다.

어린 시절 매우 개구쟁이였을 것 같은데 어땠나?

어렸을 때 썼던 일기책을 아직도 많이 가지고 있다. 그중에 "오늘은 잠이 안 온다. 엄마한테 한 대도 안 맞았기 때문이다."라는 내용이 있었다.(웃음) 그렇게 하루라도 엄마한테 맞지 않으면 잠이 안 오는 아이였다. 또 작은 수첩이 있었는데 학교에 가면 담임선생님께 도장을 받아와야 했고, 집에 오면 엄마한테 도장을 받아야 했다. 내가 사고를 안 치면 도장을 찍어 주는 수첩이었다. 집에 수첩을 가져왔는데 선생님 도장이 안 찍혀 있으면 엄마한테 야단을 맞는 것이고, 학교 가서 수첩에 도장이 안 찍혀 있으면 동네에서 사고를 친 것이기 때문에 선생님한테 야단을 맞았다. 그런 불우한 어린 시절을 보냈다.(웃음) 그래도 어린 시절의 좋은 추억이 많다. 그때 산동네에 살며 산에서 뛰어 자란 것이 가장 큰 자산이다. 이 같은 어린 시절의 경험은 자연과 가족들에 대한 좋은 추억을 많이 남겨 주었다.

학창 시절 노회찬은 어떤 학생이었는가?

학창 시절에는 모범생이자 반항아였다. 중학교 졸업할 때까지 반장만 했다. 반면에 굉장한 반항아이기도 했는데, 반장이면서 선생님한테 제일 많이 맞은 사람이기도 했다. 잘못하지 않았는데 학생을 때리면 가만히 있지를 않았다. 꽃병·망치·주먹 등으로 많이 맞았다.(웃음)

고등학교 때부터는 사회를 알기 시작했는데, 당시 읽었던 책에서 전쟁을 겪은 소년은 소년이 아니라는 글을 본 적이 있다. 그 글이 나를 말한다고 생각하기도 했다. 라디오에서 유신이 선포되었다는 방송이 나오기에 국회 앞을 찾아갔더니 장갑차가 있었고 중앙청 앞에는 탱크가 있었다. 탱크 앞에는 총검을 든 군인들이 서있었다. 광화문에 가서 가판대 신문을 보았는데, 나는 조간이 그 전날 나오는 것을 처음 봤다. 신문에 "국회해산"이라고 쓰여 있었고, 다음 날 신문에는 "유신 선포"라고 쓰여 있었다. 1972년 10월 17일자 신문인데 그 신문을 지금도 가지고 있다. 그날 이후로 내가 달라졌기 때문에 그 신문을 버릴 수가 없다.(웃음)

나의 고교 시절은 질풍노도의 시기였다. 백기완 선생이 '흥사단'에서 강연을 하면 쫓아가고, 『씨올[알]의 소리』처럼 판매 금지를 당한 잡지도 봤다. 그런데 당시 『씨올의 소리』에 실린 함석헌 선생의 이야기를 고등학생으로서는 이해하기가 어려웠다. 그래서 함석헌 선생이 쓴 『뜻으로 본 한국 역사』(한길사, 2009)를 사서 봤다. 그래도 이해하기가 어려워 함석헌 선생 집으로 전화를 걸어, 『씨을의 소리』를 읽었는데 궁금한 것이 너무 많으니 만나서 이야기해 줄 수 있느냐고 물었다. 함석헌 선생이 흔쾌히 허락하셔서 당시 용산에 있는 함석헌 선생 댁으로 찾아뵀다. 가서 뵈니 하늘에서 내려온 신선처럼 수염이 하얀 분이 맞아 주셨다.(웃음) 책에서 보지 못한 이야기를 이때 많이 들을 수 있었다.

그리고 『씨을의 소리』에 1972년 7·4 남북공동성명에 대해 소설가로도 유명한, 당시 『조선일보』의 선우휘 편집국장이 대담한 것이 있었다. 참고로 당시 『조선일보』는 지금과 좀 달랐다.(웃음) 당시 남북 화해에 대해 적극적으로 의견을 말하는 것을 보고 이 사람이 누군지, 이 사람이 이야기하는 것이 어떤 내용인지 좀 더 알고 싶었다. 그래서 전화했더니, 누구냐고 물어봐서 "몇 학년 몇 반 누구"라고 이야기하고 『씨을의 소리』를 보고 이야기를 좀 나누고 싶다고 했더니 오라고 했다. 그래서 찾아가 많은 이야기를 들었다.

음악도 굉장히 좋아했다. 음악을 들으면 그대로 악보에 옮길 정도였는데, 한때 음악에 심취해 음대로 진학할까 심각하게 고민했다. 당시 여학생과 교제할 기회들이 많이 없었는데 이화여자고등학교에서 축제가 있으면 가서 첼로를 연주하기도 했다. 연주하고 오면 친구들 사이에서 어깨에 힘 좀 들어가고 그랬다.(웃음)

가장 뜨겁게 눈물을 흘렸던 때는 언제인가?

영등포 기계공고 부설 용접 학교에서 용접을 배웠다. 당시 공고도 못 가서 기술을 배우지 못한 사람들이 기술을 배우고자 들어오는 학교였다. 공고였지만 학생들이 주로 고등학생보다 나이가 많았는데, 대학 시절에 들어간 나는 특히 나이가 많은 편이었다. 그곳에서 많은 사람들을 만났다. 이전에는 같은 학교에서 만나던 친구들이 전부였는데, 용접 학교에서는 전혀 새로운 사람을 만나게 되었다. 당시 자취를 했는데 그 친구들이 나를 만나려면 자취방으로 와야 했다. 그때는 휴대전화 같은 것이 없어서 일단 찾아와야 했다. 내 자취방에 경찰이 닥치고 내가 도망가면서 친구들과도 연락이 끊어졌다. 그 후로 7년간의 수배 생활이 시작되었다.

그렇게 20여 년 연락이 끊겼는데, 2002년 국회의원이 되기 전에 텔레비전 토론회에 나간 적이 있다. 그때 텔레비전에서, 의형제를 맺었던 동생이 나를 본 것이다. 동생이 수소문 끝에 민주노총으로 연락해 연결이 되어 통화를 했는데 내가 "어디 있느냐?"고 물으니 "충주에서 살고 있습니다." 또 내가 "무엇을 하느냐?"고 물으니 "용접합니다."라고 했다. 그래서 그 친구를 만나러 고속버스를 타고 충주로 가는데 그 길이 그렇게 설렐 수가 없었다. 내가 태어나서 연애도 해보고, 짝사랑도 해봤지만 그 어느 때보다도 설레었던 것 같다. 20여 년 만에 그 친구를 만났는데 충주 고속버스 터미널에서 서로 부둥켜안고 울었다. 그 후로 부부 동반으로도 만나고 지금도 잘 만나고 있다.

그리고 눈물을 많이 흘린 것이 5·18 때의 광주이다. 5·18 광주 민중 항쟁이 벌어졌을 때 부산에서 일본 텔레비전 프로그램을 통해 그 참상을 그대로 보았다. 그때 부산에는 일본 전파가 나와서 일본 프로그램을 볼 수 있었기 때문이다. 그 참상들을 보면서 정말 뜨겁게 울었던 것 같다.

처음 노동운동에 뛰어든 계기가 궁금하다.

학창 시절부터 운동을 하고, 대학에 들어가 공부도 하면서 다양한 경험을 했다. 그러면서 결국 학생운동으로 사회가 바뀌는 것이 아니라고 생각했다. 학생운동이 촉매제 역할은 할 수 있겠지만 사회를 바꾸는 것은 민중임을 깨달았다. 그렇다면 나는 무엇을 할 것인가를 고민했고, 역사의 주인이 주인으로서 일어서게 해야겠다고 생각했다. 처음부터 급하게 생각하지 않았다. 길게 봤고, 평생 하더라도 될까 말까 한 일이라고 생각했다. 그러다 보니 각오를 많이 다지게 되었다.

또 먹고살아야 해서 용접을 배웠다. 어떤 직업이 내가 하고자 하는 일에 맞는가를 고민하다 보니 용접이 떠올랐다. 실력이 없으면 현장에서 말이 안 먹혔기 때문에 정말 독하게 배웠다. 용접 실력은 형편없는데 점심시간에 "요즘 세상이 말이야."라고 하면서 떠들어 봐야 먹히지 않았다. 그래서 집에 오면 펜치로 붓을 물어서 연습하기도 했다. 1년 만에 5년 경력 정도의 용접 실력이 생겨 돈도 많이 벌었다. 당시 경공업 종사자들, 가령 키친아트 같은 회사의 직원이 (하루 품삯으로) 1천7백 원 받을 때, 나는 5천 원을 받았다.(웃음) 그러다가 1987년 노동자들의 투쟁이 벌어질 때 나는 믿지를 못했다. 내 평생에 볼 수 없을 것 같던 장면을 보게 된 것이다. 내 생에는 그런 날이 안 올 줄 알았다. 그런데 그렇게 빨리 올 줄은 몰랐다. 1987년의 경험을 통해 나는 역사에 대해 굉장히 낙관적이 되었다.

지금 가장 바라고 소망하는 것이 있다면?

진보 정당이 한국 사회의 한 축으로 제대로 서는 것이다. 그것이 내가 마지막으로 노력해서 도달해야 할 바라고 생각한다.

동시대를 살아가고 있는 청년들에게 하고 싶은 말이 있다면?

첫마디는 "미안합니다."이다. 여러 가지로 선배 세대로서 미안하다. 우리 때보다 더 어려운 것 같다. 청년으로서 마땅히 가져야 할 관심보다는 우선 자신이 사는 데 집중해야 하는 현실이다. 그럼에도 할 수 있는 말은, 살아 있는 것만큼 좋은 건 없다는 사실이다. 현재 살고 있는, 자신이 살고 있는 이 세상보다 좋은 것이 없기 때문에 삶에 대한 애착과 희망을 갖고 살아 보자는 것이다. 주어진 것을 어떻게 받아들일지가 아닌, 어떻게 만들 것인가라는 자세로 삶을 살았으면 좋겠다. 숙명처럼 받아들이지 말고, 모든 것은 하기 나름이라는 자세로 살았으면 좋겠다.

잘못된 것이 있으면 고치려고 덤벼야 한다. 원하는 만큼 바꿀 수 있고, 또 그럴 책무가 있다는 말을 하고 싶다. 그렇게 재미있고 신나게, 자기가 가장 하고 싶은 일을 직업으로 삼아서 계속 살아가는 것이 중요하다. 언젠가 내 친구들 중 굉장히 성공한 친구들에게, 지금 하고 있는 일이 제일 하고 싶었던 일이냐고 물어본 적이 있다. 한참을 생각하더니 자신이 제일 하고 싶어 했던 것이 무엇이었는지 모르겠다고 답했다. 자신이 원하는 것이 무엇인지 처음부터 모르고 살아온 것이었다. 자신이 제일 원하는 것이 무엇인지를 알고, 그것을 하는 것이 중요하다고 말하고 싶다. 힘들지만 자신의 삶을 살기를 바란다.

2012
02
02

박선숙

정치, 끝나지 않는 숙제

박선숙 전 민주통합당 국회의원(당시 18대 국회의원)을 만났다. 민주화 운동, 청와대 대변인, 환경부 차관, 그리고 국회의원까지 운동과 행정부, 입법부 모두를 두루 경험한 흔치 않은 이력의 소유자이다. 정치가 무척이나 난무해진 이때, 하지만 그래서 정치가 더 중요해진 지금 그가 생각하는 정치란 무엇일까 궁금했다.

"내게 정치란 '끝나지 않는 숙제'이다." 그 이유를 물었다. "정치가 사람을 망치는 것이 아니라, 압력이 굉장히 높고 엄격한 시험과 같은 정치라는 영역에 들어서면, 그 권력의 힘 앞에서 각자에게 내재해 있던 내면의 무엇인가가 드러나게 된다. …… 우리가 당한 만큼 갚아 주자고 하는 분들이 있다. 이런 말들은 사람들의 마음속에 분노의 불을 지른다. 반대로 우리가 당했지만 똑같이 갚아 줄 수는 없다고 말하는 것은 거기에 찬물을 끼얹는 것이다. 사람들의 마음에 불을 지를지, 찬물을 끼얹을지에 대한 고민이 필요한데, 나라면 항상 찬물을 끼얹는 쪽에 서겠다."

왜 그런지를 묻자, "불타오르는 사람들의 분노만 갖고는 긍정적인 내일과 미래를 만들 수 있으리라고 생각하지 않는다. 응축된 사람들의 분노는 어떤 상황을 타파하는 데는 도움이 되지만 그다음으로 널리 사람을 이롭게 할 수 있는 선순환, 혹은 진전을 이루어 내려면 분노 이상의 것이 필요하다. 인간·역사·진보에 대한 반성적 성찰의 힘이 필요하다."라고 답한다.

모두가 변화의 불쏘시개가 되겠다며 불을 향해 달려갈 때, 그게 긍정의 변화가 아닌 파괴의 불덩이로 모두를 태우려 하면, 설사 우리 편이어도 언제든 찬물을 끼얹겠다며 양동이를 짊어지고 함께 뛰어간다. 그러니 무겁지, 그러니 숙제지.

"조직되지 않은 다수가 조직된 소수를 당할 수 없는 상태에서 민주주의가 과연 평등한 제도인가 하는 숙제를 늘 안고 생활했다. 어떻게 하면 조직되지 않은 다수가 자신의 목소리를 낼 수 있게 할지에 대한 답을 찾는 것이 민주주의의 제도적 허점을 끊임없이 보완하는 길이라 생각한다.”

“내게 ‘권력의지’가 없다고들 하지만, 나는 커다란 권력의지를 갖고 있다. …… 국회에서 진보·개혁 세력이 다수가 되고, 2012년 대선에서 반드시 정권 교체를 이뤄야 한다. 지금 국민들이 이렇게 단단히 결심하고 있는데, ‘이루지 못하면 그건 범죄다. 다시 죄를 짓는 것이다.’라고 생각한다. 이미 우리는 역사에 여러 번 죄를 짓지 않았는가?” 그래서였을까. 그는 자신이 그렇게 이야기했던 정권 교체를 위해 오랜 둥지였던 민주통합당을 떠나 2012년 9월 안철수 대선 후보 공동선대본부장으로 새로운 걸음을 내디뎠다.

“정치나 권력은 뢴트겐처럼 사람의 내면을 고스란히 노출시킨다고 생각한다. 지난 17년간 내 내면에서 뭔가 사사로운 것이 자라나지는 않는지 늘 경계하며 살아왔다.”던 그. 2012년 겨울, 그는 자신의 어떤 내면을 만났을까. 친정이었던 민주통합당, 새로운 둥지였던 안철수 캠프의 승리도 아닌, 새누리당의 승리로 끝난 19대 대선. 그래서 그와 함께한 많은 이들의 마음속에 분노가 들끓을지도 모를 지금. 그가 분노의 불길을 옮기는 이가 아니라 찬물을 끼얹는 이로 서겠다고 다시 이야기해 주길, 그리고 양동이 들고 언제든 그 불길을 향해 뛰어갈 수 있길 가만히 응원한다.

민주화 운동, 청와대 대변인, 정부 각료(환경부 차관), 국회의원 등 운동과 행정부, 입법부 모두를 경험했다. 운동과 행정, 정치는 서로 어떤 점이 다르고 같을까?

학생운동을 하고 사회운동도 했지만 정치를 하겠다는 생각은 35세 이전에는 한 번도 해본 적이 없었다. 어느 날 갑자기 뭔가에 떠밀리듯 정치에 들어

오게 되었는데, 돌아가신 김근태 선배가 정치계에 입문하고 후배들 몇 사람이 김근태 선배를 돕기 위한 팀을 만들면서 나의 정치 인생이 시작되었다. 그렇게 넉 달간 함께 일하다가 1995년 6월 첫 지방선거 당시 김근태 선배가 나를 새정치국민회의 부대변인으로 추천했다. 나는 사람들 앞에 나서는 일을 잘 못하므로 도저히 할 수 없다고 계속 버텼지만, 동의와 설득을 누구보다 중요시하는 선배가 하도 강하게 말씀하셔서 하는 수 없이 받아들였다. 그때 결정이 인생의 큰 전환점이 되었다.

널리 사람을 이롭게 한다는 면에서 운동과 정치, 행정은 같은 맥락에 있지만 활동 영역이 다르다. 운동을 하면서 나는 사회 변화와 관련해 보이지 않는 곳에서의 역할을 담당하겠다고 생각하며 살아왔다. 그러나 정치에 입문한 뒤에는 공개적이고 공식적인 영역으로 들어온 것이고, 이후의 모든 활동이 그러했다. 1995년 이후 벌써 17년이다. 그동안 공적인 영역에서 살아온 셈이다.

정부와 정치가 제도와 법의 영역에서 이뤄진다면, 사회운동은 좀 더 넓은 범위에서 변화를 추구하는 다양한 행동이라고 할 수 있다. 한국 현대사에서 1960년, 1987년은 억압적 제도 정치를 국민의 힘으로 굴복시켰고 민주주의의 힘이 분출된 중요한 분기점이었다. 4·19 혁명으로 이승만 정권이 무너졌고, 6월 항쟁으로 전두환 군사독재가 무릎을 꿇었다. 그러나 역전 불가능한 법과 제도로 사회운동의 힘이 정착되는 데는 사회운동과 제도권에서의 부단한 노력이 필요하다.

국회나 정부에 가면 사람이 달라진다는 말을 흔히 한다. "그런 사람이 아니었는데 권력을 갖더니 달라졌다."라고 이야기한다. 나는 동의하지 않는다. 사람들은 흔히 "정치가 사람을 망친다."라고 이야기하는데 거기에도 동의하지 않는다. 정치가 사람을 망치는 것이 아니라, 압력이 굉장히 높고 엄격한 시험과 같은 정치라는 영역에 들어서면, 그 권력의 힘 앞에서 각자에게 내재해 있던 내면의 무엇인가가 드러나게 된다. 그래서 정치나 권력은 뢴트겐처럼 사람의 내면을 고스란히 노출시킨다고 생각한다. 지난 17년간 내 내면에서 뭔가 사사로운 것이 자라나지는 않는지 늘 경계하며 살아왔다. 내게 정치는 권력이 아니라 시험이자 숙제이다.

막스 베버는 직업으로서의 정치와 관련해 때로 "정치는 악마적 힘과 거래할 수 있어야 한다."고 이야기했다. 정치를 권력이 아니라 시험이자 숙제라고 답했는데, 그렇다면 이런 악마적 힘과 거래하는 과정에서 나름의 원칙이 있다면?

먼저 어떤 조건에서 무엇을 위해 어떤 거래를 하는지를 구체적으로 설명하지 않는 베버의 명제 앞에서 "무엇을 위해 거래하는 것인가? 도대체 무엇을 원하는 것인가?"라는 질문을 하고 싶다. 베버의 말을, 목표로 하는 종국의 긍정적인 결과를 얻기 위해 일정하게 힘을 빌린다거나 수단을 동원하는 것을 감수해야 한다는 이야기로 해석한다면, 거기에도 기준이 있다고 생각한다. 거래하거나 빌릴 수 있는 것은 특정한 그룹이 아닌 다수 국민의 힘이다. 어떤 목표나 목적을 위해서라도 국민의 힘 말고 다른 어떤 힘과도 타협하거나 거래해서는 안 된다고 나는 생각한다.

장기적으로 보면, 국민의 힘은 항상 옳은 방향으로 간다는 낙관론을 가지고 있다. 이처럼 다수를 이롭게 한다는, 국민의 힘이라는 기준과 방향을 잃지 않도록 긴장감을 늦추지 않아야 한다는 것이다. 하지만 단기적으로 보면 여론 또는 다수의 힘은 당장의 이해관계나 감정에 치우칠 때도 있다. 그럴 때 다수 국민의 힘에 편승할 것인가, 혹은 때론 이와 대결하면서라도 다수의 이익을 지키는 길을 선택할 수 있는가와 같은 근본적인 질문을 끊임없이

해야 한다.

여론을 거스르는 판단이 필요할 때 어떤 기준을 가지고 결정하는가?

가령 국민의정부 당시 의료보험 통합과 의약분업의 예를 들어 보자. 직장 의료보험과 지역 의료보험을 통합한다고 할 때 반대가 적지 않았다. 특히 직장 의료보험에 가입되어 있는 분들은 지역 의료보험과 통합하면 손해라고 여기는 경우가 많았다. 당연히 여론의 반대도 있었다. 의약분업은 더 심각한 문제였다. 의사협회가 반대하고 나서 병원들이 진료를 거부하자 문 닫힌 병원 앞에서 아픈 아이를 안은 엄마들, 연세가 많은 환자들이 장사진을 이뤘다. 연일 뉴스에서 병원에도 못 가는 현실을 탓하고 환자와 가족들의 아우성을 보도했다. 정부와 대통령으로서는 참 견디기 힘든 여론의 압력이었다.

당시 나도 김대중 대통령께 "더는 버티기 어렵다."고 말씀드렸었다. 그때 김 대통령의 말씀이 아직도 생생하다. "견뎌야 합니다. 지금은 고통스럽지만 결국에는 국민들이 이해해 줄 겁니다." 이 외에도 수많은 예들이 있다. 당장의 여론과 종국의 여론 혹은 장기적인 여론은 분명 차이가 있다. 그래서 당장의 여론이 아니라, 근본의 여론이 무엇인지를 늘 고민한다.

운동·행정·정치의 각 영역에서 갖는 핵심 가치, 키워드는 뭐라고 생각하는가?

인간에 대한 예의라고 생각한다. 그 연장선에서 휴머니티라고 하는, 동시대인에 대한 애정과 공감이 있어야 한다. 사람마다 입장의 차이는 있기 마련이다. 이런 입장과 의견, 생각의 차이가 얼마나 근본적인가에 대해 꼭 질문해 본다. 하지만 실제로는 사람과 사람 사이의 생각의 차이가 좁혀지기는 정말 힘들다. 운동을 할 때나 정치를 할 때도 늘 생각의 차이가 존재했고 그것들을 좁혀 가는 것이 굉장히 힘들었다. 하지만 이런 차이를 좁히고자 하는 것이 정치의 과정이 아닌가 싶다.

그렇기 때문에 사람들 간 생각의 차이가 어디에서부터 기인하는지를 서로 이해하려는 힘이 필요하다. 가까운 동료의 의견도 이해하지 못하면서 다수인 국민의 생각과 바람을 어떻게 이해하고 대변한다고 할 수 있겠나. 생각이 다르다는 이유로 쉽사리 상대방을 비판하거나 매도하지 않도록 해야 한다.

물론 피아彼我의 구별은 있어야 한다. 근본적으로 생각이 다른 사람들이 있다. 그것이 우리의 오랜 역사 속에서 면면히 흐르고 있는 진보와 보수이다. 하지만 근본적 차이가 있다 하더라도 사생결단으로 상대방을 없애기 위해 싸우지는 말아야 한다. 서로가 더 잘하려고 경쟁해야 하는 것이다. 상대방을 전면적으로 부인하는 싸움을 정치라고 한다면 지금 이명박 대통령이 하는 것과 무엇이 다르겠는가.

우리가 민주주의를 하려고 한다면 적어도 상대를 인정하지 않는 비민주적인 사람들과는 달라야 한다. "괴물과 싸우다가 괴물처럼 된다."고 니체는 말했다. 정치적 노선의 차이, 정책의 차이보다 더 중요한 것은 스스로 인간의 중심을 잃지 않는 것이라고 생각한다.

"나를 정치인 같지 않은 정치인, 권력의지가 없는 정치인이라고들 한다. 사실 '내 정치'를 꿈꾸지 않은 상태에서 정치권에 들어왔다."라고 이야기한 것을 보았다. '내 정치'를 꿈꾸지 않은 상태에서 들어왔음에도 많은 이들에게 좋은 국회의원으로 인정받고 있다. 박선숙에게 정치란 무엇인가?

정치를 하겠다는 것 자체가 목표가 될 수 있지만 나의 시작은 조금 달랐다. 널리 사람을 이롭게 하는 일, 좀 더 나은 세상, 민주주의에 대한 갈망과 같은 것들이 나를 운동으로 이끌었고 정치의 영역도 그런 길의 연장선 위에 있었던 셈이다. 1970년대 학번으로 대학 생활을 시작해 유신 체제하에서 성장하면서 "내가 살아생전에 민주화된 나라를 볼 수 있을까?"라는 절망 속에서 최소한의 숨 쉴 공간을 만들기 위해 운동이 필요했다. 민주화된 세상에 사는 것만으로 더 바랄 게 없다는 생각이 들 만큼 힘들었다.

그런데 큰 고개를 하나 넘었다고 생각했는데 그것이 끝이 아니고 다시 새로운 시작이었다. 끊임없이 새로운 숙제에 직면하게 된 것이다. 1987년 6월 항쟁을 거치면서 많은 사람들이 이제는 사회적 책임에서 벗어나 착하게 살면 되겠다고 생각했는데 그게 끝이 아니었다. 1997년에 정권 교체라는 또 하나의 산을 넘으면서 이제는 평범한 생활로 돌아갈 수 있겠구나 했는데 그것도 끝이 아니었다. 더군다나 최근 5년을 보면서는 민주주의가 우리에게 얼마나 끊임없는 시련을 요구하는지를 깨닫는다. 세상은 멈추지 않고 변화하며 끊임없이 희생과 헌신을 요구하는구나 하는 생각이 든다. 그래서 내게 정치란 '끝나지 않는 숙제'이다.

내게 '권력의지'가 없다고들 하지만, 나는 커다란 권력의지를 갖고 있다. 더 나은 세상, 사람을 중하게 여기는 세상을 향해 가기 위해 반드시 권력을 잡아야 한다는, 개혁과 진보의 집권에 대한 열망을 나는 갖고 있다. 국회에서 진보·개혁 세력이 다수가 되고, 2012년 대선에서 반드시 정권 교체를 이뤄야 한다. 지금 국민들이 이렇게 단단히 결심하고 있는데, '이루지 못하면 그건 범죄다. 다시 죄를 짓는 것이다.'라고 생각한다. 이미 우리는 역사에 여러 번 죄를 짓지 않았는가?

6월 항쟁 이후 좀 더 빨리 정권 교체를 이루지 못했던 죄, 민주 정부 10년에도 불구하고 정권을 잃은 죄 말이다. 그로 인해 이명박 정부가 들어선 지난 4년간 국민들이 모진 세월을 보내야 했지 않은가? 투표를 잘못한 국민 탓이라고 누군가 말한다. 그러나 그건 제3자들이나 할 수 있는 말이다. 도저히 투표장에 갈 수 없게 만든 건 바로 우리였다. 수많은 유권자들이 기권하고, 투표에 참여한 유권자들도 차마 대통령으로 뽑기에도 부끄러운 후보에게 몰표를 준 건 그가 좋아서가 아니라, 우리로는 도저히 안 되겠다는 심정 때문이 아니었겠는가?

다시 권력의지 문제로 돌아가면, 나는 이번에 반드시 정권 교체를 이뤄야 한다는 강한 권력의지를 갖고 있다. 그러려면 좀 더 깊은 반성적 성찰과 진술이 필요하다. 두 번의 집권에도 불구하고 잘못한 일들은 무엇이었는지를 통절히 고해한 연후에 새로운 출발을 약속해야 하지 않겠는가? 김근태 선배가 유언처럼 남긴 "2012년을 점령하라."는 말은 우리 모두에게 남겨진 숙제다.

1970~80년대를 지나온 분들의 이야기를 들으면 당시에는 고문 등 물리적 폭력 또한 일상적이었다고 들었다. 괴물과 싸우다가 괴물과 닮아 간다는 말을 했는데 괴물과 싸우면서도 인간적인 감수성을 잃지 않을 수 있는 힘은 무엇이었나? 그 시대를 어떻게 지나올 수 있었는가?

분노와 증오가 나를 갉아먹지 않도록 그것으로부터 나 자신을 지키려고 노력했다. 분노와 증오에 먹히면 상대방을 이기는 것 자체만을 목표로 하게 된다. 김근태 선배와 같은 좋은 언덕이 많았다. 용서할 수 있는 힘과 인간에 대한 예의와 애정을 자기 바탕으로부터 잃지 않으려고 하는 그들의 모습을 보면서 많이 배웠다. 물론 괴물과 싸우다 괴물을 닮아 갈 수 있다. 운동이 명분과 가치를 앞세우면서 내부에서 스스로 잔인해질 수 있다. 자신의 행위를 모두 정당화하면서 스스로 폭력적이 될 수 있는 것이다. 이에 대해 부단히 경계하고, 싸우고, 싸우다 비판도 받았다.

김근태 선배와 나 같은 사람들은 민청련(민주화운동청년연합)을 하는 과정에서나 그 이후, 우리보다 훨씬 이념적이고 전투적인 사람들로부터 너무 유하고 중도적이라는 비판을 끊임없이 받았다. 이런 비판 앞에서 스스로를 돌아보고 성찰할 수 있는 힘이 없으면 위험하다. 우리가 정답이고 옳다는 도그마에 사로잡히기 시작할 때 내가 괴물과 닮아 가는 것은 아닌지 돌아봐야 한다.

우리가 당한 만큼 갚아 주자고 하는 분들이 있다. 이런 말들은 사람들의 마음속에 분노의 불을 지른다. 반대로 우리가 당했지만 똑같이 갚아 줄 수는 없다고 말하는 것은 거기에 찬물을 끼얹는 것이다. 사람들의 마음에 불을 지를지, 찬물을 끼얹을지에 대한 고민이 필요한데, 나라면 항상 찬물을 끼얹는 쪽에 서겠다. 똑같이 갚아 주자는 것은 악순환이라고 생각하기 때문이다. 불타오르는 사람들의 분노만 갖고는 긍정적인 내일과 미래를 만들 수 있으리라고 생각하지 않는다.

응축된 사람들의 분노는 어떤 상황을 타파하는 데는 도움이 되지만 그다음으로 널리 사람을 이롭게 할 수 있는 선순환, 혹은 진전을 이루어 내려면 분노 이상의 것이 필요하다. 인간·역사·진보에 대한 반성적 성찰의 힘이 필요하다.

혹시 내 안에 '나도 이런 면이 있구나.' 하는 것을 발견해 본 적은 없는지?

사람들 마음이 내 마음 같지 않다는 생각이 들 때, 가끔 가까운 사람들에게 화가 날 때가 있다. 이때가 반성할 시간이다. 분노란 내가 반드시 옳다는 것에 대한 지나친 확신 혹은 상대방에 대한 부인이나 부정으로부터 오는 것인데 화가 날 때면 항상 반성한다. 나란 사람은 늘 반성하는 사람이다.(웃음)

2011년에 국정감사 비정부기구^{NGO} 모니터단이 선정한 2011년 국정감사 우수의원상 수상, 〈대규모유통업에서의 거래 공정화에 관한 법률〉 제정에 기여한 공로로 중소기업중앙회에서 공로상도 받았다. 실제로 의정 활동을 할 때 가장 주안점을 두는 부분은 어디인가?

의정 활동을 열심히 하는 것은 최소한의 밥값을 하는 것이다.(웃음) 지역구 의원과 비례대표 의원은 국민을 대변하는 입법기관이라는 점에서 공통점이 있지만, 지역구 의원이 지역구민들을 주로 대변하는 반면, 비례대표 의원은 불특정 국민을 모두 대변해야 한다는 점에서 다르다. 비례대표를 전국구라고들 하지 않나. 전국 유권자가 모두 내 지역구민이니 짐이 상당히 무겁다.

지역구민으로 분류할 때는 제대로 대변되지 않는 사회적 약자, 소수자들이 우리 사회에는 많이 있다. 실제로 숫자가 적어서 소수자인 경우도 있지만 조직되지 못했고, 사회적으로 약한 위치에 있어서 자신의 목소리를 내지 못하는 이들이다. 올슨^{Mancur Olson}은 조직된 소수가 조직되지 못한 다수를 이긴다고 말했다. 바로 민주주의의 맹점이다.

내가 속한 상임위(정무위원회)에는 공정거래위원회, 금융위원회, 보훈처 등이 속해 있다. 전 국민이 금융 소비자인데 그 권리는 누가 대변하는가? 얼마 전까지는 금융 소비자라는 말도 생소하지 않았나? 금융 위기를 겪으면서 정부가, 금융 감독 기관이, 금융기관이 '선의의 관리자로서의 주의의 의무'를 다하고 있지 않다는 것이 백일하에 드러났다. 그러나 금융 소비자는 조직되지 못한 개인들이어서 제대로 목소리를 낼 수 없다. 할 일이 많았다. 법과 제도를 바꾸고, 사람들의 생각을 바꿔야 했다. 대기업과 하청(도급) 업체인 중소기업의 관계도 마찬가지다. 나와 같은 상임위에 속한 비례대표들은 특히 할 일 많은 상임위를 만난 셈이다.

조직되지 않은 다수가 조직된 소수를 당할 수 없는 상태에서 민주주의가 과연 평등한 제도인가 하는 숙제를 늘 안고 생활했다. 어떻게 하면 조직되지 않은 다수가 자신의 목소리를 낼 수 있게 할지에 대한 답을 찾는 것이 민주주의의 제도적 허점들을 끊임없이 보완하는 길이라 생각한다. 나의 국회 활동의 중심은 조직되지 않은 다수가 자신의 목소리를 낼 수 있도록 통로를 만드는 일, 다수의 이해를 대변하는 일을 하는 것이다.

민주통합당이 2012년 4월 총선을 대비해 〈슈퍼스타K〉 방식으로 청년 비례대표 후보를 뽑았다. 실제로 4백 명이 넘는 청년들이 지원했다고 들었는데, 이런 방식의 청년 비례대표제에 대해 어떻게 생각하는가?

민주통합당으로 바뀌기 전 민주당에서 2010년 초부터 1년 내내 청년 비례대표제 등을 비롯해 쇄신 개혁에 대한 토론이 있었다. 청년 비례대표제를 도입하자는 것 자체가 좋은 이야기이기 때문에 이에 대해 비판적 토론을 하는 사람은 많지 않았다. 주로 내가 비판적 발언을 많이 한 사람 중 한 명이다. 청년들에게 기회를 주어 정치 영역에서 자기 목소리를 내게 하는 것은 필요하다고 생각하지만 그들이 과연 청년의 대표성을 얼마나 가질 수 있을지에는 의문이 있었다. 오히려 이런 발탁이 그들을 다수의 청년들로부터 분리시키는 것은 아닌가 생각했다.

이것은 과거 나 자신에게 했던 질문과도 같다. 약관의 나이에 여성이기 때문에 남들보다 앞서 최초로 여성 부대변인을 하고, 청와대에서 일하는 과정에서 내게 주어진 자리와 위치에 대한 부담을 항상 갖고 있었다. 청와대 대변인이 된다는 것은 개인적으로는 영광일 수 있지만, 오히려 다수의 여성들에게 위로와 격려보다는 박탈감과 상처를 주는 게 아닐까 두려웠다. 그래서 여성으로서 처음으로 대통령 수석비서관 겸 대변인을 맡기겠다는 김대중 대통령 말씀을 거듭 고사했다. 그래도 거듭 설득하시니 어쩔 수 없었지만 다른 사람들에게 갈 수 있는 기회가 내게 주어졌을 때, 실패해서는 안 된다는 중압감이 상당히 컸다. 혹시 내가 잘못하면 다른 여성들에게 돌아올 기회들이 봉쇄되지는 않을까 하는 중압감 말이다.

청년 비례대표제를 도입하는 데는 찬성하지만 제한적으로 실시하고 그 과정을 엄밀하게 해야 한다고 생각한다. 훌륭한 한 사람을 뽑는 것도 좋지만 동시대의 수많은 청년들을 낙담시키지 않고 그들에게 대표성을 인정받을 수 있을지를 고려해야 한다. 또한 선발된 사람들은 정말로 잘해야 한다. 개인에게는 영광이 될 수 있겠지만 그들이 잘못하면 많은 사람들의 기회를 봉쇄하는 것일 수 있다. 20~30대 청년들에게 청년 비례대표제는 기회라고 생각하지만, 그 세대는 자신의 전문 분야를 모색하고 있는 단계이거나, 자기 분야에서 이제 막 경험을 쌓기 시작한 나이다. 그래서 경험이 많이 부족하고 자신만의 전문성을 확보하기에 여념이 없을 때다. 그런 상황에서 정치를 하겠다고 자기 분야를 버리고 나오기는 쉽지 않다. 20~30대의 대다수 청년들이 이런 상황에 놓여 있다는 점도 감안해야 한다.

물론 나이가 그 사람의 활동의 질과 양을 규정한다고는 생각하지 않는다. 40대 후반에서 50대 초반 정도의 사람들은 자기 분야에서의 일정한 경험과 전문성을 바탕으로 정치적 발언들을 할 수 있다. 그러나 지금의 20~30대는 40~50대와는 다른 종류의 세대이다. 우리가 아날로그라면 청년들은 멀티태스킹이 가능하다. 청년층에게 어떤 중요한 역할을 맡기고 기대해도 모자라지 않다고 생각한다. 아날로그 세대와 디지털 세대의 결합이 얼마나 잘 이루어질지가 과제이다.

비례대표 의원들을 보면 지역구에 함몰되지 않아 복지국가 논의 등 전국 단위의 주요 이슈들을 잘 만드는 것 같다. 최근에 석패율 제도 도입 찬반 논쟁으로 오히려 독일식 정당명부제 도입 여론이 일기도 했는데, 비례대표제에 대해 어떻게 생각하는지 듣고 싶다.

청년 비례대표제와 석패율제를 하나씩 따로 떼어 놓고 보면 전체적으로 제도의 완결성, 대표성에 제한이 있다. 2000년 총선 이후 16대 국회 때 국민의 정부에서 김대중 대통령이 정당 명부식 비례대표제와 중대선거구제를 도입하고, 비례대표를 확대하는 문제를 국회에 제안했다. 그러나 당시 통과되지 않았고 참여정부에서 노무현 대통령도 같은 구상을 했었다.

정치가 기본적으로 한발 더 나아가기 위해서는 대표성의 문제를 반드시 해결해야 한다. 지역의 대표성과 각 분야의 대표성이 균형을 이루어야 하는데 현재 20퍼센트의 비례대표로는 불가능하다. 10년 전에 이미 비례 의석을 1백 석 정도까지 늘리고 정당명부식으로 접근하는 것을 논의했다. 그래서 각 분야의 대표들이 들어올 수 있게 하고 그런 제도 속에서 유권자에 의해 청년들이 선택받게 하는 것이 가장 바람직한 방법이다. 이런 제도 없이는 대표성을 충분히 담보하기 어렵다.

그러나 이런 제도적 변화는 의원들이 자기 지역구를 내놓을 결심을 하지 않고서는 통과되기 어렵다. 둘 중 하나다. 국민들이 정치제도의 발전을 위해 현재의 지역구를 그대로 두고 비례대표를 1백 석 정도로 늘리는 결심을 하거나, 현재의 의석수를 묶어 놓은 상태에서 지역구 의원들이 스스로 지역구를 줄이자고 결심하는 것이다. 2001년에도 시도했다지만 안됐고 2007년에도 안됐다. 지금도 청년 비례대표제와 석패율제 논의가 나오지만 정당명부식 비례대표제가 함께 이야기되지 않으면 제도 자체로서 완결성을 갖기 힘들다. 이것이 19대 국회의 과제다. 19대 국회가 구성되면 곧바로 이런 제도 개혁에 대해 논의를 시작해서 빠른 기간 안에 완료했으면 한다.

2012년은 총선과 대선이 함께 있는 정치적으로 매우 중요한 시기이다. 자신이 감당해야 할 역할은 무엇이라고 생각하는가? (박선숙 전 의원은 "야권 협상이 많은 동료들의 희생과 헌신을 요구하는 것인데 민주당 야권 협상 대표인 내가 지역구에 출마하는 것은 도의적으로 맞지 않다."는 이유로 19대 총선에 불출마했다.)

4대강과 부자 감세, 재벌을 위한 규제 완화에 동조했던 박근혜 대표가 재벌 개혁과 복지를 들고 나오고 있다. 유권자들 가운데 혼동을 불러일으키려 하는 것이다. 여야 어느 쪽이든 복지와 재벌 개혁을 이야기하니, 둘 중 누구를 선택해도 된다는 심리를 만들어 가는 것이다. 중간층 표를 흔들려는 의도다. 이런 시도가 어느 정도 먹히고 있다고 본다. 최근 여당의 지지율은 이명박 대통령 지지율의 두 배에 이른다. 이명박 대통령의 늪에서 빠져나오고 있는 중이다. 이대로 가면 정말 위험해진다.

그런데 박근혜 대표의 새누리당과 이명박 대통령의 한나라당은 정말 다른 것인가? 우리는 끊임없이 질문해야 한다. 박근혜 대표는 누구인가? 문재인 (당시 노무현재단) 이사장이 던진 "정수장학회는 장물이다."라는 문제 제기가 그런 것이다. 박근혜 대표는 이명박 정부 4년간 어디에 있었는가? "이명박 정부 조수석에 앉았던 동승자"라는 한명숙 대표의 표현이 그런 질문이다. 박 대표가 협력하지 않았으면, 이명박 정부는 4대강도 부자 감세도 재벌 편들기도 할 수 없었다. 그래서 박 대표의 새누리당은 전혀 새롭지 않은, 이명박 대통령의 한나라당 복사판이다. 이런 점들을 끊임없이 드러내 줘야 한다.

정치인 박선숙은 잘 알려져 있지만 개인적인 삶에 대해서는 잘 모르는 것 같다. 고 김대중 대통령은 "겉은 버드나무처럼 부드럽지만 속에는 철심이 있다."라고 표현했는데, 공적 영역이 아닌 개인의 삶으로 돌아갔을 때 본인의 모습은 어떤가?

여성들이 사회적·경제적 참여, 특히 정치 참여를 하기 위해서는 사회적인 육아·보육 시스템이 좋아지지 않고서는 어렵다. 내가 활동한 지난 25년의 기간은 누군가의 등에 업혀 온 시간이라고 말할 수 있다. 아이를 맡기느라 친정어머니와 언니의 등골을 휘게 만들었고 아이에게도 못 해준 게 많다. 청와대에 들어가기 전 3년은 선거를 치르느라 전국을 몇 바퀴나 도는 강행군이었다.

청와대 5년은 정말 중노동이었다. 흔히들 청와대에 들어간 사람들이 힘들어서 이빨이 빠져 가지고 나온다고 하지 않나.(웃음) 보통 1년이 지나면 청와대를 그만 두고 나간다. 2년이 지나면 환자가 되어서 나가고 말이다. 그런데 나는 5년이나 있었다. 밤 12시에 집에 들어갔다가 아침 5시 반에서 6시 사이에 나오니 깨어 있는 아이를 보지 못했다. 어느 날 아이 사진을 봤는데 아이 얼굴이 달라진 것 같았다. 잠잘 때 본 것과는 달리 얼굴이 약간 균형이 깨져 있었다. 혹시나 해서 치과에 가보니까 송곳니 하나가 나오지 않아서 얼굴이 그리 된 것이었다. 이 송곳니 하나 찾으려고 생 어금니 네 개를 뽑았다. 평소에 애를 봐왔으면 좀 더 일찍 발견했을 텐데…… . 정말 못할 일을 많이 했다. 그 아들이 지금은 스물다섯 살이고 지난해 군대를 병장 제대했다. 이외수 씨가 화천이 영하 22도라고 트위터에 올린 것을 보고 "우리 아들이 작년 2월에 화천에서 제대했어요.”라고 했다. 그러니까 어떤 분이 “아니, 처녀인 줄 알았는데.” 그러셨다.(웃음)

그렇게 아이를 키웠다. 가족들의 등에 업혀서……. 사실은 동료들이나 비슷한 연배의 선후배들을 보면 다 비슷하다. 아이에게 제대로 해주지 못해 어쩔 줄 몰라 하는 엄마들이다. 그렇지만 나는 항상 아이에게 미안해 하지 않으려 노력하고 “엄마가 나한테 해준 게 뭐 있어?”라는 말이 나오지 않게 노력한다. 환경부 차관을 그만두고 1년 쉬는 동안 부채 청산한다 생각하고 아이에게 최선을 다했다. 마침 아이가 대학 시험에 떨어지고 재수할 때라, 내 마음 편하자고 하는 거였을지도 모르지만.(웃음)

우리 집 아이는 자라는 동안에 엄마가 청와대에서 일한다거나 정부에서 일한다거나 하는 것을 주변 친구들에게 알리지 않으려고 애썼다. 엄마가 영 부담스러웠던 게 아닌가 싶다. 내 입장에서도 만인에게 칭찬보다는 비난을 받는 공직, 정치에서 일하니, 엄마의 직업 때문에 아이까지 주위에서 나쁜 소리 듣지 않을까 늘 걱정이었다. 하지만 이제는 그런 걱정의 터널을 지났다. 독립적으로 각자 알아서 산다.(웃음)

여전히 한국은 남성 위주의 사회이고 특히 정치 영역은 더 그런 것 같다. 여성들이 사회참여나 정치 활동을 할 때 어떤 태도를 가져야 한다고 보는가?

여성은 남성보다 아름답고 섬세하고 모성도 있다. 이것이 장점이 될 수 있지만 이를 무기로 삼아서는 곤란하다. 1995년에 처음 정치권에 들어왔을 때 어느 기자가 나에 대해 “외모가 특별하진 않지만…… 실력으로 승부한다.”라고 기사를 썼다. 너무 고맙더라.(웃음) 나는 늘 내게 여성으로서 대표성이 있는가 하고 질문해 왔는데 그 근본 질문과 닿아 있는 문제의식 때문이다.

개인의 자질도 중요하지만 어떻게 하면 더 대표성 있게 일할 수 있나 하는 고민이 필요한 것이다. 미모도 경쟁력이라는 식의 분위기 속에서 여성들은 일도 잘해야 하고, 외모도 끝없이 경쟁해야 한다는 강제가 들어 있다. 그렇게 유도하면 안 된다.

남성들에게는 인맥과 지연, 학연을 통해 저절로 주어지는 정보들이 있다. 여성들에게는 대부분 그런 연줄이 없다. 정말 열심히 하는 것 말고는 달리 길이 없다. 어쩌면 그래서 일의 본질에 접근하기 위한 노력을 더욱더 기울이게 되는지도 모르겠다. 나는 여성들이 인맥 넓히기 등에 신경 쓰지 말고 오히려 일에 집중하라고 말하고 싶다. 여성들이 인맥이 없어서 문제라고 하는데 그런 인적 네트워크는 일에 집중하면 그 결과로 반드시 따라온다.

그리고 인간관계에 의존하지 말라고 하고 싶다. 인간관계는 좀 더 객관적이고 공정한 정보에 접근하는 것을 방해할 수도 있다. 특정인을 통해 더 많은 정보를 얻게 되면 오히려 균형 감각을 잃을 수도 있다는 것이다. "밥 먹고 술 먹어야 정치가 되는데 여자들은 그런 것을 못해서 핸디캡이 있다."라고 말하는 분들이 있다. 나는 동의하지 않는다. 밥 먹고 술 마시는 대신, 차라리 세미나를 하고 공부해야 한다. 국회의원들에게 필요한 첫째는 공부라고 생각한다. 사람들을 만나는 것은 물론 필요하다. 그러나 사람들을 만나는 것 못지않게 공부하는 데 시간을 써야 한다.

가장 사랑하고 존경하던 김대중 전 대통령과 김근태 전 의장을 2009년과 2011년 연이어 보내면서 힘들었을 것 같다.

김근태 선배와 10년, 김대중 대통령과 10년을 보내면서 인간으로서 가져야 할 기본적인 태도와 심성을 배웠다. 두 분에게서 특별한 기회를 많이 받았고 그것을 어떻게 갚으며 살아갈지에 대한 고민이 있다. 어떤 면에서는 조금 다르지만 최근 수십 년의 역사 속에서 두 분 모두 인간으로서 가장 깊은 분노와 증오를 가질 수밖에 없는 삶을 살아왔다. 그러나 그 두 분의 내면에는 개인이 겪은 일에 대한 분노와 증오는 없었다. 대신에 본인들이 정말 어려운 사람들을 위해 더 많이 일하지 못했다는 탄식과, 많은 이들이 어려운 사람들을 외면하거나 소홀히 함에 대한 분노는 있었다. 무엇보다도 그분들에게는 근본의 힘이 있었다. 김 대통령은 그것을 종교의 힘으로 표현하기도 했지만, 나는 끊임없이 '무엇이 그들의 힘이었을까?' 하고 질문한다. 또한 우리 시대의 정신적인 큰 지주가 없어졌기에 그 자리가 어떻게 메워질 수 있을지에 대해서도 생각한다.

박선숙에게 자유란?

공적으로는 '권력으로부터의 자유'이다. 이것이 운동의 시작이기도 했는데 그때는 누구나 자유로운 시대에 대한 근본적인 질문을 끊임없이 했다. 그리고 무엇이 우리의 자유를 가로막는지, 그 장애를 어떻게 제거할 수 있는지가 숙제로 다가왔었다. 개인적으로는 '마음의 평화'와 '영혼의 자유'가 가장 중요한 것 같다. 마음의 평화는 여러 가지로 설명할 수 있는데, 불의하거나 부정한 것과 마주할 때, 그것을 극복하지 못할 때 마음의 평화를 잃게 된다. 내 마음의 평화를 위해 때로는 싸우고 때로는 분노한다.

영혼의 자유는 얽매이지 않는 것과 굴하지 않는 것을 의미하는데, 스스로의 자유를 위해 두려워하거나 굴하지 않으려 한다. 20대 초입에, 광주 항쟁을 직접 경험하지는 않았지만 수많은 사람들이 죽어 나갔음에도 세상이 이를 외면하고 침묵하는 현실에서 설명하기 어려운 공포를 경험했다. 1970년

무엇이 우리의 자유를 가로막는지, 그 장애를 어떻게 제거할 수 있는지가 숙제로
다가왔었다. 불의하거나 부정한 것과 마주할 때, 그것을 극복하지 못할 때 마음의
평화를 잃게 된다. 내 마음의 평화를 위해 때로는 싸우고 때로는 분노한다.

대 후반부터 1980년대에 걸쳐 조사받고 끌려가고 하는 과정에서 또 다른 폭력과 공포를 느꼈다. 그런 순간순간에는 공포 때문에 위축되거나 좌절하기도 했지만 그 속에서 넘어설 수 있는 힘들이 생겼다. 그런 시대를 거쳐 오면서 굴복하며 사는 게 사는 것이 아님을 알게 되었다.

자책과 회한의 통로를 뚫고 나오면서 훨씬 단단해졌다. 사람은 지키고자 하는 무엇인가가 생기면 두려움을 갖게 된다. 나는 마음의 평화, 영혼의 자유 같은 누구도 다칠 수 없는 그런 것 말고는 잃을 게 별로 없는 사람이어서 아마도 큰 두려움 없이 살아갈 수 있는 게 아닌가 싶다.

동시대의 청년들에게 마지막으로 하고 싶은 말은?

내 청년기는 공포의 시기였기 때문에 두려움이 나를 좀먹는 것으로부터 나 자신을 지키려고 몸부림쳤다. 운동에 참여하면서 사람 사는 것처럼 살아 보려고 노력했다. 물론 지금의 청년들이 가지고 있는 불확실한 미래에 대한 두려움도 있었다. 그렇지만 내가 무엇이 될지에 대한 두려움보다는 도대체 어떻게 살아갈 수 있을까에 대한 두려움이 더 컸다.

20대는 평생의 자산이 되는 시절이니 무엇이든지 두려움 없이 부딪치고, 내가 원하는 것이 정말 무엇인지에 대해 스스로 질문하고 답을 찾아야 한다. 두려워할 것은 아무것도 없다. 무엇이든 새로운 도전과 시험들 속에서 자신이 진정 원하는 것을 찾아낼 필요가 있다. 황금 같은 시간이기에 지금 주어진 공포와 고통조차도 즐길 수 있으면 좋겠다. 쉽지 않은 이야기이지만 한 발 지나온 선배로서 말하자면, 청년기에 느낀 죽을 것 같았던 공포와 고통이 결국 삶의 중요한 자산이 되었기 때문이다.

2011
07
26

심상정

진보 정치가 집권하는 것, 끝나지 않은 나의 꿈

긴 생머리에 스커트, 7센티미터짜리 하이힐을 신고 다니던 '차도녀'가 공장 미싱사가 되었다. 아이들에게 역사를 가르쳐주는 선생님이 되고 싶었던 대학생이 노동자들에게 노동의 권리를 알려 주는 노동 선생님이 되었다. 은행잎이 노랗게 물들고 단풍이 붉게 타들어 갈 때, 그 노란색과 붉은색 사이에 드러나는 파란 하늘을 누워서 바라보며 자유로움을 느끼던 멋쟁이 여대생이 경제적 궁핍으로 인해 하늘을 올려다볼 여유조차 없는 이들에게 파란 하늘을 되찾아 주겠다며 노동운동에 뛰어들었다. 그리고 30년이 흘렀다.

그 시간을 지나며 그는 구로공단 남성전기 노동조합 교육부장, 전국금속노동조합 사무처장, 민주노동당 국회의원, 진보신당 대표 등을 거치며 노동의 가치가 존중받는 사회를 만들기 위해 노동 현장 구석구석을 쉼 없이 누벼 왔다. 바로 심상정 진보정의당 의원(당시 진보신당 상임고문)이다. 그런 그와 한진중공업 문제 해결을 위한 무기한 단식 농성장에서 마주했다. 왜 곡기를 끊을 수밖에 없었을까? 그렇게까지 해서 그가 만들어 가고픈 사회는 무엇이었을까? 그는 왜 그렇게 늘 자신을 던져 가며 살고 있는가?

"아들을 임신했을 때 수배 중이었는데, 배 속에 있는 아들에게 '엄마는 노동운동 하는 사람인데 노동운동 하려면 전국을 돌아다녀야 하고, 농성도 해야 하고, 교육도 하러 다녀야 해. 그래서 우리 아들하고 많은 시간을 놀아 주지 못할지도 몰라.'라고 이야기해 주곤 했다." 그렇게 배 속의 아이에 대한 미안함과 자신에 대한 두려움을 달래곤 하던 그가 2011년 7월, 대한문 단식 농성장에 앉아 고등학교 3학년인 아들에게 간식 한 번 만들어 주지 못하는 미안함을 문자와 전화로 또 달래고 있었다. 공간과 통신수단만 바뀌었을 뿐 20여 년 전과 지금의 풍경은 참 모질게도 똑같다.

2012년 대선에 출마할 것이냐는 질문에 "진보 정치에 무한한 책임을 지고 있는 한 사람으로서 진보 정치의 성숙을 위한 요구와 조건이 갖추어진다면 그 어떤 일이라도 해야 한다고 생각한다. 그런데 가끔은 다른 분들처럼 내가 원하면 하고, 원하지 않으면 안 할 수 있는 상황이면 좋겠다는 생각도 한다."라고 답했던 그가 1년여가 지난 2012년 10월 14일 전태일 동상 앞에서 진보정의당 대선 후보로서 첫걸음을 내디뎠었다. 비록 미완의 도전으로 그치고 말았지만, 그의 걸음과 앞으로 새롭게 내디딜 걸음이 노동의 가치가 인정받는 사회를 앞당기는 데 조금이나마 힘이 되길 바란다.

한진중공업 문제를 해결하기 위해 무기한 단식에 들어갔는데, 건강은 어떤지?

보다시피 건강하다. 숨겨진 미모가 드러난다고 트위터에서 아우성이다. 브이 라인은 아직 드러나지 않았는데 조금 있으면 드러날 것 같다.(웃음) 단식 농성을 혼자 했으면 굉장히 힘들었을 것이다. 여럿이 함께하니까 이렇게 할 수 있는 것 같다. 함께한다는 것이 정말 큰 힘이 된다. 장기전으로 가야 할 것 같아 몸 관리를 철저히 하고 있다. 아침마다 근처 사우나에 가서 냉·온욕도 하는 등 몸 상태는 괜찮다.

단식하면서 어떤 생각을 많이 하는지?

아무래도 밥 생각이 많이 난다.(웃음)

가장 생각나는 음식은?

감자. 삶으면 속이 하얗고 김이 모락모락 나며 쩍쩍 갈라지는 그런 감자가 생각난다. 그리고 배추전! 밀가루를 입힌 배추전도 그렇게 생각이 나고, 또 요 며칠은 된장에 부추 썰어 넣고, 멸치 가루를 듬뿍 넣어 끓인 된장찌개에 쓱쓱 밥 비며 먹는 것도 생각이 난다.(웃음) 옛날에 어머니가 해주던 맛있는 음식들이 생각이 난다.

단식을 하니까 내 몸하고 대화를 많이 하게 된다. 그리고 평소 정신없이 살다 보니 진지한 대화를 나누어 봐야겠다고 생각은 하면서도 바쁜 일상에 묻혀 그러지 못한 사람들, 그리고 그들과의 관계에 대해서도 생각하게 된다.

한진중공업 문제와 비정규직 노동의 근본적 해결 방안에 대한 생각을 듣고 싶다.

참 안타까운 현실이지만 근본적인 해결 방안을 찾기는 아직 먼 이야기인 것 같다. 노동운동을 1980년대부터 시작해 30여 년 이상을 했다. 지금도 노동조합 같은 곳에 강연을 가서 "여러분, 어디 가서 노동자라고 이야기하십니까? 노동자라는 말을 스스로 쓰는 것이 싫지요?"라고 물어보면 다들 고개를 끄덕인다. 아직도 우리 사회에서 노동은 뭔가 하대받고, 결핍돼 있고, 불편한 그런 단어로 인식된다. 김진숙 지도위원이 2백 일 넘게 저 높은 크레인 위에서 저렇게 투쟁하는 모습은 시장 만능주의에 떠밀릴 대로 떠밀려 백척간두에 서있는 노동의 현실을 웅변하고 있다고 생각한다.

돌이켜보면, 사실 분단 이후 냉전 체제의 가장 큰 희생자는 노동자였다. 1980년대 전까지만 해도 노동 혹은 노동자라는 말을 쓰지 못했다. 노동자라는 말을 쓰면 빨갱이 혹은 불순한 사상에 의식화된 사람이라고들 생각했기 때문이다. 그래서 노동자라는 말 대신 근로자 또는 산업 역군이라는 말을 썼다. 한마디로 노동과 노동자는 한국 사회 냉전 반공주의의 포로였다.

이런 사회 현실 속에서 노동자는 정치·사회·경제적으로 권리가 없었고,

못 배우고 무능하기 때문에 당연히 사회적으로 하대받는 존재로 취급되었다. 당시 '공돌이', '공순이'는 노동자의 사회적 위치를 상징적으로 표현하는 말이었다. 1987년 민주화 투쟁 과정을 거쳐 독재 정권을 끌어내렸는데, 그래도 노동은 해방되지 못했다. 오히려 노동은 더 잔인한 시장에 내던져졌다. 한발 한발 나아가던 한국의 민주주의가 멈춰 선 지점도 바로 거기라고 생각한다. 그리고 이명박 정권이 들어선 이후에는 전국의 사회적 약자들(비정규직 노동자, 정리 해고 노동자, 자영업자, 철거민 등)의 생존권이 더욱더 위협받고 있다. 그들의 고통이 지금까지도 줄지 않고 있는 것이다.

그런 면에서 한진중공업 문제를 해결하기 위해 전국에서 1만여 명이 넘는 시민이 자발적으로 부산 영도에 모인 희망버스를 주목하지 않을 수 없다. 희망버스는 일자리를 보장하고 노동을 보호하는 것이 국가의 기본 임무인데, 그 임무를 방임하는 국가를 상대로 시민이 나선 것이다. 희망버스는 거대한 무소불위의 탐욕 자본을 견제하고 사회·경제민주화를 이루기 위한 저항과 연대의 버스라고 생각한다. 이제 노동의 고통을 줄이지 않고서는 민주주의도, 희망도, 미래도 가능하지 않다는 공감대가 우리 사이에 이루어지고 있는 것 같다.

노동은 인간이 자기실현을 하는 수단으로, 인간을 존재하게 하고 존엄하게 만드는 매우 중요한 가치이다. 따라서 노동문제가 근본적으로 해결되려면 노동이 그처럼 귀중한 가치라는 인식의 전환이 이루어져야 한다. 그런 인식의 전환 위에 현재 논의되고 있는 노동문제가 야권 연대의 핵심적인 의제가 되어야 한다. 또한 한진중공업 문제가 전면에 드러난 상황에서 국회에 노동 특위를 구성해 현재의 비정규직법(〈기간제 및 단시간근로자 보호 등에 관한 법률〉)과 정리 해고법 등 노동권을 제약하는 제도들을 고쳐 나가야 한다. 더불어 최저임금제나 각종 사각지대에 있는 복지의 문제 등 전면적인 노동

개혁의 플랜을 만들어 적극적으로 의제화해 가야 한다.

최근 인터뷰에서 진보의 독자적 주체 형성의 중요성을 강조했다. 이는 야권 통합과는 별개의 문제인데, 어떤 방법으로 그것이 가능한가?

민주 연합당을 말하고, 대통합론을 주장할 수는 있지만 현실적으로는 어려운 것이다. 정치 공세 차원에서 이런 주장을 계속하기보다 오히려 국민의 기대와 요구를 잘 살펴서, 이를 구체적인 정책으로 만들어 실현할 수 있는 비전과 계획, 방법론을 벼려 야권 연대의 기틀을 닦는 것이 훨씬 진정성 있고 책임 있는 태도라 생각한다.

진보 세력의 주체를 형성하기 위해서는 우선 진보 정당이 굳건히 잘 서있어야 한다. 그 과정에서 전제되어야 할 부분이 통합과 혁신이다. 지금 국민은 지난 수십 년간 한국 사회를 주도해 온 성장 제일주의, 시장 만능주의에 지쳐 있고, 너무나 고단한 삶을 살고 있다. 거대 경제 권력을 어떻게 통제할지, 사회·경제민주화를 향한 광범위한 개혁을 어떻게 이루어 낼지 등에 대한 방안을 찾는 것이 가장 핵심적인 시대적 요구라고 본다. 이 일을 가장 진정성 있게 해낼 수 있는 세력이 진보 정당이 되어야 한다.

진보 정치 10년간 해온 일이 결코 작지만은 않다고 생각한다. 2010년 6·2 지방선거 이후에 박근혜 의원과 한나라당조차 열렬히 복지를 외치고 있는데, 진보 정당의 존재와 노력이 없었다면 과연 이런 일이 가능했을지, 그리고 민주당을 포함한 정당들의 좌 클릭이 이렇게 속도감 있게 진행되었을지를 되묻게 된다. 지금은 누구나 진보라는 단어에 의지하고 있는데, 이렇게 되기까지는 진보 정당의 존재와 그간의 노력이 어느 정도 기여했다고 본다. 지난 30여 년 이상의 사회운동 기반과 10여 년가량의 진보 정치 성과를 최대한 결집할 수 있는, 그래서 진보적 개혁을 이룰 수 있는 교두보를 국민이 만들어 주시지 않겠냐고 생각한다.

그러나 지금의 진보는 분산되어 있어 하나의 힘으로 결집하지 못한 것이 가장 큰 한계라고 본다. 이 한계를 극복해 가는 것이 굉장히 중요하다. 가장 핵심적으로는 나의 신념보다는 진보 정치에 의지하고자 하는 대중에 대한 책임을 더 중시하는 정당, 이른바 엘리트 정당에서 대중적인 진보 정당으로 탈바꿈하는 것이 매우 중요하다고 본다. 전통적인 엔엘 노선과 피디 노선 구도를 극복한다거나, 미래 한국 사회의 진보 정치가 추구해야 할 비전과 프로그램, 그 진보적 개혁을 지속적으로 추구할 수 있는 주체 세력을 형성 하고, 유능한 정치인들을 양성하는 것, 말하자면 집권 대안 세력으로서 면모 를 갖춰 가는 것들이 동시에 병행되어야 한다고 생각한다.

모두가 진보라는 단어에 의지하려 할 때, 제대로 된 진보가 중심을 잡아 가는 것이 중요하다. 진보의 주체 형성을 확고히 한 뒤 그 토대 위에 자유주 의 세력들을 포함한 연합 정치 공간을 적극적이고 유연하게 활용함으로써 변화에 대한 국민의 열망을 이루어 가야 한다고 생각한다.

진보의 주체를 형성해야 한다는 말은 진보 정치의 틀 안에 안주하겠다든 지, 연합 정치에 능동적·적극적으로 참여하지 않겠다는 의미가 아니다. 한 국 사회에 요구되는 변화의 폭과 깊이가 매우 넓기 때문에, 그리고 지금 그 변화의 열망은 정말 안하무인격인 거대 경제 권력을 어떻게 통제하느냐에 있기 때문에, 개혁을 추진하기 위한 중심을 갖춘다는 의미로 이해했으면 한 다. 그것이 진정 정책과 노선 중심의 정당정치로 가는 길이다.

한 사회의 문명 정도를 평가하는 것은 그 사회가 사회적 약자를 어떻게 배려하는가와 직결되어 있다고 본다. 국회에 들어갔을 때, 장애인들이 '장애인 이동권 쟁취 투쟁'을 하는 것을 보았다. 매우 부끄러운 일이지만 국회의원이 되기 전까지 나는 이동권이 무슨 말인지도 몰랐다. 그래서 알아보니 우리나라에서 휠체어를 타고 다니는 중증 장애인들은 이동할 수 있는 권리가 없다는 것이었다. 지금은 그나마 많이 달라지기는 했지만 당시 휠체어로 탈 수 있는 저상 버스도 없었고, 보도는 10미터도 못 가서 턱들이 있어 누군가의 도움을 받지 않으면 혼자 지나갈 수가 없었다.

우리나라의 2003년 통계 기준으로 중증 장애인의 절반 가까이가 평생 집 밖을 한 번도 못 나가 보고 죽는다는 참담한 현실을 알고 나서, 그래도 명색이 20여 년 노동운동을 했다는 사람으로서 너무나 부끄러웠다. 그러면서 '이건 정말 야만 사회구나.'라는 생각이 들었다. 장애인들 개인의 문제가 아니라 그들을 취급하는 한국 사회의 문제인 것이다. 비정규직 문제를 포함해 사회적 약자들을 다루는 모습이 바로 우리 사회의 문명 수준을 말해 준다고 본다.

우리 사회의 시대정신은 한마디로 말하면 복지국가이다. 그런데 현대 복지국가는 노동 있는 민주주의의 결과물이다. 즉 노동이 존중되는 복지국가여야 하는데, 한국의 현실은 그렇지 못하다. 한국에서 갑자기 복지 담론이 봇물처럼 터지고 있지만, 2010년 한국의 노조 조직률은 9.7퍼센트로, 이는 OECD 회원국 중 가장 낮은 수준이다. 이뿐만 아니라 진보 정당의 지지율은 10퍼센트에도 못 미치고 있다. 이 같은 현실을 고려했을 때 과연 복지국가에 대한 진정성 있는 합의가 가능할지는 회의적이다.

구체적으로 이야기해, 열심히 일하면 부자는 아니더라도 먹고사는 데 지장이 없고 보람을 느끼는 사회가 되어야 한다고 생각한다. 그동안 정치를 하면서 여야를 불문하고 많은 정치인을 만났는데, 노동문제를 제기하면 항상 민주노총에 대해 비난하거나 비판하는 데 그치고 말더라. 노동조직들이 잘못한 것들도 있고, 또 그런 부분들은 비판받아야 마땅하다. 하지만 노동문제는 노총의 과제 이전에 국가의 기본 임무이고 정치의 가장 근본적인 과제다. 그럼에도 노동문제가 늘 정치의 주변적 관심사로 내몰리고 오히려 노동조직의 일로 치부되고 마는 것에 굉장히 화가 났었다.

비정규직 문제도 그 주체가 자신의 기본권을 행사할 수 있도록 만들어 줘야 한다. 단결권이나 교섭권, 파업권이 법과 제도를 통해 확실하게 보장되어야 한다. 그리고 무엇보다도 노동 있는 민주주의, 노동이 존중되는 복지국가를 만들려면 노동자들을 대변할 수 있는 정당의 역할이 매우 중요하다고 본다. 이런 점에서 비례대표제의 확대 등 진보 정당이 더 성장할 수 있는 제도 개선과 환경을 만들어 갈 필요가 있다고 생각한다.

시대정신을 담아낼 수 있는 리더십에 대해 이야기한다면?

우리 국민은 매우 현명하다고 생각한다. 그동안 겪을 만큼 겪어 봤기 때문에 이제 대통령이 누가 되느냐보다 그 대통령이 얼마나 제대로 잘할 수 있느냐에 관심이 있다고 본다. 변화에 대한 국민 요구의 핵심은 노동의 가치를 복원하라는 것이고, 노동의 가치를 복원한다는 것은 결국 현재 한국의 재벌에 맞선다는 것을 의미한다. 재벌에 대한 견제는 시장을 거스르는 정치 행위로 볼 수도 있다. 이런 문제를 내버려 둔 채 재벌과 대립하지 않고, 노동조건이나 관련 법 조항들을 부분적으로 손질하는 수준으로는 근본적인 민생도 복지도 이루어 내기 힘들다고 본다. 그런 점에서 박근혜 의원이나 손학규 민주당 대표(현 민주통합당 상임고문)가 재벌들에 의해 오랫동안 억눌려 왔던 노동의 가치를 되찾아 올 수 있을지 의문이다.

자유주의에 대한 생각을 듣고 싶다.

자유주의의 최대 공적은 휴머니즘이라고 생각한다. 인권과 만인 평등사상, 이런 사상이 삼권분립이나 법치주의와 같은 제도는 물론 민주주의를 발전시켜 왔다. 그런데 이런 자유주의의 가치가 부유층이나 중산층에게만 적용되는 것이 아니라, 비정규직·여성·장애인과 같은 사회적 약자를 포함해 모든 국민에게 고루 적용되어야 한다고 생각한다. 이런 점에서 자유주의를 원천적으로 비판하고 배제하는 급진주의에는 동의하지 않는다.

그러나 한국 사회의 현실은 자유주의의 중요한 가치가 중산층 이상에게만 많이 적용되는 것 같다. 결국 자본주의사회에서 인간의 자유는 물질적인 것이 뒷받침되어야만 구현될 수 있는데, 그런 의미에서 한국 사회의 자유주의가 말하는 자유란 중산층 이상에게만 진정한 의미의 자유인 듯하다.

한국의 경우 분단 이후 냉전적 자유주의가 보수적 민주주의의 토대를 이루었다. 그리고 경제란 결국 경제적 자유를 확장하고자 하는 것인데, 그 자유가 거대 자본, 탐욕의 과잉 현상으로 나타나고 있다는 점이 현재 한국 사회가 직면한 현실이다. 이런 의미에서 나는 자유주의가 대안적 정치 이념으로서 한국 사회에 실천적 힘을 갖기 어렵다고 본다. 역사적으로도 자유주의는 (제1차 세계대전 종전부터 제2차 세계대전 발발까지) 전간기戰間期의 대공황 이후 실질적인 힘을 잃었고, 유럽의 복지국가가 형성되는 데도 크게 기여하지 못한 것 같다. 이런 상황에서 자유주의를 대안 이념으로 설정한다면 복고적이고 시대착오적일 수 있다고 생각한다. 자유주의 세력과는 민주주의 과제에서 연대하고, 또 사회경제적 자유를 확충해 가는 영역에서 경쟁하고 협력하는 관계로 나아가는 것이 진보의 과제이자 방향이라고 생각한다.

자유주의에 대한 내 생각에 실망했을 수도 있겠다.(웃음) 내가 말하고자 하는 핵심은, 진보적 자유주의가 담으려고 하는 실천적 과제는 복고적 자유주의에서 훨씬 더 나아가 있는데, 그것을 왜 굳이 자유주의라는 이름에 담음으로써 실천적이고 현실적인 정치 지향으로서 그것이 이루어 낼 수 있는 가능성을 제한하느냐는 것이다. 덧붙이자면, 한편에서는 진보적 자유주의를 이야기하고, 한편에서는 사민주의 복지국가를 이야기하는데 이 두 방향은 기존 정치의 성찰에서 비롯된 것이라고 본다. 자유주의 세력의 시장 만능주의를 비판적으로 성찰하면서 진보적 자유주의가 나왔고, 진보 진영의 교조주의를 비판하고 현실에서 실현 가능한 대안을 모색함으로써 사민주의 복지국가 담론이 나왔다. 나는 이 두 방향의 담론이 잘 조화될 수 있다면 대안 세력도 훨씬 더 효과적으로 결집될 수 있으리라고 본다.

심상정에게 자유란?

내가 생각하는 자유는 보람을 공유하는 것이다. 누구나 자기실현을 하며 성과를 내고 싶어 하지 않는가? 보람이 있을 때 제일 행복하다. 그런데 그 보람은 나뿐만 아니라 다른 이들과도 함께 느낄 때 진정한 보람이 아닌가 한다. 나 때문에 타인이 열패감을 갖는다면 불편하지 않겠는가? 함께 보람을 공유할 수 있을 때 가장 행복하다는 생각을 한다.

한국에서 평등은 전체주의의 가치인 것처럼 호도됐다. 평등이 마치 자유의 적이라는 식의 인식이 주입되던 시절이 있었다. 그러나 이는 극우에 가

자본주의사회에서 인간의 자유는 물질적인 것이 뒷받침되어야만 구현될 수 있는데, 그런 의미에서 한국 사회의 자유주의가 말하는 자유란 중산층 이상에게만 진정한 의미의 자유인 듯하다.

까운 논리이다. 현재 한국 사회에서 무엇이 자유를 가장 억압하는지 생각해볼 필요가 있다. 자본주의사회에서 돈이 없으면 극단적인 경우에는 병원에 못 가서 죽어야 하고, 천정부지로 집값이 오르면 길거리로 내몰려 서울역에서 노숙할 수밖에 없다. 자본주의사회에서는 역시 경제적 자유, 물질적인 능력이 자유를 뒷받침하는 가장 큰 기제일 수밖에 없는 것 같다. 이런 점에서 자유를 극대화할 수 있는 가장 중요한 실천은 갈수록 심각해지는 불평등을 해소하는 것이 아닌가 한다.

살면서 가장 자유로웠다고 생각되는 시절이 있었는가?

역시 대학 시절이었다. 그때는 대학 진학률이 20퍼센트밖에 안 됐다. 당시 대학은 독재 정권 아래 탄압을 많이 받았지만 그래도 낭만과 지성의 전당이었다. 은행잎이 노랗게 물들고 단풍이 붉게 타들어 갈 때, 그 노란색과 붉은색 사이에 드러나는 파란 하늘을 누워서 바라볼 때의 행복감. 그때 비로소 이 세계와 단독으로 마주하고 있다는 느낌이 들었다. 그때 진정 자유롭다는 생각이 들었다. 지금도 그때를 생각하면 입가에 미소가 번진다.

젊은 시절을 노동조합 교육부장, 금속노조 사무처장 등 노동운동과 함께했다. 청년 심상정이 품었던 꿈에 대해 듣고 싶다. 더불어 당시 꿈꾸던 낭만·사랑·행복에 대해 얘기해 달라.

내가 청년일 때 대학생이 된다는 것은 곧 미래가 보장된다는 것을 의미했다. 그만큼 그 당시 대학생들은 선택받은 사람들이었다. 그래서 어느 때보다 지식인의 소명에 대한 논의가 강했고, 선택받은 사람으로서 어떻게 사회에 환원하고 기여할지에 대한 고민이 많았던 것 같다. 또 그것이 삶의 의미라고 생각했다.

지금도 농활이 있지만 내 대학 시절 때는 '공활', 즉 공장 활동이라는 것이 있었는데, 방학 때 1개월씩 공장에 취직해 노동자들의 삶을 체험하는 것이었다. 1980년 겨울방학 때 구로공단에서 야학하던 친구를 따라 들어갔다. 당시 내가 공장에 들어가서 받은 충격은 이루 말할 수가 없다. 8시간 노동이라는 개념은 아예 없었고, 잔업·특근이라는 명목으로 보통 12시간 내지 14시간씩 일해야 했다. 그렇게 일을 하면 쥐꼬리만큼 임금을 받았다. 당시 내가 미싱사 1급으로 들어갔는데 잔업·특근을 해서 8만 원 정도를 받았다. 가리봉동에 닭장 집이라고 부르는 자취방들을 칸칸이 만들어 놓았는데, 그런 집 월세가 3만 원이었다.

내가 본 현장의 노동자들은 정말 근면하고 정직했다. 원망도 안 하는 사람들이었다. 똑바로 누울 수도 없는 닭장 집에서 세로로 새우잠을 자면서 그 돈으로 월세를 내고, 또 그 박봉을 쪼개 부모님께 보내고 동생들 학비를 보냈다. '이런 노동자들이 사회·경제·정치적으로 제대로 권리를 갖게 된다면 우리 사회가 정말 좋은 사회가 되겠구나.'라는 생각을 하게 되었다.

한 달 동안 공활을 가서 '바로 여기가 내가 있어야 할 곳이다.'라고 여겼다. 나는 원래 교육자가 되고 싶어 사범대를 갔는데 노동자들에게 노동의 존엄과 가치를 알리고, 노동의 대가를 제대로 받을 수 있도록 뒷받침해야겠다는 생각이 들었다. 마음의 결단을 하고 25년 동안 뒤돌아보지 않고 달려왔다. 말 그대로 노동의 가치가 존중되는 사회, 정직하고 성실한 노동자들이 우리 사회의 주인이자 구성원으로 당당하게 설 수 있는 사회를 만들겠다는 생각이 나로 하여금 쉼 없이 달려오게 한 것 같다.

특별히 기억에 남는 추억이 있나?

나는 원래 다른 사람과 어울리기 좋아하고 놀기 좋아하고, 요즘에는 못하지만 예전에는 잡기에도 능했다.(웃음)

'잡기'라면 어떤 걸 말하는 건가?

밝힐 수 없다.(웃음) 탁구도 하고 볼링도 하고, 고고장에도 많이 갔다. 고등학생 때부터 종로 '태화관'에 있는 교회 서클에 다니기도 했다. 내가 재수를 해서 종로학원에 다닐 때 한 친구가 나를 쫓아다녔다. 그때 백원담 (현재 성공회대학교) 교수도 나랑 같이 학원을 다녔는데 눈치도 없이 내 보디가드가 되어 주겠다고 해서 종로학원에서 광화문까지 늘 같이 걸어 다녔던 기억이 난다.(웃음)

내가 어떻게 운동권이 됐는지는 이미 여러 매체를 통해 이야기했다. 교육자가 되겠다는 목표가 뚜렷했기 때문에 운동권에는 처음부터 관심이 없었다. 대학생 때는 생머리를 길게 기르고, 구두도 7센티미터 이하는 신지를 않았다. 지금은 많이 망가졌는데 예전에는 얼굴도 예뻤다.(웃음) 커트 머리에 청바지 그리고 운동화를 획일적으로 신고 다니던 운동권 여학생들이 당시에는 솔직히 마음에 들지 않았다.

그런 내가 운동권에 들어서게 된 계기는, 마음에 드는 남자를 보고 다가가면 영락없이 운동권이었다는 점이다. 그러다 진짜 마음에 들었던 친구가 있었는데 그 친구를 이해하자니 운동권에 들어가야 했고, 또 그 친구를 포기할 수 없어서 운동권이 되었다.

그때부터 열심히 데모 쫓아다니고, 최루탄 맞고, 아스팔트에 퍼질러 앉아 있어야 하고, 그러다 보니 긴 생머리와 하이힐은 불편하고 거추장스러웠다. 그렇게 대학 1학년 여름방학을 지내면서 어느덧 나도 커트 머리에 청바지가 편한 운동권 학생이 되어 있었다.

인생 여정을 보면 대학 시절부터 지금까지 개인보다는 공동체, 사회를 위해 자신의 삶을 던지며 살아왔다. 지금 하고 있는 단식도 그렇고. 그렇게 역사와 시대가 심상정을 부를 때마다 계속 응답해 왔는데, 가끔은 자신에게 요구되는 시대적 요구를 피하고 싶지는 않았나? 그럴 때는 어떻게 했었나?

우리 시대는 사명감의 시대였다. 나는 1978년에 대학에 입학했는데, 1979년에 박정희 대통령이 죽고, 1980년에 광주 항쟁이 있었다. 당시에는 운동권이 따로 있다고 볼 수 없었고, 대학 전체가 운동권이었다. 그 시대 한국 사회는 자신의 삶보다 사회와 역사에 몰입할 수밖에 없었던, 독재 정권 말기의 시대 교체기였고, 지식인과 대학생의 사명이 강조되던 시기였다. 386 세대라는 것도 이런 사회적·역사적 상황에서 비롯된 것이다.

평소 역사에 관심이 많았는데, 격동의 시대에 대학을 다니면서 역사에 대한 문제의식과 평소 내가 가졌던 지향과 시대 상황이 맞물렸던 것 같다. 그래서 이 길을 가는 데 어떤 주저함도 없었다.

그러나 나를 계속 고뇌하게 했던 것은 역시 어머니, 아니 그냥 늘 엄마라고 부르니까,(웃음) 엄마였다. 내가 지명수배 받고 도망 다닐 때 엄마가 반신마비가 되었는데, 엄마가 나 때문에 고통을 받는다는 것이 너무 마음 아팠다.

그리고 또 힘들었을 때는 자신이 없을 때다. 해야 할 과제와 문제는 너무나 막중하고 큰데 그것을 감당하기에는 내가 너무 왜소하고 무기력할 때, 그럴 때 도망가고 싶다.(웃음) 그렇지만 그때마다 잘하려고 하기보다 그저 내가 할 수 있는 최선을 다하자는 말로 마음을 다잡곤 한다.

워낙 공인으로서의 이미지가 강해 여자 심상정, 아내 심상정, 어머니 심상정에 대해서는 사람들이 잘 모르는 것 같다. 여자 심상정, 아내 심상정, 어머니 심상정은 각각 언제 가장 행복하고 또 언제 가장 슬픈가?

이 질문이 제일 어렵다.(웃음) 사실 나는 사명감의 시대를 살았다. 엄마로서의 역할은 낙제점이라고 본다. 아니 낙제점보다는 조금 나을 것 같기도 한데 아쉬움이 남는다. 그리고 보통 한국 사회에서 인식되는 여성으로서의 삶은 거의 살지 못했다. 뭐랄까, 일하는 여성으로서 나는 가장 힘든 과정을 밟아 왔다고 생각한다. 내가 일했던 노동조합도 금속노동조합이었고, 95퍼센트 이상이 남성이었다. 다녔던 학교도 절대적으로 남성 위주의 학교였다.

돌이켜보면 여성으로서 비주류의 삶이 나를 오늘날까지 오게 한 가장 큰 요소가 아니었나 한다. 학교 다닐 때 남성 선배 운동권들이 대단한 도덕적 자부심을 내세우며 여성을 비하하는 경우를 종종 보았다. 예를 들어, 어디선가 정보가 유출되면 베갯머리를 조심하라는 등 여학생들에게 그 책임을 떠넘기는 모습에서 가부장적이고 권위적인 모습들을 자주 봤다. 그래서 이런 것에 맞서서 서울대에서 최초로 여학생 총학생회도 만들었다. 노동운동을 하면서도 여성 노동자들에게 매우 중요한 요구와 의제들이 노동운동 내에서 주변화되고 배제되는 것을 보면서 서러움을 많이 느꼈고, 그 과정에서 형성된 문제의식이 '정치인 심상정'을 만들어 가는 데 크게 영향을 주었다.

그리고 아들을 임신했을 때 수배 중이었는데, 배 속에 있는 아들에게 "엄마는 노동운동 하는 사람인데 노동운동 하려면 전국을 돌아다녀야 하고, 농성도 해야 하고, 교육도 하러 다녀야 해. 그래서 우리 아들하고 많은 시간을 놀아 주지 못할지도 몰라."라고 이야기해 주곤 했다.

그리고 임신 당시 일했던, (민주노총의 전신인) 전노협(전국노동조합협의회)이 건물 5층에 있었다. 건물이 오래돼서 엘리베이터가 없었는데 계단을 씩씩거리며 올라갔다. 그때도 아들에게 말했던 것이 "엄마 사무실에 올라가는 건데 사무실이 좀 가난해서 엘리베이터가 없단다. 잘됐지, 뭐. 너랑 같이 운동도 하고."라고 대화를 많이 했다. 나중에는 아이가 태어나기도 전부터 너무 부담을 주지 않았나 하는 생각이 들었다.(웃음) 그때는 내가 험한 노동운동을 하면서 엄마 노릇을 제대로 할 수 있을까 하는 두려움과, 아이에 대한 미안함을 지레 갖고 있었다. 그래서 그렇게 대화를 많이 한 것 같다.

그리고 보통 엄마처럼 아이를 잘 챙겨 주지 못하는 것이 아이에게 그늘이 되지는 않을까 염려가 된다. 아들이 고등학교 3학년인데 평소에도 해준 것이 별로 없지만, 그래도 수험생인데 공부 마치고 돌아왔을 때 맛있는 간식이라도 만들어 주지 못해 너무 미안하다. 그래서 사실 단식 농성을 하면서도 잘 지내는지 아들과 계속 문자를 주고받는다. 간혹 (남편·아들과 함께) 셋이 영화를 보는 것, 그리고 일요일에 아침이나 저녁을 함께 먹는 것에 행복해 하고 있다. 빨리 내가 해야 할 일을 다 해서, 은퇴 후 못다 누린 가족과의 시간을 갖고 싶다. 가족들과의 사랑에 푹 잠겨 쉬고 싶다는 마음이 가족들을 생각할 때면 많이 든다.

존경하는 분이 있다면?

셀 수 없이 많다. 살아오면서 순간순간 소중한 인연을 잘 만나 왔던 것 같다. 지금까지 이념이나 사상에 의지하기보다는 주로 사람과의 만남과 관계, 인연 속에서 살아온 것 같다. 존경하는 분이 너무 많다. 대부분 생존해 계셔서

누굴 빼놓으면 섭섭할 수 있기 때문에 일일이 열거하기는 어렵다.(웃음)

다만 우리 어머니! 우리 어머니의 존재에 대해서 새삼 새롭게 느끼고 있다. 나이를 먹으면서 느끼는 것은 내가 우리 친정 엄마를 많이 닮았다는 것이다. 어머니 연세가 여든셋인데 시골 부자는 일부자라고, 시집오셔서 시어머니 대소변을 26년간 받아 냈다. 그리고 고모 다섯과 자식들 넷, 모두 9명의 자식을 시집·장가보냈다. 그러다 내가 지명수배 받을 때 안면 마비가 되었고, 고된 일로 인해 척추가 휘어서 척추를 잘라 내고 새로 다시 묶는 10시간짜리 대수술도 했다. 그러면서도 국선도 7단이시다.(웃음)

아직도 자식들을 불러들이는 일이 없고 자기 관리가 철저하시다. 또 어머니가 동물 키우는 것을 좋아해 돼지를 키우셨는데 시골 동네에서 돼지를 제일 많이 키워 돼지 운동장도 만들었다. 요즘에도 집에 가면 꽃이 마루에 한가득 있다. 거의 죽어 가던 꽃들이 어머니에게 가면 살아난다. 비법이 뭐냐고 물으면, "꽃도 사람과 같아서 물만 준다고 되는 것이 아니라 사랑을 주어야 해. 아침마다 일어나서 방긋방긋 웃어 주고 사랑을 주기 때문에 잘 크는 거야."라고 말씀하시곤 한다. 평소에 만나고 전화하면 만날 싸우는 엄마와 막내딸 사이이지만 생각할수록 어머니를 마음 깊이 존경한다. 오래오래 사셨으면 좋겠다.

현재 꿈이 있다면?

진보 정치가 집권하는 것이 나의 꿈이다. 우리 국민이 정치를 잘하니까 우리에게 큰 의지가 된다. 냉소와 회의로 정치를 오도하는 사회 분위기가 아닌 제대로 된 정치를 통해 정치인이 존경받을 수 있는 사회가 되기를 바란다.

비정규직의 증가, 청년 실업, 반값 등록금 투쟁 등 사회구조가 만들어 내는 부작용이 청년들에게 그대로 전가되는 것이 현실이다. 이런 시대를 살아가고 있는 젊은이들에게 해주고 싶은 말이 있다면?

자기 주도적인 삶에 대해 깊이 생각했으면 좋겠다. 아들이 고등학교 3학년이기도 해서 청년들에 대해 많이 생각하게 되는데, 젊은 친구들을 만나다 보면 자기중심이 매우 약하다는 느낌을 받는다. 어려서부터 입시를 위해 관리되기 때문에 '나는 누구인가? 하고 싶은 것은 무엇이고 잘할 수 있는 것은 무엇인가?'라는 고민을 하지 못한 채 살아가는 것 같다. 이러다 보니 세상 트렌드를 따라가는 삶을 살게 되는데, 이를테면 공부 잘하면 사법고시를 보고, 돈 많이 벌려면 삼성에 들어가고, 안정적으로 살겠다며 공무원 시험을 보는 것처럼 물고기가 먹이를 쫓아가듯 따라가는 삶은 나의 개성이나 잠재력과는 무관하다. 이런 사회적 흐름 속에서는 탈락자가 많을 수밖에 없다.

몇 년 전만 해도 성공 신화를 좇아 열심히 희망을 품고 살았던 것 같은데, 요즘 대학생들은 대체로 분위기가 암울한 것 같다. 희망에 가슴 벅차해 있다기보다 제발 열패자만 되지 않았으면 하는 분위기가 청년들 사이에 전반적으로 깔려 있는 것 같다. 시류를 좇아 사는 것이 아니라 내가 하고 싶은 것, 내가 잘할 수 있는 것을 찾으면 속된 말로 미쳐서 하게 되고 그러다 보면 그 분야에서 자기 능력을 인정받게 된다. 그렇게 자신의 재능을 발견해 이를 이루며 살아가는 청년들이 많아질수록 사회도 좀 더 다양해지고 건강해진다. 너무 한 방향으로만 달리지 말고, 나를 찾아 그 길을 달려가는 것이 오히려 세속적 의미에서도 성공을 이룰 수 있는 방법이 아닌가 한다.

그러다 보면 결국 우리가 함께 해결해야 할 문제를 공유하게 되고, 이런 것이 우리 사회를 변화시키는 계기가 될 것이라 본다. 자기 길을 가며 세상과 넓게 호흡하고 자기실현을 해가는 젊은이들이 많을수록 사회에 대한 분별력이 생겨 변화에 대한 실천을 이룰 수 있다. 자기 주도적인 삶을 살라는 것, 물론 쉽지 않지만 그럴수록 포기하지 말라는 말을 젊은이들에게 꼭 해주고 싶다.

보수와 진보가 쌍두마차로 갈 수 있는 체제를 만들고 싶다

2011
09
21

원희룡

보수와 진보가 쌍두마차로 갈 수 있는 체제를 만들고 싶다

원희룡 전 국회의원(당시 한나라당 최고위원)을 만났다. 학력고사 전국 수석, 사법고시 수석을 한 수재 중의 수재. 학생운동 경력, 한나라당 개혁파 3선 의원, 한나라당 사무총장 등 그 이름 앞에 붙는 수식어가 화려하다. 하지만 밝음이 큰 만큼 어둠도 깊은 탓일까. 은근히 스캔들 메이커이기도 하다. 전두환 전 대통령에게 세배한 일이나, 이명박 정부와 한나라당에 쓴소리를 마다 않던 그가 덜컥 친 이명박계(친이계)와 손을 잡고 당 대표 선거에 나가 참패한 것 등이 그랬다.

사람들은 따뜻한 보수를 만들자는 그의 소신 있는 발언에 박수를 보내다가도 이따금씩 보이는 이해되지 않는 행보에 차가운 시선을 보낸다. 그를 향한 대중의 마음은 말 그대로 냉정과 열정 사이를 오간다. 그래서 왜 한나라당에서 정치를 시작했는지부터 차근차근 다시 물었다. "대한민국의 보수 정당은 개혁되어야 한다. 그렇지 않으면 (진보와 보수) 양쪽이 폭력적이고 극단적인 대립으로 치달아 국가적으로 비용이 많이 들고, 또 비극을 낳을 수 있다. 그런 점에서 내가 보수 내에서부터 수동 혁명을 일으킬 수 있으리라 생각했다."

그런 마음이 그를 2011년 한나라당 당 대표 선거에 출마하게 했을까. 그런데 왜 굳이 친이계의 손을 잡았을까. "한나라당을 바꿀 수 있는 기회라고 생각했다. …… 개혁하고 싶지만 세력이 없는 현실에서, 친이 세력과 손잡아 세력을 형성해 개혁을 이루어 보려고 했다. 하지만 실패했다."

결국 지난 당대회를 통해 무엇을 잃었고, 무엇을 얻었다고 생각하는지 궁금했다. "잃은 것은 주류와 손잡고 타협한, 그러면서 실패한 정치인이라는 평가를 받은 것이다. …… 얻은 것이라면 재충전할 기회를 얻었다는 점이다. …… 숲에 들어오니 숲이 제대로 보이지 않았다. …… 또 다른 10년을 가야 하는데 그 시간을 왜 가야 하고, 어떤 정치를 해야 하고, 또 누구와 함께해야 하는지, 12년간 몸담고 굴러 봤지만 여기서 풀지 못했던 문제들을 앞으로는 어떻게 풀 것인지에 대한 분명한 방법을 갖고 오겠다"(실제 그는 당 대표 출마 시 선언한 것처럼 19대 총선에 불출마했다). 실패가 그를 단련하는 도구라면, 특유의 낙천성은 그 단련을 웃으며 감내하게 하는 내면의 좋은 벗인 듯했다.

"(정치인의 삶을) 포기하고 싶을 때가 많았다. 우선 각오했던 것보다 핍박과 소외가 오래 갈 때 그렇다." 참 어렵다. 좋은 정치인이 되기도 어렵지만 그런 정치인을 갖기도 참 어렵다. 그래서 막스 베버가 "(정치란) 열정과 균형 감각 둘 다를 가지고 단단한 널빤지를 강하게 그리고 서서히 뚫는 작업"이라고 말한 것이 아닌가. 열정은 있는데 균형 감각이 없어 널빤지를 뚫지 못하고 그만 부숴 버린 셈이다. 하지만 그게 어디 쉽던가. 지금 이 시간이 그로 하여금 냉정과 열정 사이에서 일희일비하지 않고, 탁월한 균형 감각으로 널빤지를 서서히 뚫어 낼 내공을 길러 주는 축복의 장이 되기를 바란다.

민주화 운동 세대인데, 민주당이나 진보 정당이 아닌 한나라당에서 정치를 시작하게 된 이유가 있는가?

사실 내가 정치에 입문할 당시 양쪽으로부터 영입 제의를 받았다. 민주당에서는 이제 민주와 진보에 힘을 실어야 한다는 명분이었고, 한나라당에서는 보수도 개혁을 해야 하는데 기존의 한나라당 내 인물만으로는 안 되므로 새로운 인물이 들어와 서로 접목해 가며 개혁하자는 것이었다. 1년 넘게 고민했다. 그동안 생각에 많은 변화가 있었는데 우파 보수정당, 건강한 우파 보수 정도면 내가 이를 수용하지 못할 이유가 없었고, 대신에 기존의 모습을 바꿔야 한다고 생각했다. 그런데 당을 변화시키려면 혼자서는 안 되니 세력을 이루어 한나라당 내에 개혁 블록을 만들고 싶었다. 당시 한나라당에 김부겸·김영춘·손학규·이부영이 있었는데, 지금 우리가 한나라당 내 비주류이지만 한 10년 정도 하면 보수정당이 개혁되지 않겠냐는 생각이 들어서 한나라당에서 시작한 것이다. 그리고 개인적으로는 새로운 것에 도전한다는 의미도 있었다.

대한민국의 보수정당은 개혁되어야 한다. 그렇지 않으면 (진보와 보수) 양쪽이 폭력적이고 극단적인 대립으로 치달아 국가적으로 비용이 많이 들고, 또 비극을 낳을 수 있다. 그런 점에서 내가 보수 내에서부터 수동 혁명을 일으킬 수 있으리라 생각했다. 지금의 선진국들도 다수의 합의를 수용하면서 점진적으로 개선해 왔기에 선진국이 된 것 아닌가? 당시에는 그렇게 생각했다. 그런데 10년이 지나 놓고 보니, 참······.(웃음)

보수 세력 내에서 비주류로 시작하기로 결심하게 된 용기는 어디에서 비롯되었는가?

무모한 사명감 때문이었던 것 같다.(웃음) 나는 권력을 차지하는 것 자체에 대해서는 좀 자유롭다고 생각한다. 보수 혁신이라는 사명감을 갖고 도전한 결과가 설령 안 좋다 하더라도, 도전 자체로 충분히 의미가 있었다고 생각한다. 그 과정에서 느끼는 긴장감이랄까, 그 가운데 있었던 치열함이 인생의 핵심이 아닌가 싶다. 너무 멋지게 포장했나.(웃음)

그렇다면 현재는 어떤가? 한나라당을 선택한 것에 만족하고 있는가?

그때는 한나라당에서 개혁파를 잘 도와주고 역할도 많이 줄 것처럼 하면서 영입을 제의했기 때문에 반은 속고 반은 각오한 거였다. 사실 각오한 것이 더 컸다. 결코 쉬우리라고 생각하지 않았다. 개혁을 이루어 가는 과정은 시간이 걸리고 어렵겠지만, 최소한 우리 세대가 사회에서 주류가 되면 새로운 보수가 나타날 수밖에 없다고 생각했다. 큰 틀에서 정계 개편이 되어야 한다고 생각했다. 지금 좀 답답한 것은 한나라당의 자기 혁신 동력이 부족하고 정계 개편도 동력이 부족하다는 점이다. 유럽에서 보듯이 보수와 진보가 쌍두마차로 갈 수 있는 체제가 되어야 한다. 그에 대한 신념에는 변함이 없다.

한나라당의 정당 정체성은 무엇이라 보는가?

대한민국 건국 이후 현대사에 대한 긍정적인 평가, 즉 발전적 현대사관을 가진 정당이라는 점이 한나라당을 받치고 있는 기본 정체성이라고 생각한다. 남북으로 분단된 이후 남쪽에서 한미 동맹에 근거해 성립된 자유민주주의 체제, 6·25 전쟁을 거치며 자리 잡은 반공에 기초한 안보, 1960년대 이후 개방형 수출 경제에 의한 경제성장 등이 한나라당의 뿌리이자 강점이라 생각한다. 이와 더불어 자유민주주의와 시장경제에 입각한 발전적 보수라는 것이 현재 한나라당의 정체성이라고 본다.

그러나 역사 속에서 볼 수 있는 많은 과오와 부정적인 모습이 한나라당에 있다는 점 또한 고민해야 한다. 이를 스스로 극복할 수 있는지, 자정작용이 있는지를 물었을 때, 사실 이런 부분에서 부족하고 아픈 점이 많다. 존경받을 수 있고 신뢰받을 수 있는 보수가 아닌, 수구 기득권이라고 지적받는다.

한나라당으로서는 뼈아픈 현실이다.

개혁적인 성향과 배치되는 몇 가지 사건들로 인해 많은 사람들에게 비판을 받았다. 특히 전두환 전 대통령에게 찾아가 큰절을 한 일은 두고두고 이야기된다.

사실 그때 김대중·김영삼·전두환 전 대통령 모두를 연초에 찾아가 세배했다. 전두환 전 대통령에게 세배한 일만 이슈가 된 것이다. 김정일 위원장과도 화해하는 마당에 전두환 전 대통령을 찬양한 것도 아니고 설날에 세배 정도는 할 수 있지 않느냐는 것이 당시 내 생각이었다. 그런데 거기에 의미를 부여하고 사람들이 속상해하는 것을 보면서 내 생각이 부족했다는 것을 알았다. 그래서 그때 공식적으로 사과했다. 그리고 그다음부터는 안 간다.(웃음)

정치인 원희룡에게 사람들이 기대하는 바와 상충되었기 때문이 아니었나 싶다.

그렇다. 내 아내부터 속상해 잠을 못 잤다. 그렇지 않아도 전두환 전 대통령을 안 봤으면 하는 사람들이 많은데, 내가 그 앞에 가서 큰절을 했으니 모두의 짜증이 폭발한 것이다. 벌집을 건드린 내 잘못이 크다.(웃음) 그런데 그때 세배하러 간 것은 전두환 전 대통령을 정당화한다거나 찬양하려는 의미가 아니었다. (당시 사진을) 보면 같이 맞절하고 있지 않는가. 그때가 2007년 1월 2일인가 3일이었다. 대통령 경선 후보로 출마할 때라 후보 일정을 짜면서 전직 국가원수들과 종교 지도자들을 예방하러 가야 했다. 전두환 전 대통령과는 악수하고 끝냈어야 하는데 가보니 보료와 방석이 너무 잘 깔려 있었다.(웃음) 완전히 세배 모드로 차려져 있으니 그 자리를 물릴 수도 없고 해서 그냥 세배를 했다. 그러고는 자리를 옮겨 얘기를 나눴는데, 그 집을 나올 때쯤 되자 이미 인터넷에서는 사람들의 반응이 들끓고 있었다. 처음에는 내 의도가 그렇지 않았으니 버틸까도 생각했지만, 내 생각이 짧았기 때문에 곧바로 사과했다.

당시 대중의 비난을 받을 때 어땠는가?

대중의 여론이란 잔인하다. 그런데 대중을 잘 아우르고 가는 것이 정치인의 몫이기에 원망할 수는 없다. 솔직히 좀 답답했다. 아무리 설명해도 설명이 안 통하니까. 하지만 내가 정치인이 아니었으면 그렇게 행동하지 않았을 것이고, 정치인으로서의 행보였기에 비난을 받으면 감수해야 한다고 생각한다.

(2011년 7월 4일) 한나라당 제12차 전당대회에서 친이계 주자로 나온 데 대해 많은 사람들이 의아해했다. 솔직히 어떤 면에서는 이미 레임덕 현상을 보이는 친이계의 손을 잡아 줄 필요가 있었나 싶다. 자신의 정치적 자산이 깎이는 것을 감수하고서라도 굳이 친이계의 지지를 받고 당 대표에 나설 만큼 중요한 사안이나 명분이 있었나?

솔직히 나는 친이계는 아니다. 친이계에서 내세울 주자가 없는 상황이 되었고, 내가 사무총장으로 당직과 보직 등의 일들을 담당해 왔으니 내게 (당 대표를) 맡기면 어느 정도 서로 조율된 부분에 대해서는 지킬 것이라는 최소한의 신뢰를 바탕으로 안심할 수 있었기에 친이계 쪽에서 나를 내세우려던 거였다. 친이계의 제안을 받았을 때 많이 고민했다. 개인적으로는, 당에 대해 비판의 목소리를 내고 있었고 2012년 총선에서 4선 의원이 되는 길도 충분히 감안하고 있었다. 그런 때 당 대표에 출마하게 된 거다.

당 대표가 되어 하고 싶었던 일은 새로운 인물들을 한나라당에 영입하는 것, 젊은 층과 소통할 수 있도록 한나라당의 활동이나 풍토를 바꾸는 것, 정책을 친서민적으로 바꾸는 것 정도였다. 내가 한나라당에 들어온 지 12년차이기도 하고, 중간 결산 차원에서 한 번쯤 내 모든 정치 생명과 무게를 걸고 도전해 볼 수 있겠다고 생각했다. 그리고 이것이 한나라당을 바꿀 기회라고 생각했다.

그런데 자꾸 친이계라고 하니까 청와대의 하수인이 되었다는 식의 비판을 많이 받았다. 가령 "이재오의 아바타"라느니 하면서 말이다. 그런데 그건 그냥 표면상의 이유일 뿐, 실제 원희룡이 아니라 홍준표를 밀고 들어간 것은 지나치게 대폭 물갈이될 것을 염려했기 때문이다(결국 홍준표 경상남도 도지사가 당시 한나라당 대표로 선출되었다). 왜냐하면 나는 공천 약속을 하나도 안 했으니까. 원희룡 대 홍준표의 대결 구도에서 내가 당 대표가 되고 난 이후에 있을 대폭 물갈이에 대한 공포가 있었던 것 같다. 게다가 내가 (총선) 불출마 선언까지 해버리니까 본인도 안 나오는데 얼마나 혹독하게 물갈이 하겠냐 싶었을 거다.(웃음)

그리고 아직은 당 대표로 40대를 받아들일 수 없었던 것 같다. 이 부분에 대해서는 친이 쪽도 잘못 판단한 것이라고 생각한다. 똘똘 뭉쳐서 밀어줄 수 있으리라고 생각해 나를 출마시킨 건데 실제로는 표가 분산됐으니까. 나도 판단 착오를 했다. 어차피 나는 친이 세력과는 타협한 것이다. 당을 변화시키기 위해 총선 불출마까지 선언하고 당 대표에 출마했고, 친이 쪽도 어차피 이대로 가면 지리멸렬이니 당을 대폭 바꿔 보자는 의식이 있었기에 서로 타협하게 된 것이다. 그런데 막상 표를 확인하니 국회의원들은 자신의 공천이 보장되는 쪽으로 표가 갔다. 그래서 원래 예측한 것보다 성적표가 훨씬 안 좋았던 것이다. 나의 도전 혹은 모험이 잘 안 맞았던 것 같다.(웃음)

그런 면에서 어떤 이들은 원희룡이 판세를 읽는 능력이 없는 것이 아닌가 의구심을 표하기도 한다. 그 점에 대해서는 어떻게 생각하는가?

나는 다르게 생각한다. 내가 갑자기 친박을 하면 더 이상하지 않은가?(웃음) 당 대표가 되기 위해 소신이나 내 모든 걸 바꿔서 간 거라면 모를까 어차피 친이 쪽에서는, 내가 친이는 아니지만 사람이 없으니까 함께 가자고 했고, 여기에 대해 나 역시 솔직하게 생각을 말했으며, 타협을 통해 40대 개혁적인 당 대표가 되어 당을 개혁해 보자고 모험을 한 것인데, 그 도전이 실패한 거다. 실패한 것은 감수해야 한다. 누군가에게는 판세를 읽는 능력이 없어 보였을지 모르겠지만, 나로서는 도전했으나 실패한 것이었다. 그걸 가지고 계속 징징거릴 수는 없지 않은가.(웃음)

살짝 벗어난 이야기일 수 있지만 한국 사회에서, 특히 정치인이 자신의 소신과 다른 누군가와 타협하는 것을 부정적으로 보는 측면이 있다. 그럼에도 타협 혹은 모험을 계속해야 하는 이유가 있다면?

이번의 타협은 사실 세력과의 타협이라는 면이 있고 또 어떻게 보면, 역사적인 흐름에는 비할 바가 아니지만, 개인적으로는 김영삼 전 대통령이 민자당에 들어간 것과 비슷하다. 어쨌든 그렇게 선택의 문제라는 생각이 들었다. 개혁하고 싶지만 세력이 없는 현실에서, 친이 세력과 손잡아 세력을 형성해 개혁을 이루어 보려고 했다. 하지만 실패했다. 그러니 이제 다른 길을 찾아야 하지 않겠나.(웃음)

결과적으로 지난 전당대회는 정치인 원희룡에게 얻은 것보다 잃은 것이 많은 싸움이었던 것처럼 보인다. 가장 크게 잃은 것과, 그럼에도 그 와중에 가장 크게 얻은 것은 무엇인가?

잃은 것은 주류와 손잡고 타협한, 그러면서 실패한 정치인이라는 평가를 받은 것이다. 사실 대중은 많이 실망했을 것이고 이 사람의 색깔이 무엇일까 하는 의문점도 남았을 것이다. 재미있는 것은, 그동안 한나라당 내에서 나를 개혁적이거나 진보적이라고 욕하던 사람들이, 주류와 타협해 결과가 안 좋으니까 원희룡은 색깔을 잃어버렸다고 한다는 점이다.(웃음)

얻은 것이라면 재충전할 기회를 얻었다는 점이다. 당 대표 출마할 때 총선 불출마 선언을 했는데 이는 원래 구상하던 것이었다. 여의도에 들어온 지 12년이 지나고 보니 나름대로 동력이 많이 떨어졌다. 숲에 들어오니 숲이 제대로 보이지 않았다. 자꾸 여의도 정치권 내부의 시각에 젖어 드는 나를 보니 이대로 가다가는 초심을 잃어버리겠다 싶어 단절과 재충전이 필요하다는 생각에 당분간 '굿바이 여의도'를 선언할 예정이었다. 애초에 한나라당이라는 곳에 한자리하려고 온 것이 아니어서 더욱더 그랬다.(웃음) 그래서 이제는 민심 속으로 들어가려 한다.

정치를 시작할 때 가졌던 초심과 그동안의 정치 경험을 연결시켜 새롭게 가야 할 방향을 설정하려고 한다. 앞으로 또 다른 10년을 가야 하는데 그 시간을 왜 가야 하고, 어떤 정치를 해야 하고, 또 누구와 함께해야 하는지, 12년간 몸담고 굴러 봤지만 여기서 풀지 못했던 문제들을 앞으로는 어떻게 풀 것인지에 대한 분명한 방법을 갖고 오겠다.

어차피 내 스토리를 이어 가더라도 제대로 해야겠다는 생각으로 자발적 실업을 선택할 계획이었다. 이왕이면 당 대표가 되어서 그동안 하고 싶었던

당 개혁을 원 없이 하고 가면 좋았겠지만, 대표가 되는 데 실패했으니 어쩔 수 없다. 비록 반 토막이 되긴 했지만 그래도 원래 가려던 방향대로 변함없이 가볼까 한다.(웃음)

2011년 서울 시장 선거를 전후로 나타난 안철수 현상을 어떻게 생각하는가?

안철수가 시장 선거에 출마한다는 이야기가 나올 때부터 만만치 않은 폭풍을 불러일으키겠다고 느꼈다. 50퍼센트의 지지를 받는 사람이 5퍼센트의 후보에게 양보한 것에 국민들은 감동했다. 콘텐츠와 감동이 국민의 정서에 딱 맞아떨어진 형태이다. 그런데 한나라당은 그것을 모르고 자꾸 네거티브 공격을 해서 흠집을 내려고 하니까 문제다. 한나라당의 고정 지지층은 (어떻게 생각할지) 모르겠지만, 일반 국민들이 볼 때는 한나라당이 정신을 차리지 못하고 당리당략에 빠져 있다고 생각해 비난하기에 딱 알맞은 것이다. 인정할 것은 인정해야 한다.

그동안 정치인들은 왜 안철수처럼 하지 못했는가? 안철수 바람에는 그가 사람들, 특히 청년들의 아픔에 공감하고 그들을 찾아가 위로한 것이 주효하지 않았을까? 정치인들이 원래 이런 역할을 해야 하는 것 아닌가?

현실 정치인이 되는 순간 소속 정당, 그 사람이 해온 정치 행보 등으로부터 워낙 많은 규제를 당하게 된다. 하지만 안철수는 이로부터 자유롭다. 그리고 정치인이 콘서트를 열면 사람들이 그렇게 오지도 않는다. 3천 명씩 누가 오겠는가. 그게 한나라당이면 더더욱 안 올 테고, 민주당이어도 안 오고 유시민이라도 안 오는데.(웃음) 하지만 안철수는 다르다. 바닥에서부터 찬찬히

사람들을 만나고, 그들 속에 들어가 자신의 이름을 알려 왔기 때문에 이 흐름을 타고 정치를 하게 되면 바람을 탈 수 있을 거다. 그리고 그에게 기존 정치권에서는 볼 수 없던 진정성, 내용의 충실성이 있기 때문에 이 모든 것이 가능했다고 본다. 형식·내용·구조가 다른 상황에서 안철수가 한 일을 정치인들은 왜 못했냐며 활동 방식 자체를 그대로 비교하는 것은 맞지 않다.

정치 현안에 대한 이야기가 나온 김에 좀 더 깊이 들어가 보자. 2012년 총선 및 대선에서는 복지 담론 등 진보적 어젠다가 주요 이슈로 등장하는 것 같다. 이런 상황에서 보수 또는 한나라당이 가져야 할 철학은 무엇이라고 보는가?

복지 확대는 시대적 당위라고 생각한다. 1997년 외환 위기 이후에 나타났듯이, 현재 세계적 차원에서 양극화가 진행되고 있다. 외환 위기 이후 금융 세계화가 확산되고, FTA가 체결되는 등 세계경제에 한국 경제가 편입되면서 양극화에 따른 신빈곤층이 확대되고 있다. 이런 상황에서 복지는 국민들의 당연한 요구이다. 한편, 양극화는 복지만으로 해결되지 않는다. 현재 논의되는 복지는 좁은 의미의 복지로 2차적 분배를 이야기하는 것이다. 하지만 좀 더 근본적으로는 생산과정 내에서의 1차 분배 과정을 좀 더 공정하게 재편해 공존의 관계로 나아가게 할 수 있는 자본주의의 진화가 필요하다.

하지만 복지에 대한 담론은 있지만 어떻게 복지국가를 만들지에 대한 국민적 합의가 없다는 점이 문제다. 고복지면 고부담을 전제해야 한다. 따라서 복지에 따른 부담을 고민해야 한다. 이 부분에 대한 국민적 합의를 이루어 가는 것이 보수·진보 모두의 책임이자 숙제라고 생각한다.

복지국가를 만들어 가는 데 한나라당 개혁파인 원희룡에게 주어진 몫이 있다면 무엇이라고 생각하는가?

국가적인 발전 모델을 어떻게 가져갈지에 대해 좀 더 현실적이고 구체적인 안을 내놓아야 할 것이다. 한국 사회의 인구 구조를 보면 1950년대 출생했던 베이비붐 세대들이 은퇴하고 있고, 현재 그 자녀들이 청년 실업을 겪고 있다. 시간이 더 흐르면 노동력 부족 사태에 부딪히게 된다. 고령화에 따른 노후 대비와 청년 실업 등 국가 부담이 커지는 상황에서 한국의 지속 가능한 발전 대안을 어떻게 확보할지에 대해 고민해야 한다.

진보는 진보대로 보수는 보수대로, 고도성장 시대 이후 국가 발전 모델에 대한 담론을 제시해야 한다. 나 또한 이와 관련해 큰 방향과 구체적인 정책 패키지들을 몇 년 내에 제시해야 한다고 생각하고 있다. 또 시대의 변화와 국민들의 분노, 아픔을 담고 있는 정치를 해야 한다고 생각한다. 정치가 제대로 다루고 있지 못한 부분에 대해 체험하고 토론하는 것이 필요하다. 또 이를 성찰해 대안을 제시할 수 있어야 한다. 보수·진보의 틀을 넘어, 여의도를 벗어나 이후 세대가 국가적으로 지녀야 할 보수와 진보의 내용을 함께 준비하는 것도 앞으로 해야 할 부분이다. 정계에 입문할 때 보수의 개혁을 선도하는 역할을 하자는 것이 내 나름으로 청춘 후반기 인생의 사명이었다. 이런 측면에서도 본격적인 막바지 노력을 해야 한다.

현재 한국의 소선거구 대표제는 여러모로 한국 정치의 발전을 저해하는 장애물로 인식되고 있다. 무엇이 문제라고 보는가? 선거제도 개혁에 관한 생각을 듣고 싶다.

선진 정치의 방향으로 가기 위해서는 다양한 국민들의 요구가 반영될 수 있는 정치제도가 시급히 도입되어야 한다. 또 정치권 내에도 다양성이 공존해야 한다는 점에서 본격적으로 선거제도 개혁이 이루어져야 한다. 그런데 기존 거대 정당들이 기득권을 포기하지 않기 때문에, 이전에도 계속되어 온 선거제도 개혁 논의가 진척되지 않고 있다. 비록 한나라당 소속이지만, 이런 논의에 진지하게 머리를 맞대고 선거제도 개혁에 대해 조금이라도 보탬이 되고자 노력하고 있다.

사실 선거제도 개혁 논의, 특히 비례대표를 늘리자는 의견은 주로 진보 진영 쪽에서 많이 제기해 왔다. 알다시피 한국 정치 현실에서는 대통령들이 집권해 국정을 운영할 때 야당과 타협하기가 매우 힘들다. 또 여야 간에 타협하기 어려운 것도 큰 문제다. 진보와 보수 양쪽에서 함께 힘을 모아 선거제도를 개혁해야 결실을 맺을 수 있다. 특히 386 세대들이 여야의 주축이 되는 시기가 온다면 충분히 정치제도를 바꿀 수 있다고 생각한다. 정치권 안팎으로도 이 부분에 대해 진지하게 고민하는 분들이 많은데, 그분들과 함께 고민을 나누면서 선거제도 개혁에 대해 많이 생각하게 되었다.

다시 정치인 원희룡, 개인 원희룡에 대한 이야기로 넘어가자. '정치인으로서의 근육'이라는 말이 있는데, 12년 가까이 정치인으로 살아오면서 어떤 정치 근육이 발달했다고 보는가?

많이 단련됐거나 성장한 부분은, 일반 국민들 그리고 나와 생각이 다른 사람들을 만났을 때 겸허하고 개방적인 태도를 유지하면서 함께 대화할 수 있게 된, 대중성이라고 할 만한 부분에서다. 반면에 아직도 잘 안 되는 것이 두 가지 있다. 하나는 정치인으로서 이미지 메이킹을 잘해야 하는데, 그게 좀 서툴다. 하다못해 화면에 나가는 인상부터 그렇다.(웃음) 요즘은 비주얼 시대가 아닌가? 아무리 가지고 있는 내용이 좋아도, 대중에게 어필하지 못하면 소용이 없다. 내용을 채워 가는 것과 더불어 이미지를 잘 가꾸는 것도 중요한데, 이 점에서 부족함을 많이 느낀다. 또 다른 하나는 세력이라고 할 수 있을 듯하다. 정치는 아무리 밖에서 돌풍이 불어도 결국은 정치권 내에서, 정치인들에 의해, 정치적 방식으로 풀어야 한다. 결국은 거기서 승부가 난다. 그런데 그 부분이 아직도 많이 약하다. 그리고 보니 핵심적인 두 가지가 모두 약한 셈이다.(웃음)

순수해서 그런 것 아닌가?

좋게 말하면 순수하고 나쁘게 말하면 순진한 거다. 사실은 더 치열하게 변신해야 하는데 아직도 내 안에 머물러 있는 상태다. 국민들은 순수하기만 한 지도자를 원하지 않는다. 문제를 해결하는 지도자를 원한다. 근본적인 순수성 혹은 영혼을 팔아먹지 않으면서, 내적 동기에서 우러난 에너지를 가지고 사회문제를 해결하고, 이를 통해 사람들의 마음과 감정을 담아내는 그릇의 크기와 능력이 중요한 거다. 속된 마음을 갖고 있으면 그렇게 될 수 없다. 그런 면에서 순수하다는 것은 "그래도 당신은 좋은 정치인이다."라는 점에서는 위로가 될지 모르겠지만, 국가 경영을 꿈꾸는 입장에서는 "당신은 자질이 없는 것 같다."라는 말과 비슷할 수 있다. 눈부신 순수함과 세상을 이끌고자 하는 꿈, 그리고 그것을 가능케 하는 노련함과 치열함이 양립되어야 하는데, 참 어려운 얘기다.

막스 베버는 "정치에 관여하려는 사람은 누구나 악마적 힘과 거래를 하게 된다."고 이야기했다. 공익 추구라는 선을 위해 악마와 손을 잡았지만 악마의 유혹에 넘어가지 않기 위해서는 보통 내공이 필요한 게 아닐 듯하다. 어떤가?

그렇다. 제일 어려운 때는 '내가 이렇게까지 해야 하나. 난 안 해도 돼.'라는 마음이 드는 순간이다. 그런데 정치란 공동체의 공적인 일들을 관장하고 처리하는 일인데, 공적인 사명과 책임에 대해 '내 순수성을 위해서는 저렇게까지 할 필요 없어.'라고 여길 수는 없지 않은가.

자기 하나 간수하기도 힘들고 내 마음조차 수양하기 힘든데 이렇게 똑똑한 5천만 국민들을 하나의 공동체로 운영해 간다는 것이 쉬울 리 없다. 성공한 대통령이 드문 이유가 그거다. 이것은 보수, 진보의 문제도 아니다. 그렇다고 포기할 수도 없다. 그런데 정말 이기적이고 욕심 많은 사람은 그걸 막 뚫고 나간다. 반면에 공적인 마인드와 정말 순수한 영혼을 갖고 있는 사람은 '뭘 저렇게까지 해.'라며 진흙탕에 발을 내딛지 않는다. 이게 현실에서 항상 직면하는 딜레마인데, 정 안 된다면 몰라도 일단 사명감을 가지고 정치를 하겠다고 나섰으니, 나를 버리고 더 변화해야 한다는 쪽으로 채찍질하게 된다.

그런데 그것도 기운이 있고, 옆에서 도와주는 힘들이 있어야 가능하지, 그렇지 않으면 답도 없는 나락으로 빠져 버리기 쉬운 곳이 바로 정치판인 것 같다. 실제로 정치를 하다가 몸도 버리고 마음도 버린 사람들이 많다. 나는 이미 세상에서 누린 것이 너무 많다고 생각하기 때문에, 개인적 성취에 대한 욕구를 거의 영에 가깝게 하려고 많이 노력하는 편이다. 그렇게 해야 눈 하나 깜짝 안 하고 갈 수 있기 때문이다. 현역 의원이 총선에 불출마한다는 게 쉬워 보이지만, 사실 쉽지 않은 결정이었다. 하지만 겁 없이 일할 수 있는 그 과정이 더 소중하다고 생각하기 때문에 연연하지 않으려고 한다. 앞으로 어떤 상황이 닥쳐올지 모르겠지만, 당장 내가 줄 수 있는 것이 무엇인지가 아니라, 어떤 방향으로 가야 하는지에 초점을 맞추려고 한다. 그리고 그런 사람들이 군데군데 좀 있어야 사람들이 미친 척하고 역사의 굽이굽이에서 각자의 역할을 할 수 있는 것 아니겠는가.

정치인 원희룡과 개인 원희룡이 서로 충돌할 때는 언제인가?

개인 원희룡은 남에게 폐 끼치는 것을 싫어한다. 다른 사람에게 폐를 끼치고도 언젠가는 갚을 수 있겠지 하면서 툭툭 털고 가는 낯 두꺼움이 약하다. 사실 좀 더 공격적이고 외향적이어야 하는데 기질상 자연스럽지가 않다. 의식적으로 노력하는데, 그래 봐야 자연스럽게 하는 것과는 다르지 않은가. 그래서 그런 게 항상 두렵다. 전당대회를 할 때도 그랬다. 이게 아니다 싶으면 칼 같이 잘라야 하는데, '이래 가나 저래 가나 어차피 몸 던진 건데.'라는 생각에 위험부담을 지나치게 안고 나서는 면이 있다. 이왕 그렇게 나섰다면 공천 약속 다 해주고, 다 불러들여서 "나를 지지하지 않으면 내가 당 대표가 되었을 때 정치 하기가 쉽지 않을 것"이라며 나름 겁박할 줄도 알아야 하는데, 그런 걸 옆에서 하자고 그래도 못 하게 하니까 그런 게 문제다. 그런 데서 충돌한다.

정치인의 삶을 포기하고 싶을 때는 없었는가? 있었다면 그럴 때마다 어떻게 다시 정치인으로서의 소명을 회복하는가?

포기하고 싶을 때가 많았다. 우선 각오했던 것보다 훨씬 핍박과 소외가 오래 갈 때 그렇다. 그렇지만 그런 부분에 대해서는 워낙 낙천적이고 긍정적인 편이고, 개인적인 욕구를 낮추는 훈련이 잘되어 있기에 그나마 잘 버티는 편이다. 그래도 마음속에 쌓아 두었던 것들을 한 번에 정리하고 단기전으로 끝내고 싶은 생각이 들 때가 많다. 하지만 세상이 자기 뜻대로 되는 게 어디 있겠는가. 이것도 내게 주어진 훈련의 과정으로 겸허하게 잘 받아들여야 한다. 그리고 내게 종교도 있고 하니까 순종의 마음, 특히 내 뜻과 다른 부분에 대해 나를 죽이고 순종해야 한다는 생각을 많이 한다. 그렇게 내면적으로 본의 아니게 수양하는 경우가 많다.(웃음)

예전에는 '아버지 학교'(아버지가 부재한 가정에 아버지를 되돌려 보내자는 목적으로 세워진 학교로서, 주로 교회에서 시작했으나 현재는 일반 시민들을 대상으로 한 곳도 많이 운영된다)에서 봉사하는 것, 몽골에 가서 나무 심는 것, 가난한 아이들을 위해 기부금 모으기 프로그램을 만드는 것이 정치 하는 것보다 세상을 아름답게 만드는 게 아닐까 생각한 적이 있었다. 그래서 실제로 정치를 그만두고 이런 일들을 해보면 어떨지 진지하게 주변에 이야기한 적이 있는데 거의 박살이 났다.(웃음) 어렵더라도 정말 보람된 것이기 때문에 그 길을 선택한다면 훌륭하다고 박수를 쳐줄 수 있지만, 지금 정치를 하는 것이 어려워 선택한다면 그건 아니라는 것이다. 어차피 사람들이 내게 정치 하지 말라고 할 날이 올 테니, 그때까지는 어렵더라도 스스로 그만둔다고 하면 안 된다기에 그냥 깨갱 하고 찌그러졌다.(웃음)

원희룡에게 정치란? 정치를 계속하는 이유는 무엇인가?

정치란 결국 우리 사회, 즉 대한민국이라는 공동체의 의사 결정 과정이라고 생각한다. 정치에서 수단은 권력이고 내용은 전체의 삶이 아닌가? 우리 삶을 개선하기 위해 권력을 활용하는 것이다. 탈정치는 각자가 자기 분야에서 생활하는 것이므로 좋아 보이기는 하지만, 탈정치라 하더라도 결국 누군가는 권력을 쥐게 되어 있다. 그래서 전체적으로 보면 탈정치라는 말은 맞지 않다.

권력을 민주화해야 하고, 권력이 우리 삶에 복종하게끔 끌고 가야 하기 때문에 정치를 피하려야 피할 수 없다. 정치가 삶을 다루었을 때 진정성이 나온다. 국민들은 약자의 눈물을 닦아 주는 정치, 그런 감동을 선사하는 정치를 원한다. 그럼에도 우리는 여전히 정치를, 권력 싸움을 일삼거나 자기 이익을 위해 힘 있는 쪽에 붙어 권력을 휘두르는 기술적 과정으로 치부해 부정적으로 생각한다.

정치를 좋은 쪽으로 만들기 위해 직접 무대에 올라가는 배우들, 즉 정치인들이 있는 것이고, 옆에서 도와주는 프로듀서들도 있고, 관객석에는 이를 평가하는 심사 위원이 있다. 그중에서 나는 무대 위에서 뛰고 있는 배우다. 정치를 피할 수 없다면, 모두를 이롭게 할 수 있도록 좋은 정치를 하고 이를 위해 내게 주어진 배역을 잘 감당하겠다는 것이, 바로 어려운 상황 속에서도 계속 정치를 하는 이유다.

원희룡이 꿈꾸는 보수란?

보수의 철학은 '인간은 이기적이다. 인간은 불완전한 존재다.'라는 가정을 바탕으로 한다. 그리고 '지금까지 검증되어 있는 역사적 사실과 성취들을 인정하고 가자. 사회를 점진적으로 바꿔 가자.'는 것이 보수다. 그런데 기득 권력을 가진 사람들이 다른 사람들을 마음대로 지배하는 것도 용인해야 하느냐는 질문에 맞닥뜨릴 때, 기존 보수의 가치와 충돌이 일어난다. 예를 들어

삼성이 하청(도급) 업체를 쥐어짜고 기술을 훔쳐 가도 이를 자유 혹은 시스템이라는 이름으로 옹호할 것이냐에서 충돌이 이루어진다. 그리고 연봉 8천만 원 받는 노동자들이 자기들과 똑같은 일을 하는 비정규직 노동자들이 3천만 원도 못 받는 현실을 가만 내버려두거나, 자기 자리를 지키기 위해 그 시스템을 유지하려는 것을 자유나 관행이라는 이름으로 합리화할 것인가. 이건 아니지 않은가. 자기 것을 지키기 위해 권력을 남용할 때 보수가 수구가 되고 국민들의 공적이 된다. 보수가 빠지기 쉬운 함정이다.

그런 점에서 보수야말로 대화와 타협에 능숙하고 관용과 수용성을 갖춰야 한다. 예를 들어 민주화나 복지국가도, 내가 처음부터 그렇게 주장하지는 않았더라도 이미 사회적으로 합의된 부분을 수용할 수 있어야 한다. 그런 점에서 보수는 사회의 변화에 대해 수동 혁명의 성격을 보여야 한다. 그런데 자꾸 보수의 혁신, 성찰하는 보수, 발전적 보수, 조화와 화합적 보수, 공동체 자유주의 등을 얘기하는데, 문제는 얼마나 진정성 있게 실천할지가 아니겠는가? 당장 한나라당 지지층을 보면 절반 정도는 아직도 반공 보수다. 포용적이고 중도적인 입장만 이야기해도 '색깔이 이상하다고 보는' 경우가 많다. 시간이 지나면 결국 해결될 문제라고 보긴 하는데, 그렇다고 30년이 걸리면 되겠는가? 2~3년 내로 바뀌어야지.(웃음)

2012년 총선에 불출마하겠다고 선언했는데, 총선 이후 국회의원이 아닌 신분이 되었을 때를 대비한 계획은 무엇인가?

고민 중이다. 우선 여의도 밖으로 나가는 거니까 국회의원 배지가 떨어졌을 때의 금단증상에 대해 "원희룡 관찰 리포트"를 쓸 예정이다.(웃음) 우선 밖에서 여의도를 보면서 여의도나 국회가 어떻게 바뀌어야 하는지를, 전직 경험자이자 일반 국민의 시각에서 바라보고 공부할 예정이다. 그리고 청년 실업부터 시작해 우리 사회가 당면하고 있는 주요 문제 현장으로 가고 싶다. 그곳에서 당사자들과 직접 만나 현장의 고통을 확인하고 싶다. 그 현장에서 대중과 함께 호흡할 수 있는 일들을 해야겠다고 생각하고 있다.

그리고 이제 지역구가 없으므로 전국 어디를 가도 되고, 누구 눈치 볼 것 없이 각계각층의 사람들을 만날 수 있다. 그렇게 여의도를 떠나서 여의도를 다시 보고, 국민의 입장에서 그리고 처음 정치를 시작하던 신인의 마음으로 초심을 되돌아보고, 우리 사회의 미래를 고민하고 싶다. 국회의원을 안 할 뿐이지 정치에 대해서는 더 치열하게 고민해 보려 한다. 일단 당분간은 그렇게 살겠다는 생각을 하고 있고, 어떤 식의 프로그램을 진행할지는 계속 고민 중이다.(웃음)

마지막으로 청년들에게 하고 싶은 말이 있다면?

이 풍요로운 사회에서 먹고사는 문제에 대해 고민들이 많다는 것이 사실 신기하다. 그런데 그렇게 얘기하면 엉뚱하다는 반응들이 많다. 내가 20대였을 때는 사실 물질적으로는 훨씬 어려웠지만 이상적 가치를 위해 내 열정을 바치겠다는 마음가짐이 있었다. 그런데 지금은 아닌 것 같다. 부모가 된 입장에서는 우리 애들 또래가 실리적이고 자기 앞가림을 잘하면 안심이 되기는 한다. 그런데 한편으로는 물질적인 풍요를 얻는 데 너무 집중하는 것은 아닌가 하는 생각이 들기도 한다.

연봉 1억이면 행복한가? 연봉 2천이면 불행한가? 물론 물질적인 필요를 충족하는 것도 중요하다. 그렇지만 내면의 자유로움과 내공을 쌓지 않고 외적인 기준만 쫓아가다 보면 내면적인 공허함이 생기게 된다. 그러다가 자신이 매달리고 있던 것들을 이루지 못했을 때 결국 스스로 무너지지 않겠는가. 그렇다고 취직 문제 등을 소홀히 여기라는 것은 아니다. 아직 젊으니까 나를 찾고 자유를 얻기 위한 과정에서 실패도 두려워하지 말고 연애도 많이 하고 그렇게 살았으면 좋겠다.

자신의 이익을 좇아 아등바등 살아가는 청년들을 위한 답변 같다. 우리 주변에는 공적인 가치를 위해 자발적 가난을 택한 청년들도 많이 있는데, 그런 청년들을 사회 변화의 주체로 세우지 않고, 주변화하거나 도구화하는 경우를 많이 본다. 그 친구들에게 하고 싶은 말이 있다면?

나도 한때는 많이 부딪쳤다. 그런데 다들 잘 알겠지만, 내 인생을 누가 규정해 주는 것이 아니다. 낳아 준 부모님이 나를 규정할 수 있는가? 속해 있는 공동체가 나를 규정할 수 있는가? 여러분의 이야기에 반대한다는 것이 아니라 근본적으로 의미를 추구하는 인생을 선택하는 순간, 그 규정은 스스로 할 수밖에 없다는 말이다. '의미 있는 일을 하면서 살 수도 있지만, 가난하고 배고프니까 가족들이 너무 괴롭더라. 그래서 가족을 부양하기 위해 나는 돈을 벌어야겠다. 대신에 열심히 돈을 벌어서 없는 사람들에게 물 한 바가지라도 나눠 주며 살겠다.'라고 마음먹는다면 그것도 훌륭한 삶이다. 하지만 비록 돈은 못 벌더라도 사회적으로 의미 있는 일을 하겠다고 선택했다면, 자신의 삶을 책임지고 살아 낼 수 있어야 한다.

그런 길을 계속 가다 보면 어떤 문제에 부딪친다. 그래서 우리가 추구하는 삶의 의미와 현실적으로 부딪치는 상황들 가운데서 내면의 대답을 얻어야 한다. 구도자적인 질문을 해야 한다. 그것이 뒷받침되지 않으면 뒤뚱거리거나 넘어질 수밖에 없다. 물론 그렇다고 거기에만 맡겨서는 안 된다. 가끔

씩 일기를 쓰거나 기도할 때나 그렇지, 매일 구도자가 될 수는 없다.(웃음) 그래서 박원순 변호사가 아름다운 재단을 통해 사회 공익 활동을 한 것이 아닌가.

비영리단체NPO 활동 내지 비영리 영역이 우리 사회에 기여하는 데 비해 여기서 일하는 이들에 대한 사회적 보상은 턱없이 부족하다. 보수 정부가 이른바 (일종의 관변 보수 단체라고 할 수 있는) '아스팔트 NGO'들만 지원할 게 아니라 제3 섹터에 대한 지원 폭을 넓혀야 한다. NPO나 NGO 들이 우리 공동체를 위해 정말 많은 일들을 하고 있지 않은가. 이 부문에서 일하는 청년의 고민들에 대해서도 고려해야 한다고 생각한다. 너무 원론적으로만 이야기한 것 같아 미안하다.

어쩌면 원희룡의 실패도, 원희룡의 성공도 우리의 자산이 될 수 있겠다는 생각을 했다. 제대로 된 보수 정치인의 모델을 보고 싶다. 혹시 그런 것을 꿈꾸고 있는지?

보수는 안철수가 모델이다. 난 그렇게 생각한다.

원희룡에게 자유란?

너무 어려운 문제만 준다.(웃음) 자유라는 문제에 대해 사람들은 외부로부터의 자유를 얘기하지만, 실제로 내가 인생을 부딪치면서는 외부로부터의 자유 때문에 헤매기보다, 나 자신 때문에 헤맨 경우가 더 많다고 느꼈다. 내 욕구, 내 감정에 얽매여 후회하는 일이 얼마나 많은가. 심지어는 내가 가진 기존의 선입관이나 사고의 틀 등으로부터 자유롭지 못하지 않은가. 결국 자기

자기로부터의 성숙, 자기로부터의 자유로움이 있어야 개인과 사회 모두가 훨씬 자
유로워지는 것이 아닌가 한다. 자유와 성숙은 함께 간다. 그게 자기 성찰이고, 거기
서 나오는 힘이라야 진정한 힘이다.

로부터의 성숙, 자기로부터의 자유로움이 있어야 개인과 사회 모두가 훨씬 자유로워지는 것이 아닌가 한다.

누가 내게 인생의 내공이 무엇인지를 질문한 적이 있다. 그때 나는 "세 가지 액체의 곱하기"라고 답했다. 눈물과 땀과 피. 그런데 곱하기이기 때문에 하나가 영이 되어서도 안 되고, 그렇다고 하나만 커도 소용이 없다.(웃음) 언젠가 테레사 수녀가 헤어날 수 없는 깊은 회의에 빠졌을 때 썼던 일기를 본 적이 있는데, 공감이 많이 갔다. 우리 모두가 그런 위인이 될 수는 없지만, 그런 엑기스 한 방울이 있어야 우리 인생이 진행될 수 있다. 외적인 정치, 논리적인 정당화, 다른 사람들의 인정만으로는 불가능한 것 같다. 남들이 볼 때는 눈물 덩어리인 것 같고, 물렁물렁해 보이고, 얄잡아 보일지 몰라도 김수환 추기경이나 테레사 수녀 같은 분들이 흘린 그런 엑기스가 우리 사회에 번져 있기 때문에 근본적인 가치와 의미를 추구하면서 갈 수 있는 것 아닌가 생각한다.

그런 면에서 자기를 바꾸고 내면을 들여다보는 시간이 많아야 한다. 이는 진보도 보수도 마찬가지라고 본다. 진보면 얼마나 진보고 보수면 얼마나 보수겠는가. 보수, 진보라는 게 내 문제에 대해서는 보수이고, 남의 문제에 대해서는 진보인 경우가 굉장히 많다. 남녀 문제도 그렇고 운동권 내 인간관계도 그렇고⋯⋯. 흘러간 지도자들이 개혁에 반대할 줄 아는가? 자기 빼고 다 바꾸라는 식이다. 자신부터 바꾸지 않으면서 바꾸라고만 강요하려 하니 설득력이 없어서 비판받는 거다.

자유와 성숙은 함께 간다. 그게 자기 성찰이고, 거기서 나오는 힘이라야 진정한 힘이다. 옆에서 선배들이 박수 쳐주고 인정해 주고 예뻐해 주면 멋모르고 따라 하는데, 몇 년은 갈 수 있을지 몰라도 어느덧 흘러간 세월 앞에서 문득 '나는 어디로 가고 있는가.' 하며 후회하게 된다. 결국 자기 인생은

자기가 규정하는 것이고, 이는 절대자와의 대면 속에서 가능한 것이 아닌가
싶다.

윤여준

보수와 진보가 아닌 균형과 합리성이 나의 기준

2012년 '안철수 돌풍'이 한국 사회를 강타했다. 그 바람이 어디서부터 오는지, 누구에게 유리하게 작용할지 아무도 알 수 없을 때, 모두가 주목한 사람이 있었다. 윤여준 평화재단 평화연구원장이다. 그리고 그 돌풍이 몰아치기 직전에 우연히도 윤여준 원장을 인터뷰했고, 그때 마침 안철수에 대한 질문을 했었다. 안철수를 주목하고 있다는 그의 이야기가 살짝 생뚱맞기는 했지만 왠지 모르게 눈에 들어왔기 때문이다.

"한국 사회에 워낙 지도자가 없고, 지도자가 가져야 할 자질 가운데 가장 중요한 공적 헌신성을 갖춘 사람이 없다고 평소에 생각하고 있었기 때문에, 뛰어난 공적 헌신성을 갖춘 사람을 하나 찾았으니, 이 사람이 정치를 할 소양이 있거나 의지가 있다면 얼마나 좋은 일이겠는가 해서 유심히 본다는 것이다." 그가 그렇게 말하고 난 며칠 뒤 실제로 안철수 돌풍이 불어닥쳤다.

그가 생각하는 보수와 진보의 의미가 궁금했다. 그러자 "내게는 평소에 보수와 진보라는 이분법적 패러다임 자체가 없다. …… 내가 중요하게 생각하는 것은 보수와 진보가 아니라 균형과 합리성이다."라고 이야기한다.

한국 사회에서 요구되는 보수와 진보가 이념적·감정적으로 대립하지 않고 상생할 수 있는 방안에 대해 묻자, "보수와 진보는 '사람 인人' 자와 같아서 서로 의존하며 같이 가야 한다. 진보가 정권을 잡을 때는 보수가 끊임없이 도전해 줘야 진보가 건강해지고, 보수가 정권을 잡을 때는 진보가 끊임없이 도전해 줘야 보수가 건강해진다. 둘은 절대적으로 필요한 상보적인 관계이다. 그런데 우리 사회에서는 진보와 보수가 원수처럼 싸운다. 참 안타까운 일이다."라며 소모적인 정쟁만 펼쳐지는 한국 현실에 깊은 탄식을 토해 낸다.

또한 "우리 사회의 가장 큰 모순이 무엇인가? 바로 양극화이다. 양극화를 완화하지 않으면 체제가 폭발할지도 모른다. …… 그런데 한나라당의 몇몇 인사들이 국민들의 복지 확대 요구를 망국 풍조라거나 포퓰리즘이라면서 발길질해 버렸다. 이는 원칙으로도 맞지 않고 전략적으로도 현명하지 않다."
라면서, 양극화 문제의 심각성에 대해 무감각한 정당 지도자들에 대해 비판
의 목소리를 높인다. 그의 이야기를 듣고 있으니, 한나라당 국회의원, 한나
라당 선거대책위원회 상임 부본부장, 여의도연구소장, 환경부 장관 등을 두
루 거친 보수 진영의 대표적인 선거 전략통인지, 아니면 진보 진영의 전략
가인지 헷갈릴 정도이다.

안철수 열풍의 가능성을 가장 먼저 알아차렸던 그. 보수와 진보가 아니라
균형과 합리성이 자신의 판단 기준이라 이야기하는 그. 윤여준 원장은 2012
년 대선에서는 새누리당도 안철수도 아닌 문재인을 선택한 바 있다. 그 결
정이 어떤 기준에서 나왔는지, 그리고 앞으로 또 어떤 선택들을 할지 그의
마음속 깊은 곳으로 함께 들어가 보자.

안철수 (당시) 서울대학교 융합과학기술대학원 원장, 박경철 안동신세계연합클
리닉 원장과 함께 '청춘 콘서트'를 진행한 것으로 알고 있다. 이들과 청춘 콘서
트를 함께하게 된 계기가 궁금하다.

평소에 청년들을 많이 만나는데, 청년들이 일상화된 무한 경쟁 속에서 무엇
엔가 정신없이 쫓기고 있다는 생각을 했다. 그런데 문제는 청년들이 자신이
무엇에 쫓기는지, 왜 쫓기는지 잘 모른다는 것이다. 그래서 이 사람들에게
자신이 왜, 무엇에 쫓기는지, 사회의 무엇이 문제인지를 구조적으로 인식하
는 눈이 뜨이게 할 필요가 있다고 생각했다. 구조적으로 문제를 인식하고
해결하지 않으면 현실이 개선되지 않기 때문에 무엇이 문제인지를 알고, 어
떻게 고칠 수 있는지를 고민하며, 정치권과 국가에 그것을 요구할 수 있게

해야 한다는 생각을 하고 있었다.

그러던 중에 '평화재단 리더십 아카데미'의 강사로 박경철 원장을 초빙하게 되었다. 저녁 식사를 하면서 담소를 나눴는데 서로 놀랄 만큼 문제의식이 같았다. 박경철 원장은 안철수 교수도 같은 문제의식을 가지고 있고, 둘이 몇 년 동안 지방 대학을 돌면서 청춘 콘서트를 통해 대학생들을 위로하고 격려하는 일을 하고 있다고 했다. 참 훌륭한 일을 하고 있다고 생각했지만 그것으로는 부족하다는 생각이 들었다. 그래서 위로와 격려에 그쳐서는 안 되고 문제를 제대로 볼 수 있는 눈과 시민 의식을 갖게 해야 두 분이 짊어지고 있는 사회적 책임을 다하는 것이 아니겠냐고 물었다. 그랬더니 같은 생각을 하고 있지만 역량이 안 돼서 그러지 못하고 있다 하기에 나도 함께 돕고 싶다고 했고, 이를 흔쾌히 승낙해 같이 활동하게 되었다.

청춘 콘서트를 하면 정말 열기가 대단하다. 한 예로 경희대학교 평화의전당에서 청춘 콘서트를 했는데, 이곳의 수용 인원이 5천 명이었다. 과연 모일까 했는데 모든 좌석이 다 찼다. 경희대 학생들에게 배정된 1천 석을 제외하고 4천 석을 인터넷으로 접수받았는데 몇 초 안에 매진되었다. 현장의 열기도 대단했다. 비가 주룩주룩 오는데 사람들이 두세 시간 전부터 와서 기다렸다. 그 모습을 보면서 젊은이들에게 갈증이 있다는 것을 알았다. 젊은이들이 자신이 처한 절망적인 현실 속에서 박경철 원장과 안철수 교수의 이야기를 하나의 실낱같은 빛줄기로 여기는 듯했다. 자신들이 살면서 겪었던 어려움, 그리고 그 어려움을 이겨 낸 과정에 대한 이야기를 젊은 사람들이 실감나게 받아들이는 것 같았다. 그 사람의 말과 삶이 정합성이 있으니까 젊은 사람들이 그 이야기를 신뢰하는 것이고, 그렇게 인기가 있는 게 아닐까 생각했다.

어떻게 보면 우연한 기회인데, 평소에 박경철 원장, 안철수 교수, 그리고 내가 공통의 문제의식을 가지고 있었고, 박경철 원장과 안철수 교수가 꾸준히 청년들을 위한 활동을 해왔기 때문에 그런 우연이 찾아왔다고 생각한다. 그렇게 보면 필연이었던 것 같기도 하다.

안철수 교수에게 주목하게 된 이유는 무엇인가?

청춘 콘서트를 하면서 안 교수를 만나 이야기해 보고, 안 교수가 학생들에게 하는 이야기를 들으면서 그가 가진 공적 헌신성에 놀랐다. 정작 고위 공직자나 정치인에게서는 찾아볼 수 없었던 공적 헌신성이, 의과대학 교수를 하다 IT 벤처기업을 했던 최고경영자 출신 학자에게서 어떻게 나올 수 있었을지가 궁금했다. 컴퓨터바이러스에 대한 제거법이 없던 때 개발한 백신으로 떼돈을 벌 수 있었을 텐데 그것을 민간에 무료로 공급하고, 바이러스가 진화함에 따라 몇 차례 지속적으로 개발하면서도 이후 7년간 백신을 무료로 공급했다는 것은 대한민국 역사상 찾아볼 수 없는 공적 헌신성이다.

그런 면을 보고 이렇게 공적 헌신성이 뛰어난 사람이 있다면 이 사람에게 정치를 맡겨 보면 더 낫지 않겠는가 하고 생각하게 됐다. 그래서 이 사람이 정치적 소양이 있나 없나 유심히 살펴보고 있다. 어떻게 보면 있는 듯도 하고, 또 어떻게 보면 없는 듯도 해서 아직 판단하지는 못하겠다. 정작 본인은 정치에 맞지 않다고 하는데, 괜히 하는 말이 아니라 정말 그렇게 생각하는 것 같다. 그래서 내가 농담으로 "(정치에) 맞는지 안 맞는지는 본인보다 남이 더 잘 아는 수가 있다."고 웃으면서 말했다. 그래서 주목한다는 거다.

한국 사회에 워낙 지도자가 없고, 지도자가 가져야 할 자질 가운데 가장 중요한 공적 헌신성을 갖춘 사람이 없다고 평소에 생각하고 있었기 때문에, 뛰어난 공적 헌신성을 갖춘 사람을 하나 찾았으니, 이 사람이 정치를 할 소양이 있거나 의지가 있다면 얼마나 좋은 일이겠는가 해서 유심히 본다는 것이다.

평생을 정치인 혹은 공직자로 지냈는데 지금은 거의 준활동가이다. 평화재단과 함께 활동하게 된 계기가 있는지?

평화재단에 대해 잘 몰랐고 법륜 스님은 유명하니까 그런 분이 있다는 것 정도만 알고 있었다. 그런데 일을 다 그만두고 집에서 쉬고 있던 어느 날 평화재단 사무총장에게서 법륜 스님이 날 만나고 싶어 한다는 연락을 받았다. 그래서 법륜 스님과 만나 이야기를 나눴는데, 남북문제에 대한 법륜 스님의 말씀을 들으면서 어떻게 스님이 이 문제에 대해 이렇게 깊이 연구하고 헌신적으로 활동하나 생각하면서 깜짝 놀랐고, 공직의 녹을 먹은 사람으로서 부끄럽기도 했다.

그래서 남북의 민족문제를 해결하려면 스님께서 하신 말씀 이외에 다른 방법이 없는 것 같다고 했더니 그러면 자신과 일을 좀 하자고 했다. 하지만 당장 평화재단이나 정토회가 어떤 곳인지 몰랐기에 일단 생각해 보겠다고 했다. 그리고 나서 기자 생활을 할 때 버릇이 있어, 정토회에 가서 이것저것 틈틈이 관찰을 했다. 이 수련 단체는 다른 단체와 달랐다. 우선 기복적인 요소가 없었다. 법륜 스님이 수련은 실천이라 하고 노동이 곧 수련이라 하는데, 그 정신이 배어 있었다. 사무실 집기도 산 것은 하나도 없이 다 주워 온 것이다. 아주 독특한 곳이었다.

또 신자 수가 많지 않지만, 신자들의 정신이 투철해 응집력이 뛰어나고 헌신성도 높았다. 그래서 다른 단체가 1백 명으로 하는 일을 30명으로도 할 수 있다. 연중 쉬지 않고 활동하지만 예산은 얼마 들지 않는다. 법륜 스님이

평화재단 말고도 좋은벗들, 어려운 사람들을 돕는 시민 단체인 한국 JTS 등
여러 가지 일을 하지만 신자 수는 그렇게 많지 않다. 그렇게 관찰해 보니 법
륜 스님 개인도 수련 단체도 흔히 생각하는 종교단체와는 달랐다. 그래서
신뢰가 가고 이런 사람들과 일하는 것이 보람되겠다는 생각이 들었다.

그런 와중에 법륜 스님이 자꾸 내게 일을 넘기면서, "원래 저는 본업이 있
는데 장관님 같은 분이 마땅히 해야 할 일임에도 안 하니까 나 같은 사람이
하는 것 아닙니까?"라면서 평화재단 전체를 맡으라고 했다. 못 한다고 했더
니 그러면 연구원장과 교육원장을 맡으라고 해서 그것마저 안 한다고 할 수
없어 맡게 되었다.

이번 청춘 콘서트를 진행할 때도 새벽과 한밤을 가리지 않고 모여 머리를
싸매고 기획에 동참했다. 그렇게 일하면서 나 자신도 많이 배우고 젊은 사람
들과 계속 대화하다 보니 생각이 많이 젊어진다. 그 길밖에 없다. 나이를 먹
으면서 시대를 앞서갈 수는 없지만 따라갈 수는 있다. 책을 보면서 흐름을
따라가고 젊은 사람들을 만나 기탄없이 이야기하면서 내 생각을 바꾸기도
하고, 그러면서 따라가는 거다. 나는 요즘 이런 생활에 대단히 만족한다. 다
만 물리적으로 너무 바빠 체력이 고갈된 것 같다. 오늘만 해도 집에서 아침
6시 40분에 나왔는데 밤 12시가 넘어서야 들어갈 것 같다. 어느 날은 밤 11
시에 들어갔더니 아내가 "오늘은 왜 이렇게 일찍 들어와요?" 했다.(웃음)

평화재단 리더십 아카데미나 청춘 콘서트 등을 통해 청년들을 많이 만나고 있
는데, 청년 윤여준은 어땠는지 궁금하다.

나는 고등학교 시절을 투병 생활로 보냈다. 중학교 3학년 때부터 진행되던
병을 모르고 있다가 고등학교 1학년 때 진단을 받았다. 사실 6·25 사변 때

라 웬만한 병은 병으로 취급되지도 못했다. 그저 살아남는 것이 중요한 때였으니까.(웃음) 당시에는 약이 없어서 치료할 수가 없었다. 그러던 어느 날 의사가 "너 이러다가 목숨을 잃을지도 몰라."라고 했다. 왜 그분이 어린 내게 그런 이야기를 했는지는 모르겠지만, 그날 집에 돌아가 어머니에게 전했더니 어머니는 어두운 표정이었지만 놀라는 기색은 보이지 않았다. 아마도 부모님께는 의사 선생님이 이미 알린 것 같았다. 그런데 죽을 수도 있다는데 뭐 어떻게 할 방법이 없었다. 그래서 그때부터 죽는다는 게 뭐냐 하는 철학적 사고를 하기 시작했다.(웃음) 여하튼 그렇게 투병 생활을 했다. 살지 죽을지 모르는 상태에서 몇 년을 지냈으므로 청년답게 활동하거나 생각할 겨를이 없었다.

그러다가 민간요법과 한약이 늦게야 효과를 발휘했는지 대학교 3학년이 되는 해부터 몸이 조금 좋아져, 4학년 올라가던 해에 자원입대했다. 나중에 집에서 그 사실을 알고는 난리가 났다. 그때 "몸이 얼마나 회복됐는지 정확히 측정할 수도 없고, 어차피 남자면 군대를 다녀와야 하고, 훈련받다가 몸이 아프면 거기도 병원이 있으니까 죽기야 하겠습니까. 그리고 만약 훈련을 이겨 내면 내가 회복됐다는 증거니까 앞으로 자신감을 갖고 모든 일을 할 수 있을 것 같습니다."라고 부모님께 이야기했다. 아버지는 내 이야기를 가만히 들으시더니 그런 뜻이면 다녀오라고 허락해 주셨다. 그래서 군대를 가게 됐는데, 마침 가장 모범적인 군대에 배치받게 되었다. 모범적인 군대란 매로 만들어진 군대였다.(웃음) 몽둥이로 엄청 기합을 받았다. 그렇게 고생을 많이 했지만, 여기서 낙오되면 끝이라고 생각해서였는지 한 번도 낙오하지 않고 훈련을 잘 마쳤다.

오래 아팠던 터라 매사에 자신감이 없었는데 군대를 잘 마치고 나니 자신감이 생겼다. 그러던 어느 날 동아일보 견습기자(수습기자) 모집 광고를 보고 시험이라도 한번 쳐보자며 지원했다. 준비도 많이 하지 못해 별 기대를 하지 않았는데 뜻밖에 1차 시험 합격자 명단에 내 이름이 있었다. 그래서 2차 시험을 보게 되었고, 취재기자 시험과 면접을 마치고 최종 합격자 16명에 들어 동아일보에 입사했다.

지금 되돌아보면 나의 청년 시절은 병마와 싸운 기억뿐이다. 사느냐 죽느냐를 알 수 없는 상황이었고, 산다고 하더라도 온전하게 살 수 있을지, 건강이 회복될 수 있을지 확실치 않았기 때문에 청년다운 시절을 보내지 못했다. 덕분에 엄청난 양의 책을 읽긴 했지만 지금 생각하면 그 시절을 온전히 갖지 못한 것이 너무 아쉽다.

청년들에게 이야기해 주고 싶은 것이 있다면?

"청년이여 시민이 되자!" 물론 우리가 국민으로서 의무와 책임을 다해야 하고 권리도 주장해야겠지만, 국가는 늘 감시하고 견제하지 않으면 국민의 이름으로 엉뚱한 일을 하게 되어 있다. 서양의 어느 학자는, 국가는 야만적 속성이 있다고까지 이야기했다. 우리도 경험했지 않은가. 민주국가의 시민 의식을 가지고 행동할 줄 아는 시민이 되어야 한다. 나는 죽을지 살지 모르는 상황에서도 절망하지 않았고, 하늘이 무너져도 솟아날 구멍은 있다는 것을 믿고 살았다. 그렇게 살아 보니 정말 그렇더라. 하늘이 무너진 것 같은 절망적 상황에서도 반드시 솟아날 구멍은 있다. 그것을 찾아라. 동서양을 막론하고 역사적 전환점에서 늘 변화를 추동했던 것은 젊은이의 에너지였다. 지금 한국 사회는 엄청난 변화를 요구하는데, 이걸 누가 끌고 가겠는가. 젊은이들이다. 그러려면 의식이 있어야 한다. 정말 그 이야기를 청년들과 함께 나누고 싶다.

한나라당(현 새누리당)과 민주당(현 민주통합당)을 이념·정책 정당이라고 보기는 힘들 것 같다. 한국의 정당들이 이념과 정책 중심의 정당으로 갈 수 있는 방안은 무엇이라 보는가?

노상 보수·진보로 싸우는데 이념 정당 아닌가?(웃음) 이게 고질병인데 의외로 답은 쉬운 데 있다고 생각한다. 평소에는 언론도 이념 대립의 시대가 지나갔으니 민생을 중심으로 한 정책 정당이 되어야 한다고 강조한다. 그런데 정당이 공을 들여 정책을 내놔도 언론부터가 관심이 없다. 국민도 마찬가지다. 어떤 정책을 보고, 이게 국가에 유리한 것인지 나한테 유리한 것인지 관심이 없다. 이렇듯 언론과 시민들이 정책에 무관심하기 때문에 정당도 굳이 정책 정당이 되려고 하지 않는다. 애써 정책을 만들어도 득표에 도움이 되지 않는다는 것을 알기 때문이다. 오히려 한국 정치에서는 지역 구도가 강고하기 때문에 지역 구도를 가진 정당은 지역 주민들의 지역감정만 자극하면 압도적인 지지를 얻을 수 있다. 호남에 기반을 둔 정당은 영남을 자극해 결합시키고, 영남에 기반을 둔 정당은 호남을 자극해 결합시키는 적대적 공생 관계가 완고히 뿌리내린 것이다. 따라서 정당을 향해 정책 정당이 되라고 주문해도 소용이 없다.

결국 국민이 정책에 관심을 가지고 그것을 평가해 지지로 연결하는 수준까지 가지 않으면, 정당에 아무리 좋은 말로 권유해도 정책 정당으로 바뀌지 않는다. 모든 것을 국민에게 돌리는 환원주의 같지만, 어쩔 수 없이 민주주의도 정부도 그 국민의 수준에 걸맞은 것을 가질 수밖에 없다. 모든 것을 국민의 수준이 결정한다고 봐야 한다.

보수 진영은 물론 진보 진영에서도 인정받는 합리적 보수로 손꼽히곤 한다. 윤여준에게 진보와 보수란 어떤 의미인가?

내게는 평소에 보수와 진보라는 이분법적 패러다임 자체가 없다. 한국의 보수와 진보는 유럽에서와 다르고, 순전히 북한과 미국에 대한 태도가 그 기준이 된다. 이를 가지고 보수와 진보로 나뉘어 싸우는 것은 시대착오적이다. 내가 중요하게 생각하는 것은 보수와 진보가 아니라 균형과 합리성이다. 균형 잡힌 시각에서 합리적으로 판단해 어떤 정책이 대한민국에 적합하고 필요하다면, 그 성격이 진보적인지 보수적인지는 중요하지 않다. 그렇게 균형과 합리성으로 판단하면 되는데 이 기준을 뒤로 미뤄 놓고 보수와 진보가 이념을 놓고 싸우는 데는 다른 목적이 있다. 아마도 모든 문제에 이념적 색깔을 입히면 상대방을 제압·공격하기 쉽다고 생각하기 때문일 것이다.

오세훈 전 서울 시장이 '무상 급식 지원 범위에 관한 주민 투표'를 붙이면서 이를 "낙동강 전선"이라고 하는 것을 보고 깜짝 놀랐다. 무상 급식 지원 대상을 선정하는 데 소득 구분을 기준으로 할지, 지원 대상의 확대를 몇 년에 걸쳐 단계적으로 할지 전면적으로 할지 등의 문제가 왜 낙동강 전선인가? 낙동강 전선은 6·25 전쟁 당시 마지막 방어선으로, 낙동강 전선을 사수하지 않으면 대한민국이 위태로워지는 상황에서 나온 말이다. 무상 급식을 하자는 것은 같고 방법만 좀 다를 뿐인데, 왜 여기에 이념의 옷을 입히는가? 아마도 오세훈 전 시장이 이 문제를 이념 대결로 가져가면 싸움이 쉬워지리라고 생각했거나, 이길 확신이 있다고 생각해 그랬으리라고 짐작하는데 만약 그렇다면 중대한 오판을 한 것이다.

한국 사회에서 요구되는 보수와 진보의 모습은 무엇이라고 생각하는가? 이들이 이념적·감정적으로 대립하지 않고 상생할 수 있는 선의의 경쟁을 할 방안은 없을까?

우리나라의 보수는 따뜻한 보수, 인간의 얼굴을 한 보수가 되어야 한다고 생각한다. 보수는 스스로 그렇다고 생각하는 듯한데 많은 서민들은 그렇게 보지 않는다. 지난 60년, 그러니까 김대중 정권과 노무현 정권이 들어서기 전까지 한국 사회를 지배해 온 것은 보수 세력이었다. 그 시간 동안 서민들이 겪었던 보수 세력은 결코 따뜻하지 않았다. 소외된 사람을 배려하고 다른 생각을 포용하는 보수, 따뜻하고 열린 보수가 되어야 보수의 장래가 밝다고 생각한다.

반면에 진보는 현실에 바탕을 두어야 하는데 거대 담론에 빠져 있는 것 같다. 거대 담론을 제시하고 가치만 추구하다가 민생이 망가져 정권을 뺏긴 것 아닌가. 그런데 진보는 민생을 소홀히 한 실수도 인정하고 실패의 원인이 무엇인지도 반성하는 것 같다. 그런 면에서 진보가 보수보다 자기 성찰을 더 잘하는 것 같다. 우리 국민은 민주주의를 존중하고 지키려 하지만, 가난한 민주주의는 싫어한다. 민생이 망가지면 민주주의를 이야기해도 소용이 없다. 물론 경제적으로 풍요하다고 해서 권위주의를 용인하지도 않는다. 지도자는 이런 국민의 마음을 알고 민주주의와 경제, 민주주의와 민생 간의 상관관계를 알아서 균형을 잡아야 한다. 그렇지 않으면 실패한다.

보수와 진보는 '사람 인人' 자와 같아서 서로 의존하며 같이 가야 한다. 진보가 정권을 잡을 때는 보수가 끊임없이 도전해 줘야 진보가 건강해지고, 보수가 정권을 잡을 때는 진보가 끊임없이 도전해 줘야 보수가 건강해진다. 둘은 절대적으로 필요한 상보적인 관계이다. 그런데 우리 사회에서는 진보와 보수가 원수처럼 싸운다. 참 안타까운 일이다.

진보와 보수는 누가 국민을 더 행복하게 만들 수 있는지를 놓고 어떤 방식이 효과적인지 경쟁해야 한다. 그러고 나서 국민이 선택하는 것이다. 보수가 한동안 집권하다가 문제가 생기면 국민들이 다시 진보에게 권력을 맡긴다. 진보는 보수가 만들어 낸 문제를 해결하고 한동안 집권하지만 그 안에서 또 새로운 문제가 생기게 되며, 그러면 국민은 다시 보수에게 권력을 맡긴다. 이런 식으로 진보와 보수가 서로 번갈아 집권해 가면서 역사가 발전하는 것이다. 보수와 진보는 역사 발전의 두 수레바퀴이다.

그런데 우리는 싸운다. 이유는 분단이다. 우리 현대사는 대결의 역사이다. 남과 북에 단독정부가 수립되고, 6·25 전쟁이 발발한 이후 남북 간에 끊임없는 대결이 반복되었다. 이러다 보니 남북 간 대결이 민주주의와 공산주의의 대결이고, 우와 좌의 대결이고, 보수와 진보의 대결이 되어 버렸다. 그리고 이런 대결 구도가 우리 사회에 체질화·내면화된 것이다. 서로 경쟁하는 2개의 수레바퀴, 비행 물체의 양 날개가 원수가 되면 물체가 어떻게 전진하겠는가? 싸우지 않고 경쟁하면 되고, 국민이 선택하면 되는데, 경쟁에 자신이 없으니 서로 투쟁만 한다.

희망하고 있는 한국 사회의 미래상이 있다면?

앞으로 남북통일을 하려면 궁극적으로는 북한 주민의 선택이 중요하다. 독일 통일도 사실상 흡수통일이지만 형식과 과정은 합류 통일, 즉 동독 주민이 투표로 서독 체제를 선택한 것이다. 그런데 북한 주민이 남한 사회를 선택하지 않고 분단된 상태 그대로 살겠다고 선택하거나, 중국 사회를 선택할 수도 있는 일이다. 절대 다수의 북한 주민이 남한 사회를 선택하게 하려면 우리 사회가 이상적인 사회는 아닐지라도 적어도 북한 주민이 볼 때 동경할 만한 사회여야 한다. 그런데 지금 우리의 모습이 통일 한국의 바람직한 미래상이라고 할 수 있는가? 나는 아니라고 본다.

통일 한국의 바람직한 미래상이 되려면 한국 사회를 총체적으로 바꿔야 한다. 흔히 말하는 개혁이 되었든 선진화가 되었든, 한국 사회를 총체적으로 바꾸지 않고서는 한국 사회를 북한 주민이 동경할 만한 사회로 만들 수 없다. 우리 사회의 가장 큰 모순이 무엇인가? 바로 양극화이다. 양극화를 완화하지 않으면 체제가 폭발할지도 모른다. 정치적으로는 제법 평등을 누리고 있지만 경제적·사회적 불평등이 심각하다. 이런 불평등이 완화되어 한국 사회의 다수를 차지하는 서민들이 한국 사회가 불공정·불공평 사회라고 생각하지 않게 해야 한다.

시대정신은 공동체 다수를 점하는 사람들의 희망·요구·기대로 나타난다. 그렇게 생각하면 한국 사회를 이끌어 갈 시대정신은 '공생'이 아닐까. 똑같이 살자는 것이 아니라 '더불어 함께 사는 사회' 말이다. 다소 추상적일 수 있지만 그런 사회를 모두가 바라는 것이 아닐까 싶다. 그런데 공생하는 사회는 나누지 않으면 만들 수 없다. 권력과 부와 기회를 모두 나눠 사회에 연대 의식이 있게 해야 한다. 국가는 정치 공동체인데, 이는 구성원 사이에 유대가 없으면 형성·유지되지 않는다. 그 유대는 공공성이 만든다. 그런 면에서도 공생이 시대정신이라고 본다.

2012년 선거에서 아마도 '복지'가 대세를 가르는 큰 이슈가 되리라고 생각하는데 복지도 공생과 직결된다. 헌법 34조 1항이 "모든 국민은 인간다운 생활을 할 권리를 가진다."라고 명시하고 있는데, 인간다운 생활은 정신적인 풍요와 물질적인 풍요가 균형 있게 잘 갖춰지는 것이라고 생각할 수 있다. 그렇다면 대통령직을 맡은 사람은 "헌법에 인간다운 생활을 할 권리가 명시되어 있는데, 제가 생각하는 인간다운 생활의 조건은 이런 것입니다. 따라서 저는 그것을 위해 이런 정책을 펴겠습니다."라고 국민에게 보고하고 동의받아야 한다. 그런데 여태껏 어떤 대통령도 이런 일을 하지 않았다.

얼마 전까지만 해도 한국 사회에서 복지는 개인과 가정이 감당할 몫이었다. 그런데 지금은 그것이 어려워졌다. 중산층 가정이 한 자녀의 대학 등록금을 감당하기도 어려운 것이 현실이다. 그렇다면 주거·교육·의료 등을 어떻게 가정에서 다 감당할 수 있겠는가? 그렇기 때문에 이제는 국민이 국가에 도움을 요청하고 있는 것이다. 이미 오래전부터 그러고 있는 선진국들을 보면서, 복지와 관련해 국가가 해야 할 몫이 있다는 사실을 국민들도 알게 된 것이다. 그러니 국가는 이를 당연히 수용해야 한다. 복지는 헌법상 국민의 당연한 권리이고, 국민의 복지를 챙기라는 것이 헌법상 의무 조항으로 되어 있다.

따라서 국가 지도자는 일차적으로 이를 수용해야 하고 어떻게 실현할지를 고민해야 한다. 예컨대 국가의 경제 능력 밖의 복지를 시행할 수는 없으니 우리가 예상하는 경제 발전 단계로 봐서 이상적인 수준의 복지가 가능하려면 시간이 얼마나 걸릴지에 대해 전문가들과 함께 예측하고, 그때까지 몇 단계를 거쳐야 하는지, 또 당장 2012년과 2013년에는 어디까지 할 수 있는지 등을 전문가와 여야 정치권, 정부가 같이 토론하고 고민해야 한다. 그래서 국정의 우선순위에서 복지를 이전보다 높은 순위로 끌어올려 실질적인 노력을 하면 된다. 그렇게 하면 국민들이 그 과정을 보고 그것을 지지 또는 반대하면서 공론화 과정을 거칠 수 있다.

그런데 한나라당의 몇몇 인사들이 국민들의 복지 확대 요구를 망국 풍조라거나 포퓰리즘이라면서 발길질해 버렸다. 이는 원칙으로도 맞지 않고 전략적으로도 현명하지 않다. 앞서 말했듯이 공생하려면 권력과 부와 기회를 나눠야 한다. 나눔의 정신으로 살아야 공생이 가능하다. 나는 공생이 시대정신이 되어야 한다고 보고, 그렇게 되리라고 생각한다.

(2012년 대선을 바라보는 시점에서) 미래 한국을 이끌어 갈 리더로 어떤 인물상을 생각해 볼 수 있을까? 그리고 이 시대에는 어떤 리더십이 필요할까?

사회에는 여러 부문의 리더와 리더십이 있는데 국가의 리더십은 완전히 다른 차원의 것이다. 국가는 다른 공동체와 구분되는 고유의 특성이 있기 때문이다. 그런데 사람들이 이를 잘 구분하지 못하고 CEO 리더십이 가장 이상적이라고 얼마나 떠들어 댔는가? 이명박 대통령이 그 덕을 좀 봤다고 생각한다. 그런데 말이 안 되는 이야기다. CEO는 부문의 리더십이지 국가 리더십은 아니다. 국가의 대통령이 되고자 하는 사람은 상당한 자질을 갖추어야 한다. 우선 국가란 무엇인지에 대한 인식이 있어야 한다. 그래야 국가가 어떤 특성을 가졌는지, 국가를 끌어가는 데 필요한 자질이 무엇인지를 알 수 있다. 어떤 자리를 원하면 그 자리에 걸맞은 자질을 키우려 노력하지는 않고, 야망과 욕심만 키운다.

과연 역대 대통령 가운데 우리 헌법을 제대로 읽어 본 대통령이 몇이나 될까? 우리 헌법 제1조 1항은 "대한민국은 민주공화국이다."이다. 이는 대한민국은 민주주의와 공화주의를 추구하는 나라라는 뜻이다. 최소한 대통령이 되는 사람은 기본적으로 민주주의가 어떤 가치를 지니고 있고, 어떤 유형이 있는지, 공화주의 원리는 무엇인지를 알아야 한다. 공화주의 정신은 공공성을 존중하고 추구한다는 것이다. 역대 대통령 가운데 대한민국의 민주주의를 성장시키고 성숙시킨 분이 몇이나 있었나?

물론 본인들은 모두가 이를 위해 헌신했다고 말하겠지만 지금에 와서 우리가 평가해 볼 때 민주주의 정신과 가치, 공화주의 정신과 가치를 충실하게 구현하려고 애쓴 대통령이 있었는가? 그러니까 대통령이 되고자 하는 야망이 있다면 야망에 부응할 만한 자질을 갖추어야 한다. 그런데 권력에 대한 욕심만으로 권력 그 자체를 목적으로 추구한다는 것은 정말 문제이다. 그런데 정치인 스스로 각성하기를 기대하기는 어렵다.

유권자인 국민이 그런 지도자를 뽑지 않아야 한다. 찍고 나서 후회해도 소용없다. 우선 민주주의 국가의 주권자인 국민들이 지도자를 선출할 때 사적인 연고, 이를테면 동향·동창·친척·친구 등의 이유로 선택하지 말고 공적인 기준으로 선택하려고 노력해야 한다. 국가가 당면한 과제를 해결할 만한 자질과 능력과 경험을 갖추었는지를 보고 선택해야 한다. 그래야 공공성이 살고 공동체가 살 수 있다. 또 환원주의가 되어 버렸는데 모든 것이 국민에서 출발해 국민으로 돌아온다. 근본주의·환원주의라는 비판을 받을지도 모르겠지만 내 짧은 삶의 경험으로는 다른 방법이 없어 보인다. 정치인 스스로 각성해 갑자기 딴사람이 되는 것은 불가능하다. 기적은 기적적으로 일어나지 않는다.

자유주의란 무엇이라고 생각하는가? 더불어 한국 사회에서 벌어지고 있는 자유주의 논쟁에 대한 생각을 듣고 싶다.

자유주의의 역사가 길고 복잡해 어디서부터 이야기해야 할지 모르겠지만, 자유주의는 쉽게 말하면 '인간의 자유를 구현하기 위한 이론 체계'라고 말할 수 있다. 자유의 사상은 플라톤으로부터 내려왔는데 자유주의라는 이데올로기로 바뀐 것은 서구의 계몽 시대 때이다. 롤스John Rawls, 노직Robert Nozick, 하이에크Friedrich August von Hayek, 프리드먼Milton Friedman, 최근에는 샌델Michael Sandel 등 수많은 정치철학자들이 각기 다양한 이론을 전개해 왔다.

어찌 됐든 문제는 우리 사회가 가진 자유주의 역사이다. 대한민국은 현대에 들어와서 자유민주주의를 도입했다. 6·25 전쟁을 치르면서 공산주의 침략으로부터 자유민주주의를 지키기 위해 목숨을 걸고 많은 피를 흘렸다. 이런 면이 우리 자유민주주의가 가진 역사성이다. 이 역사성은 절대로 양보할 수 없는 가치이다.

그러나 한편으로 우리나라의 자유주의가 반공 자유주의였기 때문에 반공의 이름으로 자유주의가 자유를 탄압하고, 민주주의가 민주를 탄압하는 역사가 있었다. 이 또한 우리 자유민주주의의 역사성이다. 자유주의에 대한 대중의 인상은, 헌법에 자유민주주의가 명시되어 있고 정치인들도 입만 열면 자유민주주의를 이야기함에도 자유민주주의의 이름으로 자유를 탄압하고 독재하는 것을 봐왔기에 그다지 좋지 않다.

보수는 공산주의로부터 한국의 자유민주주의를 지켜 온 세력이라고 자부하는데 그런 자부심을 가질 만하다. 그러나, 다시 말하지만, 자유주의의 이름으로 자유를 탄압하고 민주주의의 이름으로 민주를 탄압한 어두움도 있었다. 이 같은 어두움의 역사를 누구도 부인할 수는 없다. 이 부분을 보수 세력은 인정해야 한다. "우리가 자유주의를 지키기 위해 피를 흘리며 투쟁했다. 그 점은 훌륭하다. 하지만 우리의 자유주의가 반공 자유주의이다 보니 공산당과의 싸움에서 당장 이겨야 된다는 절박함 탓에 인권을 탄압했다."라고 지난날의 과오를 인정하고, 그 부분에 대해 국민들에게 참회해야 한다. 그러면 한국의 보수가 도덕적 권위를 회복할 수 있다.

이미 지난 역사이고 과過만 있었던 것이 아니라, 산업화나 경제개발과 같은 공功도 있었으니 어두움을 인정할 수 있는 것 아닌가? 그런데 한국의 보수 세력은 그 부분에 대해 자기 성찰을 하지 않고 밝은 부분만 이야기한다. 상당수 사람들이 어두운 부분을 기억하고 있는데 이를 인정하지 않으니, 보수가 자꾸 소수가 되어 가고 그 결과 완고해지면서 사람들에게 멀어지는 것이다. 누구에게나 과오가 있을 수 있다. 사복私腹을 채우려고 그런 것이 아니라 그 길뿐이라는 생각에서 한 일인데 그게 왜 부끄러운가? 지금이라도 국민에게 사죄하면 국민이 그것을 양해해 줄 것이고 도덕적 권위를 회복할 수 있을 것이다. 도덕적 권위를 회복하지 못하면 국민을 설득할 수 없다.

윤여준에게 자유란?

국가 안에서의 자유, 국가를 통한 자유, 국가(권력)로부터의 자유(즉 독재 권력으로부터의 자유)가 있다. 그런데 개인적 의미의 자유도 있지만 사회적 의미의 자유도 중요하다. 사회적 의미의 자유라는 측면에서 생각해 볼 때 내가 생각하는 자유는 국가권력으로부터의 자유이다. 그런데 요즘에는 국가만이 아니라 자본 권력으로부터의 자유도 중요해진 것 같다. 사실 요즘은 자본 권력이 국가권력을 압도하지 않나.

보수적인 사람들은 자본의 편에서 자본을 보호해야 한다고 하는데, 자본으로부터 자유를 얻을 수 있어야 자본을 보호할 수 있다. 『조용한 접수』*The Silent Takeover*의 저자인 노리나 허츠Noreena Hertz 교수는 자본이 국가를 접수했다고 주장한다. 우리나라뿐만 아니라 외국에서도 자본 권력이 정치권력을 제압한 지는 이미 오래됐고, 이제는 국가권력이 자본 권력에 압도당하는 상황이다. 노무현 대통령도 재임 기간에 "권력은 이미 시장으로 넘어갔다."라

사회적 의미의 자유라는 측면에서 생각해 볼 때 내가 생각하는 자유는 국가권력
으로부터의 자유이다. 그런데 요즘에는 국가만이 아니라 자본 권력으로부터의 자
유도 중요해진 것 같다. 다수 국민의 이익을 추구해야 하는 공동체가 특정 기업이
나 자본으로부터 자유롭지 못한 상황은 심각한 문제를 가져온다.

고 하지 않았는가? 그 이야기를 듣고 '이런 무책임한 대통령이 있나. 빼앗겨 놓고서 푸념하면 어떻게 하나. 안 뺏겼어야지.'라고 생각했다. 다수 국민의 이익을 추구해야 하는 공동체가 특정 기업이나 자본으로부터 자유롭지 못한 상황은 심각한 문제를 가져온다.

앞으로는 지식 기반 경제, 정보산업의 혁명으로 20퍼센트의 지식 근로자가 경제 전체를 이끌고 노동자의 대다수인 80퍼센트가 도태되는 20 대 80의 사회가 된다고들 한다. 민주주의는 80퍼센트에 속한 사람에게도 한 표, 20퍼센트 사람에게도 한 표를 준다. 그런데 어떻게 80퍼센트의 사람을 무시하고 20퍼센트의 사람만이 살 수 있는가? 그 체제를 80퍼센트의 사람이 용납하겠는가? 예를 들어 안철수 교수가 대기업을 신랄하게 비판하는데 그것은 대기업을 때려 부수자는 이야기가 아니다. 계속 그렇게 가면 결국 대기업도 죽기 때문에 그러면 안 된다고 경고하는 것이다. 약탈적 경영을 언제까지 서민이 참을 수 있겠는가? 이를 고쳐야 대기업도 살고 시장경제도 건강해지고, 자본주의를 할 수 있다는 것이다. 이처럼 자본 권력이 거대해지면 기업이나 자본에도 좋지 않다. 자본을 살리자고 자본 권력으로부터의 자유를 이야기한다는 면에서 나는 보수다. 사실, 표현 몇 가지, 개념 몇 가지만으로 진보와 보수를 가르고 구분하는 데 무슨 의미가 있겠나 싶다.(웃음)

다시 개인적인 질문으로 돌아가 보자. 평소 전략가로도 유명한데, 한국에서 손꼽을 만한 전략가라면 또 누가 있을까?

전략통이 되려면 정치와 정책을 알아야 하고 거시적인 안목과 미시적인 안목이 두루 있어야 하며 분석 능력과 종합 능력도 갖춰야 하기에 굉장히 어려운 일이다. 그런 면에서 나는 전략가 근처에도 갈 수 없는 사람이다. 우리나라에 그런 기준으로 보면 적합한 사람이 많지 않지만 나의 비교적 짧고 좁은 경험으로 보면 국무총리를 했던 이해찬 씨가 그에 가깝다고 생각한다. 이해찬 씨는 선거 전략이 뛰어난 사람이고 우리나라 정치인 가운데 그만큼 정책을 많이 아는 사람도 없다. 그래서 예전에 내가 한나라당에 있을 때 저런 사람이 한나라당에 한 명만 있으면 좋겠다고 말하기도 했다. 그런데 이분이 국무총리를 하면서 오만한 태도를 보여 국민들로부터 많은 지탄을 받았기에, 지금에 와서 이런 말을 공개적으로 하기가 조심스럽다. 평소에 만나볼 때는 전혀 그런 분이 아니었다. 그렇게 할 필요가 있어서였을지는 모르지만, 국무총리 시절의 모습은 평소에 내가 알던 모습과는 상당히 달랐다. 어쨌든 전략가로서 그만한 사람을 찾기는 어렵다.

정치인이나 정책 전문가, 선거 전략가가 되고자 하는 청년들이 많은데, 그러기 위해 준비할 것이 있다면?

우선 책을 많이 읽어야 한다. 독서량이 없으면 아무것도 못한다. 나는 정치인이 되겠다는 생각은 전혀 없었지만, 한 사람의 교양인으로 성장하려면 음식을 골고루 섭취하듯이 지식도 광범위하게 섭취해야 균형 잡힌 사람이 되겠다 싶어서 책을 광범위하게 정말 많이 읽었다. 기자 생활을 시작할 때는 주로 정치학 이론을 공부했다. 또 사물의 본질을 꿰뚫어 보는 눈을 기르기 위해 문학평론을 열심히 읽었다. 문학평론에는 논리의 단계가 면도칼처럼 치밀하게 쪼개져 있어 논리력을 기르는 데 도움이 되고 어휘력도 길러진다. 그러다가 내가 하는 일이 황량한 일이라는 생각이 들어서 시를 많이 읽었다. 시에는 가장 정련된 언어가 있고 시심을 기를 수 있어서 좋다.

　인문학이나 역사학 책만 읽는가 싶어 양자물리학 책을 보기 시작했다. 특히 주관이나 객관의 구분이 없고 모든 것이 관찰자의 주관이라는 것을 양자물리학 책을 읽으며 깨달았다. 그 깨달음을 준 대표적인 것이 '빛'이다. 빛은 입자인 동시에 파장이고, 파장인 동시에 입자이다. 관찰자가 언제 관찰하느냐에 따라 다르다. 그렇게 보면 객관은 없다.

선친께서 가르쳐 주신 교훈이 목표를 정하고 최선을 다해 추구하되, 집착하지 말라는 것이었다. 어려서는 그 의미를 잘 몰랐는데, 커서 그 의미를 알게 됐다. 사람이 결과에 집착하면, 야비하거나 비굴하거나 치사한 짓을 하게 되니까 그러지 말라는 뜻이었다. 최선을 다하고 나면, (일이) 이루어지고 이루어지지 않고는 자신의 영역이 아니라고 생각하라는 것이었다. 정말 그런 것 같다. 그리고 그렇게 생각하면 마음이 편안해진다.

지금 가장 바라고 소망하는 것이 있다면?

한국의 대학도 아름답지만, 미국의 대학 캠퍼스를 가면 캠퍼스가 참 아름답고, 그 안에서 느껴지는 자유로움이 참 좋다. 그리고 그 학생들이 그렇게 부러울 수가 없다. 그래서 지금도 꿈이 하나 있다. 집사람보고 2012년까지는 바쁠 것 같은데, 2013년에는 미국에 가서 2년만 살다 오자고 이야기한다. 몇 번 약속했다가 못 지켜서 아내는 헛소리한다고 하지만.(웃음) 캠퍼스를 어슬렁거리면서 젊은 대학생들과 이야기도 좀 하고, 좋은 강의도 듣고, 도서관에서 책도 보고, 영화관에도 가고, 여행도 가고, 그리고 살다 가고 싶다. 청년 때 못 해봤던 낭만이랄까, 그런 것을 정말 한 번 맛보고 싶다.

自由人

2011
08
02

이계안

1원 1표의 주식 사회가 아닌, 1인 1표의 민주주의 사회를 위해 이계안 2.1연구소 이사장을 만났다. 평사원에서 현대자동차 사장, 현대카드 회장을 지낸 전문 경영인 출신 정치인이다. 이력만 보면 노동문제를 포함해 사회경제 전반에 걸쳐 매우 보수적인 정치인일 것이라 생각하게 된다. 하지만 한국 비정규직 문제의 핵심을 묻는 질문에 "한국 비정규직은 고용도 불안정하고 인건비도 정규직의 반밖에 안 된다. 그러니 사용자가 왜 비정규직을 정규직으로 바꾸겠는가? 비정규직을 정규직으로 바꿀 동인이 하나도 없다. 한국 비정규직의 가장 큰 비극은 바로 여기에 있다."라고 답한다.

"(1999년 현대자동차 사장으로 재직하던 시절) 노사 협상을 했는데 노조 대표들이 테이블에 앉자마자 완전고용을 보장한다는 각서를 쓰고 시작하자고 주장했다. 사측에서는 노사 협상을 못하는 한이 있더라도 완전고용은 보장할 수 없다는 것이었다. 그런데 내가 완전고용을 보장한다는 각서를 써주었다. 단, 각서 뒤에 '완전고용을 보장하는 것은 사장(이계안)이 아니라 시장이다.'라는 단서를 달았다. 다행히 당시 노조 위원장 정갑득 씨가 내 말을 이해해 주었다. 그래서 협상이 이루어졌고, 또 시기가 좋아서 이후로 현대자동차가 계속 성장할 수 있었다."

단서를 달지언정 완전고용을 보장한다는 각서에 서명하는 이계안 사장의 모습에, 한진중공업 국회 청문회에서 "지루할 정도로 느리고 어눌하게 답하라."는 커닝 페이퍼를 들고 정말 느리고 어눌하게 질문을 피해 가려고 애쓰던 조남호 한진중공업홀딩스 회장의 모습이 떠올라, 상호 신뢰 회복이 노동문제를 해결할 핵심이라는 그의 말이 새삼 가슴에 와 닿았다.

"우스갯소리로 민주당 내에 육두품 이야기가 있다. 두 가지 잣대인데, '지역'이 호남이고 '출신'이 운동권이면 성골이고, 둘 중에 하나면 진골이고, 둘 중 아무것도 아니면 잘해 봐야 육두품이라는 것이다. 육두품의 전형적인 사람이 이계안이라고들 한다.(웃음)" 통일신라 후반의 정치적 혼란기에 골품제의 모순을 맹렬하게 비판하고 사회 개혁을 이끈 이들이 바로 육두품 아니었던가. 한국 정치와 민주당을 향한 그의 일성이 지치지 않기를, 그래서 우리 정치를 조금이나마 앞으로 나아가게 해주길 간절히 바라본다.

한진중공업, 유성기업 사태 등 노사 간 또는 비정규직 노동에 대한 문제들이 많이 드러나고 있다. 1999년 현대자동차 사장으로 재직하던 시절, 임금 협상, 단체교섭을 성공적으로 타결했다고 알려져 있는데, 노사 간 협상에서 가장 큰 문제는 무엇이라고 보는가?

현재 한국의 노사 문제 또는 한국 사회 전반에 흐르는 문제일 수도 있는데, 나는 노사 간 신뢰가 없는 것이 가장 큰 문제라고 생각한다. 이를테면 조남호 회장이 경영상의 이유로 정리 해고를 해야 한다고 말하지만 이를 믿는 사람은 없다.

내가 1998년에 현대자동차 사장이 돼서 1999년에 노조와 임금 협상을 했는데, 당시 그 협상 자리에서 나타난 불신의 깊이는 말 그대로 심연이었다. 어제까지는 가족이라고 생각하며 살던 사람들을 느닷없이 가축을 몰아내듯 내보냈다. 말인즉슨 명예퇴직이라는 것인데, 거기에 명예란 없다. 이런 일을 겪다 보니 서로를 신뢰할 수가 없었다. 그런 상황에서 노사 협상을 했는데 노조 대표들이 테이블에 앉자마자 완전고용을 보장한다는 각서를 쓰고 시작하자고 주장했다. 사측에서는 노사 협상을 못하는 한이 있더라도 완전고용은 보장할 수 없다는 입장이었다. 그런데 내가 완전고용을 보장한다는 각서를 써주었다. 단, 각서 뒤에 "완전고용을 보장하는 것은 사장(이계안)이 아니라 시장이다."라는 단서를 달았다. 다행히 당시 노조 위원장 정갑득 씨가 내 말을 이해해 주었다. 그래서 협상이 이루어졌고, 또 시기가 좋아서 이후로 현대자동차가 계속 성장할 수 있었다. 그래서 이후에는, 정리 해고를 당했거나 명예퇴직했던 사람도 원대 복귀시킬 수 있었다. 특별히 내가 능력이 있어서 교섭이 잘되었다기보다는 때와 장소와 사람이 잘 맞았다. 이런 상황에서 노사 간 신뢰를 어느 정도 회복할 수 있었고, 심지어 당시 지급하지 못했던 상여금도 여러 가지 방식으로 보충해 줄 수 있었다.

결국 노사 관계에서 제일 중요한 것은 신뢰라고 생각한다. 서로 믿지 못해 노사 관계가 불신으로 치닫고, 해결해야 할 일을 해결하지 못하는 것이다. 신뢰가 깨지는 것은 순간이지만 다시 신뢰를 쌓기란 굉장히 어렵다. 한진중공업의 가장 큰 문제는 노사 간의 신뢰가 없다는 것이다. 김진숙 지도위원이 하나뿐인 목숨을 내걸고 투쟁하는데, 이에 걸맞은 대응을 해주어야 한다. 걸맞은 대응이란 답을 해야 한다는 것이다. 현재 답을 할 수 있는 사람은 단순히 경영을 책임지고 있는 사장의 선에서 벗어났다고 생각한다. 대주주이자 그룹 회장인 조남호 회장이 나타나 무릎을 맞대고 진솔하게 서로의 입장과 차이를 이야기해야 한다. 개인의 이익과 회사의 이익이 충돌할 때, 어떻게 합리적으로 조정할지에 대해 대화하면서 타협해 가야 하는 것이다. 한쪽에서는 전국적 투사가 시위를 하고 사람들이 그것을 응원하고, 다른 한쪽에선 또 다른 이야기를 하는 것은 문제를 해결하는 방법이 아니다. 잃었던 신뢰를 단번에 회복할 수는 없겠지만 회복하려는 최소한의 노력을 보이지 않는 한 한진중공업의 문제는 해결될 수 없을 것이다.

우리 사회의 비정규직 노동 문제를 근본적으로 해결할 방안은 무엇이라고 생각
하는가?

법과 제도로 비정규직 문제를 해결하는 데는 한계가 있다. 정책을 다루는
사람과 사용자들이, 고용 안정과 노동의 대가가 서로 상충trade-off한다는 점
을 전제하지 않으면 비정규직 문제를 해결하기 어렵다고 본다. 다시 말해,
고용 안정이 보장되면 보수는 좀 덜 주어도 되는 것이고, 반대로 고용이 불
안정하면 불안정한 값을 치러서 돈을 더 주어야 한다는 것이다. 과거 공무
원들이 일반 직장인보다 월급을 적게 받았다. 급여가 적은 대신에 정년과
퇴임 후 연금이 보장된다. 고용 안정성이 직업 선택에서 가장 중요한 기준
이 된 지금, 우수한 인재들이 공무원 임용 시험에 응시하는 것도 이 때문이
다. 그러나 한국 비정규직은 고용도 불안정하고 인건비도 정규직의 반밖에
안 된다. 그러니 사용자가 왜 비정규직을 정규직으로 바꾸겠는가? 비정규직
을 정규직으로 바꿀 동인이 하나도 없다. 한국 비정규직의 가장 큰 비극은
바로 여기에 있다.

　노동자들에게 노동이란 단지 노동이 아니라 삶 자체이다. 그런데 사용자
들은 노동을 가변적인 생산요소 가운데 하나라고 생각한다. 사용자는 노동
력을 사고, 노동자는 인간을 파는 것이다. 가치의 차이가 너무 크다. 사용자
는 A를 쓰나 B를 쓰나 다를 것이 없다고 생각하는데, 노동자는 여기서 일을
하지 않으면 삶의 의미를 잃고 또 현실적으로 삶이 유지되지 않는다. 이는
단기적으로 해결할 수 있는 문제가 아니라, 어떻게 보면 교육의 문제, 교과
서를 고쳐야 할 문제라고도 생각한다. 실제로 우리는 대부분 노동자이다. 단
지 투쟁해서 노동을 알리는 것뿐만 아니라, 어려서부터 노동의 신성함을 가
르쳐야 한다. 인격을 가진 한 명의 사람이 노동을 하는 것이고, 그런 삶을 보

장해야 함을 어려서부터 교육해야 한다.

2012년 선거와 관련해 야권 단일화 문제가 정치권의 화두인데 이에 대한 생각을 듣고 싶다.

민주당이 아주 엉뚱하게 생각하는 것이 있다. 민주당 안에 두 가지 흐름이 있는데, 하나는 민주당을 강화하자는 것이다. 민주당이 맏형 노릇을 할 테니 따르라는 것이다. 이것은 시대착오적 판단이라 생각한다. 다른 하나는 민주당을 해체하고 더 큰 진영을 이루어야 한다는 것이다.

정권 교체를 위해 민주당 스스로가 하나의 디딤돌 역할을 해야 한다. 그것이 표면적으로 통합인지 연대인지는 상황에 따라 달라지겠지만, 민주당이 "나는"이라고 말하지 말고 "나도"라고 말해야 한다는 것만은 분명하다.

민주당은 지금 변화할 때이다. 변화는 하지 않고 자꾸 자기를 강화하려 해서는 디딤돌이 될 수 없다. 역사적으로 성을 높이 쌓아 오래 살았다는 이야기는 들어 본 적이 없다. 중국은 한족 말고도 여러 이민족이 중원을 지배했다. 그들이 만리장성을 말 타고 넘어 들어온 것이 아니다. 하나같이 열어 준 문으로 들어왔다. 민주당이 2012년 대선을 계기로 진영 간 정권 교체를 해야 한다거나, 새로운 가치를 추구하기 위해 민주당을 강화하자는 것 또한 중요한 주장일 수 있다. 그러나 민주당 스스로가 디딤돌이 되어야지 목적이 되어서는 안 된다는 점을 기억해야 한다.

민주당의 어떤 부분이 개혁되어야 한다고 보는가?

우스갯소리로 민주당 내에 육두품 이야기가 있다. 두 가지 잣대인데, '지역'

이 호남이고 '출신'이 운동권이면 성골이고, 둘 중에 하나면 진골이고, 둘 중
아무것도 아니면 잘해 봐야 육두품이라는 것이다. 육두품의 전형적인 사람
이 이계안이라고들 한다.(웃음) 안타까운 일이다. 지역성을 극복해야 한다.
지역성을 극복하려고 노력했던 시절이 열린우리당 시기라고 생각하는데,
열린우리당을 포함한 여타 야당을 통합했다는 민주당이 그때보다 지역성을
극복했는지에 대해서는 회의적이다. 그리고 민주화 운동, 노동운동, 시민운
동 등을 했던 사람들이 여전히 민주당 내 주류다. 나라를 운영하려면 다양
한 세력이 함께해야 한다고 생각한다. 내가 편협하게 보는지는 모르겠지만,
민주당은 이런 지역성과 같은 편협성을 버려야 한다.

미국의 경우, 민주당이라는 큰 텐트 안에서 중도라 표방하는 사람들은 공화
당과 별다를 바가 없다. 또한 교차 투표 등을 통해 서로 넘나들기도 한다. 한
국은 왜 그렇게 안 될지를 많이 생각했다. 현재 한국의 민주당이 좌 클릭을
하며 복지 정책 등을 내걸고 있다. 거의 이전에 민주노동당이 말했던 내용
이다. 왜 민주노동당의 복지 정책이 지금 민주당의 복지 정책으로도 이야기
되는지를 설명해야 한다.
  복지 정책에는 시작은 미약하지만 뒤로 갈수록 감당하기 어려운 정책이
있고, 또 시작은 매우 어려운 정책이지만 시간이 지날수록 견딜 만한 정책
이 있다. 예를 들어 노인 의료 같은 경우, 사람이 언제까지 살지 알 수 없고
진료의 수준도 점점 높아져 계산이 불가능하다. 계산이 불가능하다면 정책
으로서도 감당하기 어렵다. 하지만 대학 등록금, 보육비, 급식비처럼 계산이
가능한 것은 정책으로 내놓을 수 있다. 수요가 점점 줄어들고 있기도 하고,

계산이 가능해지므로 관리가 가능하다. 복지 정책에 대해서도 이런 계산과 고민을 할 필요가 있다. 그저 정치적 레토릭으로만 이야기해서는 안 된다.

민주당은 개인의 자유와 권리가 최대한 보장되는 정치체제를 확립하기 위해 노력해야 한다. 입법부와 행정부가 견제와 균형을 이루어야 하고, 이것을 잘하고 있는지를 언론이 감시해야 한다. 또 언론이 감시하지 못하는 틈바구니를 NGO와 같은 시민 단체가 해야 한다. 그런데 언론과 NGO도 서로 갈라져 있어서 빈틈을 점검하는 기제도 부족하다. 이런 부분이 민주당의 정치적 과제이다. 경제적으로는 무엇보다 일자리를 만들어서 일하고 싶은 사람이 일할 수 있게 해주는 것이 가장 중요한 복지라고 생각한다.

게다가 경제는 지속 가능해야 한다는 것이 정말 중요하다. 헌법 제119조 1항과 2항에 대해 잘 생각해 봐야 한다. 한국의 경제 제도와 관련해 1항이 원칙이고, 1항에 문제가 생기는 것을 사전적·사후적으로 보완하기 위해 2항이 있다는 생각이 곧잘 든다. 이 두 조항이 잘 발현될 수 있도록 정치적으로 노력해야 한다.

야권 연대의 기치가 복지다. 복지가 무엇인지를 고민해야 한다. 인간답게 산다는 것이 단지 개인만의 책임이 아님을 인지해야 한다. 나는 '하이브리드 복지'라는 개념을 주장한다. 최근 이슈가 되고 있는 등록금 문제를 생각해 보자. 보통 대학교 2학년 때 군대를 많이 간다. 신성한 국방의 의무라는 이름 아래 '노동 착취'가 이루어지고 있다. 사병의 월급이 올랐다고는 하나, 경제적으로 따져 보면 노동 착취라고 볼 수 있다. 하이브리드 복지라는 것은 사병 월급을, 이를테면 복무 기간 1개월당 50만 원, 또는 25만 원으로 월급을 늘려 주되 그 돈의 용도를 대학 등록금 충당으로 제한하는 것이다. 아직 구상 단계에 불과하지만 하이브리드 복지란 두 가지 문제를 결부해 해결할 수 있는 방법을 마련하자는 것이다.

민주당이 해야 할 또 다른 중요한 과제는 통일에 대한 것이다. 통일이 갑자기 온다면 재앙이 될 수 있다. 이미 한국은 남북이 갈라진 지 두 세대가 지났다. 이제 전쟁 당사자들은 죽거나 세대교체가 되었고 하나의 민족은 점점 이질적이 되어 가고 있다. 독일을 보면 알 수 있듯이, 우리가 통일하자고 해서 되는 것이 아니다. 한반도의 통일이 주변국의 이익에 부합되는 논리를 만들어, 그들도 통일을 원하게 만들어야 한다. 통일이 작게는 동북아의 평화, 크게는 세계 평화에 이바지할 수 있다는 것을 세계에 설명할 수 있어야 하고 인식시켜야 한다.

민주당의 한계는 무엇이라고 보는가?

민주당의 한계라기보다는 이계안의 한계로도 볼 수 있다. 민주당이 2008년에 정권을 뺏겼는데 이것에 대한 통절한 반성이나, 이런 반성에 기초해 새로운 프로그램을 충분히 마련하지 못했고, 이를 실천하지도 못했다. 그럼에도 기회가 온 것처럼 보인다는 것이 가장 큰 한계라고 생각한다. 민주당이 스스로 실패했다고 말하는 것을 들어 본 적이 없다. 시기적으로도 통절한 반성의 시기에 노무현 대통령이 돌아가시고, 추모 분위기에서 선거를 맞이했다. 심지어 2010년 6·2 지방선거 때 보면 당내 후보를 결정하는 경선에서 노무현 대통령과 연관된 사람은 하나같이 여론 투표에서 이겼다. 이조차 정치적 현실이니 받아들여야 하겠지만, 민주당이 정말 국가 경영에 책임을 진다면 통절한 반성의 시기가 있어야 하고, 집권 시기에 잘못한 것들과 정권을 빼앗긴 연유가 무엇인지를 뜯어봐야 한다. 한나라당과 이명박 정부가 잘못해 민주당에 기회가 왔다고 생각하면 오산이다. 두 번째 한계는 근거도 없이 민주당만이 대안이라는 미망에 빠져 있다는 것이다. 운이 좋아서 다시 집권한다고 해도 이런 마음으로 국민을 위한 정부가 될 수 있을지는 솔직히 자신이 없다.

한국을 이끌어 갈 리더로 어떤 인물상을 생각해 볼 수 있을까? 더불어 이 시대에 필요한 리더십은 무엇이라고 생각하는가?

가장 중요하게는, 자기 스스로가 목적이 될 뿐만 아니라 수단도 될 수 있음을 받아들이는 리더십이어야 한다. 내가 리더로 설 테니 따라오라든지, 늘 자기가 목적이 되고 그 밖의 모두가 수단이 되는 리더십이 아니라, 자기 자신이 수단이 되고 디딤돌이 될 수 있는 리더십이어야 한다. 그래야 진정한 리더라고 할 수 있다.

희망하고 있는 한국 사회의 모습, 그리고 앞으로 한국 사회를 이끌어 갈 시대정신은 무엇이라고 생각하는지 궁금하다.

내가 2.1연구소 이사장인데 2.1연구소가 없어도 되는 나라가 되었으면 좋겠다.(웃음) 한국 사회가 '더 나은 한국'이라는 가치로 하나의 한국을 만들어 가는 것이 내가 생각하는 미래상이다. 좀 더 구체적으로 말하면 통일을 이루고, 국민들의 개인의 자유가 신장되고, 경제적으로도 지속 가능한 성장이 이루어지는 행복한 나라가 되었으면 좋겠다.

현재뿐만 아니라 앞으로도 요구되는 시대정신은 통합이 아닐까 한다. 하지만 '통합'이라는 말을 쓰면서 한 가지 걱정되는 것이 있다. 대개 통합은 경계를 허무는 것이라고들 생각하는데, 나는 물은 물이고 뭍은 뭍이라고 생각한다. 쓰나미가 오면 바다와 육지의 경계가 없어진다. 이것은 재앙이지 통합이 아니다. 이런 의미에서, 물과 물을 넘나들면서, 사실은 표를 얻기 위한 것이면서, 마치 대의인 양 이야기하는 것은 진정한 통합을 위한 것이 아니라고 생각한다. 통합이라는 시대정신의 바탕 위에 제대로 된 통합을 이루어 가는 것이 중요하다.

2.1연구소는 어떤 연구소인가?

나는 하나의 통일과 두 개의 변화라는 이야기를 한다. 통일은 한국이 꼭 이루어야 하는 것이다. 두 개의 변화 중 하나는 기후변화인데, 개인적으로 기후변화에 많은 영향을 주는 이산화탄소 방출과 관련된 회사에서 일해 왔기 때문에 일찍이 이 문제에 대해 알고 있었다. 다른 하나는 인구문제이다. 지금처럼 인구가 감소하는 추세라면 한국이 스스로 국방을 할 수 있을까 하는 생각이 들 정도다.

2.1연구소에서 '2.1'은 현재의 인구를 유지하기 위해 여성 한 명이 가임 기간(15~49세) 동안 낳아야 하는 아이의 평균 수를 나타낸다고 알고 있다. 저출산·고령화 문제의 해결을 중시한다는 것은 알겠지만 출산을 강제할 수는 없는 현실에서 이 숫자를 넣는 것에 여성들의 불만은 없었나?

이름을 지을 당시 20대 여대생이 인턴으로 있었는데 이 이름에 불만이 많았다. 과연 사회가 지극히 개인적인 사안인 출산에 대해 이래라저래라 할 수 있는지에 대해 문제를 제기하기도 한다. 그러나 현재 한국의 출산 문제는 단순히 개인의 문제가 아니라 사회의 문제이고 국가의 문제다. 나라가 이미 없어져 가고 있다. 합계 출산율이 2.1이 되어야 현상 유지를 할 수가 있는데 이미 1983년에 깨졌다. 출산율을 회복한다는 것은 굉장히 오랜 시간이 걸리는 어려운 문제이다. 2.1연구소를 통해 이런 문제의식을 확산하고 현실을 바꿔 보고자 노력하고 있다.

자유주의에 대한 생각을 듣고 싶다. 더불어 한국에서의 자유주의 논쟁에 대해 어떻게 생각하는가?

사실은 용어 자체가 혼란스럽다는 생각을 한다. 정치적 의미의 자유라는 개념에서는 개인의 권리 신장, 만인 평등과 같은 단어들이 생각나는데, 그냥 일반적으로 자유주의라고 하면 경제적 자유만을 주장하는 네오콘이 떠오른다. 현재 한국 사회는 돈으로부터의 자유가 필요하다. 언론의 자유만 봐도 현재 언론의 독립성을 가장 크게 제약하는 것은 권위적인 정부보다 오히려 광고주인 것 같다. 종이 신문을 보면 이것이 기사인지 고급 광고인지 의심이 가는 경우도 많다. 자본주의사회에서 돈의 영향력이 클 수밖에 없겠지만, 특히 한국에서는 언론이 시장으로부터 자유롭지 못하다는 생각이 많이 든다.

이계안에게 자유란?

자유라고 말할 수 있는 것이 자유다.

유년 시절 조부 아래서 성장한 걸로 알고 있다.

개인의 행복이라는 것이 가장 소중한 가치이며, 개인의 행복은 가족으로부터 나온다고 생각한다. 가족은 참으로 소중하다. 가족 또는 가정의 이상적인 모습을 상정한다면, 나는 결핍된 가정에서 성장했다. 초등학교 4학년 때까지는 아버지가 진보 정치 운동을 하느라 옥고를 치러 안 계신 줄로 알고 있었고, 이런 결핍을 할아버지께서 메워 주셨다. 할아버지께서 내게 베풀어 주신 것은 무한한 사랑과 신뢰였다. 무엇이든지 할아버지께 가서 말하면 해결되는 줄 알았다. 난 엄청난 개구쟁이였다. 어렸을 때 집에 우물이 있었는데 이웃 사람들이 냄새를 뺀다며 김칫독을 우물 안에 넣어 두고 가곤 했다. 그러면 내가 그 독을 다 깨서 할아버지께서 수도 없이 돈을 물어 주셨다.(웃음) 그래도 할아버지는 한 번도 나를 야단친 적이 없다.

6학년 여름, 학교 근처의 미군 부대에서 트럭을 지원받아 운동장에 뿌릴 모래를 푸러 간 적이 있었다. 날도 더운데 물을 안 가져와서 목이 많이 탔고, 주변을 보니 막걸리가 있었다.(웃음) 그때 내가 반장이었는데 목이 말라서 애들과 같이 막걸리를 마셨다. 그 때문에 선생님이 화가 많이 나서 그 벌로 당시 우리 집까지 한 8킬로미터 거리를 걸어가야 했다. 학교도 오지 말라고 해서 다음 날 집에 있었는데, 할아버지가 보시고 "왜 학교를 안 갔느냐?"고 물었다. 자초지종을 설명했더니 내겐 아무 말 없이 형을 불러, "오늘 학교에 가서 계안이 담임선생님과 옆 반 담임선생님 세 분을 모셔 와라."라고 했다. 그날 오후 선생님들이 집에 오셨는데, 할아버지가 술상을 봐놓고 나를 불렀다. 선생님들께 술을 따르라고 시키셔서 술을 다 따르고 나니 내게도 막걸리를 받으라며 술을 주셔서 받아 마셨다. 선생님들은 아무 말도 하지 않았다. 그리고 다음 날부터 학교에 갈 수 있었다.

하지만 그런 할아버지에게 혼난 적이 있다. 여름방학 후반기에 가면 벼농사 짓는 분들이 일정 기간 논을 말릴 때가 있다. 바로 벼꽃이 필 때이다. 미꾸라지를 잡으려고 논에 있는 웅덩이를 폈는데 그것을 본 논 주인이 할아버지께 말한 것이다. 그래서 무진장 맞았다. 미꾸라지 잡는 것이 대수로운 일이 아니어서 아무 생각 없이 한 것인데 무진장 맞았다. 벼꽃이 필 때 물을 퍼서 벼꽃이 떨어지면 흉작이 된다는 것이 이유였다. 농민에게 벼는 먹는 문제와 직결되어 있어서인지 이 부분만큼은 할아버지도 용서가 없으셨다. 정말 무진장 맞았다.(웃음)

할아버지의 판단 기준은 정의와도 관계가 있었던 것 같다. 비록 촌부였지만 정의에 관한 기준과 농민들의 밥 먹는 문제에 관해서는 분명했던 것이다. 자식들이 부모를 무서워해서는 안 된다. 어려워해야 한다. 무서워하면 거짓말을 하게 되지만 어려워하면 잘못한 것도 말을 하게 된다. 존경하는 마음, 즉 경외심을 갖는 것이다. 할아버지께서 나를 사랑으로 키우셨던 것 같다.

가족에 대한 이야기를 듣고 싶다.

가족 이야기를 하면 무엇보다 짠한 것이 동생 이계숙에 관한 것이다. 나보다 다섯 살 아래인데 죽은 지 10년이 되었다. 김규항이 쓴 책인 『B급 좌파』의 제일 앞에 보면 "이계숙에게 바친다."라는 글귀가 있다. 그리고 김해자 시인의 시 중에는 "聖(성) 이계숙"이라는 시가 있다.

그리고 (2009년 공항철도 홍대입구역 공사가 진행되면서 강제 철거 위기에 처해) 사회적 이슈가 되었던 두리반에 유채림·안종녀 부부가 있다. 내가 2010년 서울 시장 선거를 준비할 때 사무실이 두리반 옆에 있어서 인사하러 간 적이 있는데, 유채림·안종녀 부부가 너무 공손하게 인사하는 것이다. 왜 이렇게 공손하게 인사하나 했더니 나보고 "계숙이 언니 오빠시잖아요."라고 말하더라. 어떻게 아느냐고 물었더니 유채림 씨가 〈국가보안법〉 위반으로 도망 다닐 때 안종녀 씨가 애를 낳았는데, 그때 동생이 도와줬다는 것이다.

또 2010년 6월 2일 저녁이었는데 염태영 수원 시장에게 전화가 와서는 자신이 수원 시장이 되어 인수위원회를 구성하려는데 나보고 인수위원장을 해달라는 것이었다. 그래서 내가 당신을 잘 모르는데 어떻게 인수위원장을 맡겠느냐고 했더니 염태영 시장이 하는 말이 "계숙이 누나 생각해서 좀 해 주세요."라는 것이었다.(웃음) 계숙이를 어떻게 아느냐고 물었더니 계숙이 누나 집에 가서 매일 밥을 얻어먹었다고 하더라. 내 동생은 이미 어려운 이들을 위해 정치를 하고 있었다. 내가 정치를 하는 데 결과적으로 큰 영향을 미친 것이 아버지였고, 아버지의 정치적 영향을 많이 받은 것이 동생 계숙이었던 것 같다. 나는 뒤늦게 깨우쳐서 정치를 하게 된 것 같다.

청년 이계안에게 영향을 미친 사람은 누구인가?

청년 시기 가장 큰 영향을 주신 분은 2011년 8월 2일(인터뷰 당일 오전) 돌아가신 하용조 목사님이다. 대학교 1학년 때 친구 따라 성경 공부를 하러 갔는데 그때 성경 공부를 인도했던 분이 하용조 (당시) 전도사님이었다. 하용조 전도사님이 내게 신학을 권유했다. 그때 신학을 안 한다고 말하지는 못하고, 대신에 멋있게 "절대 빈곤에 처한 우리 집을 다시 재건할 책무도 있고 해서 30년 동안 돈을 벌고 신학대학을 가겠다."고 했다. 그러면서 삼분지계를 이야기했는데, 인생의 25년은 남의 도움으로 살며 준비를 하고, 30년은 나를 위해 살고, 나머지 삶은 남을 위해 살겠다고 이야기했다. 이후 신학대학을 가는 것과 정치를 하는 갈림길에서 정치를 하게 되었다. 정치를 결정하게 된 이유는 여러 가지가 있겠지만 결정적으로 하용조 목사님이 정치를 하는 것은 살아 있는 신학을 하는 것이라고 말해 주었기 때문이다. 그러면서 윌리엄 윌버포스William Wilberforce(영국에서 노예무역 폐지를 이끌어 낸 정치가)에 관한 책을 주시면서 윌버포스처럼 정치를 하라고 했다.

기업의 사장과 국회의원으로 있으면서 정치와 경제를 오간 것인데 정치를 시작할 때 어땠는가?

경제·경영을 하던 사람이 정치를 한다는 것은 쉬운 일이 아니다. 실제로 하버드 케네디 스쿨에 있을 때 많은 석학들을 만났다. 그중 기억에 남는 것이 조지프 나이Joseph S. Nye, Jr. 교수와의 대화다. 그가 내게 "어떻게 경영을 하는 사람이 정치를 할 수 있었는가? 이해하기 어렵다."라고 했다. 그래서 내가 왜 어렵냐고 물었더니, 그는 경영과 정치는 확연히 다르다고 말했다.

첫째, 경영과 정치가 추구하는 가치가 확연히 다르다는 것이다. 정치에서는 자유·평등·정의 등이 최고의 가치인 반면, 경영에서는 효율성이라는 것이다. 그리고 이 두 가치는 상당히 많은 부분에서 부딪힌다고 했다. 둘째, 의사 결정 구조가 다르다는 것이다. 주식시장과 민주주의를 비교해도 주식시장에서는 1원 1표이고 민주주의는 1인 1표이다. 셋째, 평가의 기준이 달라 경영에서는 과정보다 결과가 중요하다는 것이다. 또 목표를 달성했더라도 얼마나 효율성 있게 달성했느냐를 평가한다는 것이다. 정치는 결과도 중요하지만 그것보다 더 중요한 것이 과정이라는 것이다. 이렇듯 경영과 정치 간에는 차이가 현격한데, 어떻게 경영을 하다가 정치를 할 수 있었는지를 설명해 달라고 했다. 일리가 있었다. 내가 정치와 경제를 하이브리드 개념으로 접근한다는 것이 하이브리드 마이너스가 될 수도 있고, 하이브리드 플러스가 될 수도 있겠다 싶었다.

하이브리드 마이너스의 대표적인 경우가 이명박 대통령인 것 같다. 이명박 대통령은 나라를 회사처럼 운영한다. 대통령직의 확장이라 할 참모들의 이야기를 안 듣는다. 자기가 해봐서 안다는 것이다. 공통적으로 현대건설, 현대산업개발, 현대엔지니어링, 현대제철, 현대리바트, 현대엔진 등은 상대적으로 고객 수가 적었다. 고객 수가 적다는 것은 사장이 영업을 다 하고 상대방 회사를 속속들이 알고 있다는 것이다. 사장 자신이 제일 잘 아는 구조다. 그래서 참모들이 중요한 결정에 참여할 틈이 없다. 결과가 중요한 만큼 과정이 중요한데 결과만 보는 것이다. 여기에 정의나 과정에 대한 가치까지 부재하다는 것은 참으로 안타까운 현실이라 생각한다.

정치를 하면서 제일 난감한 질문이, 내가 이명박 대통령과 뭐가 다르냐는 것이다. 일전에 한명숙 전 총리가 검찰에 소환되었을 때, 많은 사람들이 밖에서 응원했다. 나도 동참했는데 누군가가 내게 "당신이 이명박과 뭐가 다르냐?"고 면전에서 물어 보는 거다. 그래서 내가 누구시냐고 물었더니 LG에 다니는 노盧 부장이라고 했다. 그래서 내가 어디 노씨냐고 물었다. 그러자 교하 노씨라면서 자신이 노무현 대통령의 노씨라고 설명했다. 그래서 내가 노태우가 어디 노씨냐고 물었더니 노 부장이 교하 노씨라고 말했다. 내가 "두 분 다 교하 노씨인데 왜 그렇게 달라요?"라고 되물었더니 옆에 있던 사람들이 모두 웃었다.(웃음)

이 이야기를 하는 것은 내가 이명박 대통령보다 잘났다는 게 아니다. 현대자동차 사원에서 사장이 되었다는 점, 이씨라는 점, 그리고 어려운 성장 과정이 비슷하다는 점 등에서는 서로 비슷하다고 할 수 있지만 일방적으로 비교하면서 나와 이명박 대통령이 뭐가 다르냐고 물으면 참 난감하다. 그때마다 일일이 설명하는 것도 힘든 일이다.(웃음)

가장 소중하게 여기는 가치가 있다면?

각자가 행복해야 한다는 것이다. 행복하려면 자신이 일하는 데서 재미를 느끼는지가 중요하다고 본다.

현실은 정말 개미지옥에서 엉켜 살지만, 도전해야 하고, 또 실패하더라도 도전해야 한다. Passion이라는 단어에는 '열정' 말고도 '수난'이라는 뜻이 있다. 수난이 있기에 열정도 존재할 수 있다고 생각한다.

신학을 하고 싶다는 생각을 했었는데, 제도권 교육을 받고 있지는 않지만 개인적으로는 계속 공부하고 있다. 또 살아 있는 신학으로서 정치를 하고 있다고 생각한다. 더 큰 가치를 위해 나도 하나의 부분이 되고, 남도 함께 힘을 모아 일하는 것을 생각한다. 특히 통일에 대한 꿈이 크다. 통일을 위해 작은 디딤돌이라도 놓는 것이 현재의 꿈이다. 그리고 2.1연구소에서 진행하고 있는 기후변화와 인구 변화에 대한 고민을 해결하는 것도 꿈이다.

『누가 칼레의 시민이 될 것인가?』(위즈덤하우스, 2009)에서 표현했던 것처럼, '개미지옥' 한국의 현실에서 살아가고 있는 젊은이들에게 하고 싶은 말이 있다면?

제일 중요한 것은 도전하라는 것이다. 도전하지 않고 이루어질 수 있는 것은 없다. 현실은 정말 개미지옥에서 엉켜 살지만, 도전해야 하고, 또 실패하더라도 도전해야 한다. Mission(사명)과 Passion(열정)을 갖는 것이 중요하다. 그리고 Passion이라는 단어에는 '열정' 말고도 '수난'이라는 뜻이 있다. 수난이 있기에 열정도 존재할 수 있다고 생각한다. 또한 문학·역사·철학을 알아야 한다. 박재완 기획재정부 장관이 고용노동부 장관으로 있던 시절에 청년 실업의 원인이 문·사·철 전공자가 과잉 공급되었기 때문이라고 해서 화제가 된 적도 있는데 정말 잘못된 생각이다. 나는 전공이 무엇이든 사람에 대한 공부인 문학·역사·철학 공부를 해야 한다고 생각한다. 젊은 시절 문학과 역사, 철학에 푹 빠지길 바란다.

2011
08
09

이종걸

목소리가 없는 이들에게 그가 달려가는 까닭은

　　이종걸 민주통합당 국회의원을 만났다. 독립운동가 우당 이회영 선생의 손자인 그의 가문 전체가 독립운동을 위해 투신한 것으로 유명하다. 한반도 민중의 역사가 유달리 가진 자들에 의해 늘 억압받고 착취당하던 역사였기 때문일까. 우리 사회에서 '노블레스 오블리주'라는 말은, 외국에서 가져올 만큼 아직 생소한 것이 사실이다. 조선인의 '독립'과 '자유'를 위해 싸운 가문의 자손인 그는 지금 어떻게 노블레스 오블리주를 실천하고 있을까? 그리고 그가 생각하고 있는 자유란 무엇일까?

　　"내게 자유란 서로, 스스로 경쟁할 수 있는 상태이다. 자유는 경쟁할 수 있는 '조건'이 보장될 때 이루어진다. …… 시장은 경쟁이 있어야 시장이다. 이미 경쟁이 사라진 시장은 시장이 아니다. …… 도박판에서도 질 사람과 이길 사람이 정해져 있다면 그것은 사기판이다. 도박도 불확실성이 있어야 이루어지는 것인데, 경쟁 자체가 성립되지 않는 상황에서 시장이 중요하다고 외쳐 봐야 이미 결정 난 판세에 힘을 실어 줄 뿐이다."

　　시장이 사기판이 되어 버린 사회에서 가장 고통 받는 이들은 바로 사회적 약자, 그중에서도 여전히 그 사기판에 의존해 살아가야 하는 노동자들이다. 그래서였을까. "한국 상황에서 노동시장의 유연화를 강조하는 것은 매우 잘못된 것이다. …… 노동은 사람이 하는 것이고, 노동문제는 사람에 대한 문제를 푸는 것이라고 생각해야 하는데 한국의 현실은 그렇지 못하다. 노동은 곧 사람에 관한 문제라는 인식이 생길 때 한국의 비정규직 문제 또한 근본적으로 풀릴 수 있을 것 같다."며 사기판을 넘어, 사람이 죽어 가는 죽음판이 되어 버린 한국의 노동시장 현실에 한참을 안타까워했다.

　　"청년들의 90퍼센트가 희망을 찾지 못하는 상황이다. 이런 상황에 대해 최소한 50퍼센트 이상의 책임이 정치권에 있다고 본다. …… 몇 사람만이 행복한 나라가 아니라 대다수가 행복한 나라가 되어야 하고, 또 그렇게 될

수 있도록 실마리를 풀어야 한다는 생각을 많이 한다." 청년들의 90퍼센트
가 행복한 사회를 만들기 위해, 망가진 시장을 고치기 위해 부지런히 뛰어
다니는 그에게서, 조선인의 '독립'과 '자유'를 위해 기꺼이 압록강을 건너셨
던 그의 할아버지, 우당 이회영 선생의 모습이 비쳤다.

우당 이회영 선생의 손자이다. 한국에서는 익숙하지 않지만, 노블레스 오블리
주라는 말을 적용해 볼 수 있을 것 같다. 가족에 대한 이야기를 한다면?

2008년 총선 때 낙선하는 것이 기정사실이었다. 당시에 대기업을 다니다 잠
깐 쉬고 있던 친구가 선거를 돕겠다고 왔다. 나는 몰랐는데 친구가 전화홍
보팀에 들어가 있었다. 목소리가 나랑 아주 비슷해서, 시민들과 통화하면 의
원이 직접 전화하느냐고 물을 정도였다.(웃음) 결과적으로 내가 근소한 차이
로 당선되었는데 친구가 와서 하는 말이 일단 할아버지 성묘에 가서 인사하
라고 했다. 왜 그러냐고 물었더니 내게 우호적인 사람의 70~80퍼센트가 우
리 집안 이야기를 한다는 것이다. 할아버지 덕을 톡톡히 봤다.(웃음)
　할아버지가 1932년 뤼순 감옥에서 고문당해 돌아가셨다. 고모가 할아버
지의 시신을 받았는데, 2009년에 돌아가셨다. 고모가 1910년생이니 1백 세
에 돌아가신 것이다. 할아버지도 특별하지만, 내게는 고모가 특히 참 애틋하
다. 1910년 8월에 강제 병합되었는데, 그해 겨울을 기다렸다가 전 가족 60
여 명이 짐을 꾸려 야반도주하듯 압록강을 건넜다. 우리 집안이 망명할 때
나이가 제일 어린 사람이 고모였다. 정말 갓난아기였다고 한다. 그 고모의
남편이 장치훈이었는데, 이분은 아나키스트 은행털이이기도 했다.(웃음) 고
모부가 기골이 장대하고 신출귀몰한 것으로 유명했다고 한다. 고모는 갓난

아기 때 중국으로 넘어가서 중국어를 중국인처럼 구사했다. 중국어를 유창하게 할 수 있어서 항상 중국인으로 변장해 일본 군인의 검문을 통과했다고 한다. 이런 연유로 어린 고모는 몇 번이고 왕래하며 몸에 지닌 무기를 운반해야 했다. 그럼에도 고모가 고모부의 부인으로만 인정되어 독립 유공자로 받아들여지지 못하는 현실이 안타깝기도 하다.

독립운동가 이석영은 산을 팔아 독립 자금으로 썼다. 지금으로 치면 약 6조~7조 원의 재산은 되었을 것이다. 이석영의 큰아들이 이규준인데 고모의 큰아저씨이다. 이규준은 변절한 사람들을 죽이는 역할을 담당한 다물단多勿團(1925년 중국 베이징에서 조직된 항일 비밀 운동 단체) 단장이었다. 자객이라고 볼 수 있다. 이규준이 언제 어떻게 죽었는지는 모른다. 워낙 많은 사람을 죽여서 피살당했으리라고 생각하는데 정확히 어떻게 죽었는지 모른다. 누가 변절해 언제 잡혀갈지 모르는 상황이었는데, 누군가 변절했다는 이야기가 돌면 죽이는 것이었다. 전선 없는 전쟁이었다. 그런데 변절했는지 확인할 길이 없었으므로 당시에는 억울하게 죽은 사람도 꽤 있었을 것이다. 고모의 동생은 구빈원救貧院에서 굶어 죽었다. 2009년에 고모가 돌아가셨을 때 내가 많이 한탄스러워 고모 영전에 글을 써올린 적이 있다. 밤에 막 써서 잘 쓴 글은 아닌데 보좌관이 그 글을 아고라에 올려 많은 사람들이 읽기도 했다. 고모를 생각하면 지금도 많이 안타깝다.

1932년 할아버지가 뤼순 감옥에서 돌아가셨을 때 아버지는 여섯 살이었다. 할아버지의 얼굴을 평생 한 번도 못 보셨다. 할아버지가 돌아가시고 2년 뒤에 아버지의 형이 서대문 형무소로 잡혀 들어갔다. 큰아버지가 일본인을 많이 죽여 1심에서 사형을 선고받았는데, 할머니와 아버지가 재판 방청석에 앉아 있었다. 당시에 중형을 받은 사람은 얼굴에 지푸라기로 용수(죄수의 얼굴을 보지 못하도록 머리에 씌우는 둥근 통 같은 기구)를 씌워서 얼굴을 볼 수 없었다고 한다. 큰아버지는 지푸라기 사이로 여덟 살 난 동생을 그 자리에서 처음 본 것이다. 큰아버지는 얼마 전에 돌아가셨다. 사형선고를 받던 그해 일본 천황이 태어나 사형선고를 받은 사람들이 무기징역으로 바뀌었다고 한다.(웃음) 내 약혼식 때 가족들이 모인 자리에서 큰아버지가 당시 이야기를 하셨는데, 사형선고를 받고 언제 죽을지도 몰랐는데, 이렇게 살아서 동생 아들의 약혼식까지 오게 되고, 또 많은 가족들과 함께 있는 것을 보니 인생이 일장춘몽이라는 말씀을 하셨다. 그때 모인 가족들이 모두 울었다.

아버지는 소학교 1학년일 때 만주로 건너갔다. 일본이 만주국 수도로 만든 도시가 신경新京(신징)으로, 지금의 장춘長春(창춘)이다. 고모와 고모부가 잠입해 살고 있는 곳에 아버지가 식객으로 들어간 것이다. 1945년 해방이 되었는데, 그 당시 중국공산당 팔로군이 활개를 치던 때여서 지나가는 젊은 사람이 있으면 그냥 잡아가는 시절이었다. 팔로군에 아버지가 끌려갔으면 중국공산당이 되었을 것이다.(웃음) 그런 상황을 피해 낮에는 집에 숨어 지내고, 밤에만 움직이는 생활을 했다고 한다. 그렇게 장춘에서 두어 달 지내고 해방 후 내려온 것이다. 계속 그곳에서 지냈다면 아마 중국에서 조선족으로 살았을 것이다.

내 본적이 서울시 종로구 통인동 128번지이다. 이종찬 씨도 128번지이고, 집안사람들 본적이 모두 128번지이다. 알고 보니 할머니가 사셨던 곳이 통인동 128번지인데 셋방이었다. 사실 종로구 통인동 128번지는 일농一儂 윤복영 선생의 집으로, 윤복영 선생이 할아버지를 숨겨 준 곳이다. 윤복영 선생은 전 교육부 장관 윤형섭 씨의 아버지이기도 하다. 당시 할아버지는 상동교회 청년 학우단의 학감이었고, 윤복영 선생은 제자이자 동지였다. 만주에 있던 할머니가 임신해 조선으로 돌아왔을 때, 윤복영 선생이 할머니에게 거처를 제공한 것이었다. 이후에 할아버지께서 고마움의 증표로 "난이증교"蘭以證交, 즉 이 난초로 사귐의 증표를 삼는다는 의미의 글귀를 부채에 적고 난 그림까지 그려 선물하시기도 했다.

할아버지는 이상할 정도로 공산당과 부딪혔다고 한다. 공산당에 대해 뭔가 사람을 속박하고 전체주의로 흐를 수 있는 소지가 다분하다고 여기셨던 것 같다. 실제로 아나키스트들이 공산주의로 많이 넘어갔다. 김산 같은 경우도 그런데, 할아버지는 아나키스트로서의 정체성을 지키셨다. 그러다 1932년에 돌아가셨는데 한편으로는 절묘한 시기라고도 본다.

일제에 굴복하지 않던 독립운동가들이 1942~44년에 많이 변절했다. 일본이 태평양전쟁을 일으키고 진주만을 공격하던 일본이 세상을 지배한다는 분위기가 팽배해지면서 그렇게 된 것이다. 아마 할아버지가 살아 계셨다면 더 많은 고통을 감당해 내야 했을 것이다. 큰아버지는 해방되면서 석방됐다. 1934년에 감옥에 갇혀 사형선고를 받고, 다시 무기징역으로 12년간 감옥생활을 했다. 해방 후 정릉 쪽에 집을 지어 살게 되었는데 얼마 지나고 보니, 집 앞에 옛날 큰아버지를 잡아간 고등계 형사가 또 지키고 서있었다. 아나키스트 활동을 한 것 때문에 공산당으로 몰린 것이다. 세상이 바뀌었는데 우리 집안에 대한 탄압은 그대로였다는 것, 또 일본의 앞잡이를 하던 사람도 그대로였다는 사실이 참 씁쓸했다.

남다른 가족사가 부담된 적은 없었는가?

부담되기도 한다. 개인적으로 민주당 당 대표 출마를 생각하고 있는데, 사람들이 "이종걸이 상품은 좋은데 전혀 존재감이 없다."고 한다. 그래서 근래에 독도 관련 문제를 가지고 일본에 가서 존재감을 보이라는 이야기도 나온다.(웃음) 역사문제연구소의 관련자 분들에게 자문했더니, 역사학자 분들이 하나같이 내가 함부로 처신하면 안 된다며 극구 말리는 상황이다.(웃음) 역사를 연구하는 분들에게는 아무래도 우리 집안이 상징적인 의미가 있는 것 같다.

우리 집안에는 할아버지에 대한 일종의 신앙과 같은 정서가 있다. 정치를 시작할 때 아버지가 걱정을 많이 하셨다. 그래서 할아버지에게 누가 되는 일이 있다면 바로 정치를 그만두겠다고 약속했다. 이런 부분이 부담이라면 부담일 수 있겠다.

어린 시절 그리고 청년 이종걸은 어떠했나?

아버지가 은행을 다녔다. 당시 시골이었던 경기도 안양에서 비교적 잘살았다고 생각한다. 집에서 30분 정도 거리에 있는 친구 집에 텔레비전이 있었는데, 당시 프로레슬링 선수 김일의 경기가 있으면 항상 보러 갔다. 우리 집에는 피아노가 있었는데, 당시 집 한 채 값이었다. 어머니의 허영이랄까.(웃음) 안양에서 피아노를 치면 동네 사람들이 그 소리를 듣는다고 담벼락에 서서 듣곤 했다. 피아노가 워낙 신기했던 시절이었다.

대학을 다니면서 학생운동을 했다. 집에서 통학하던 학생들은 대개 데모를 하지 않았다. 주로 보통 시골에서 상경한 학생들, 하숙을 하거나 혼자 사는 친구들이 많이 했다. 부모로부터 상대적으로 자유로웠기 때문이기도 한데, 나의 경우 부모의 감시·감독 아래 학생운동을 했다.(웃음) 당시 내게 학생운동은 외면할 수 없는 것이었다.

대학 시절 노동자 야학 운동에서부터 인권 변호사 등 사회적 약자에 대한 활동을 많이 했다. 특별한 계기가 있는가?

당시 사법고시·행정고시를 보면 친구들 사이에서 반동이자 변절자로 찍히는 분위기였다. 사법고시를 보는 것에 대해 친구들에게 양해를 구하고 시작했다. 따라서 민변(민주사회를위한변호사모임)을 가고 인권 변호사를 하는 것은 내게 특별한 계기가 있었다기보다는 마땅히 해야 할 것으로 생각했다.

연수원 당시 교수님은 김동건 판사였다. 연수원을 마치고 법원을 가라는 말씀을 많이 하셨는데 법원이나 검찰은 염두에 두지도 않았다. 사법고시를 본 것은 운동한 친구들 간의 역할 분담이기도 했기 때문에 연수원을 마치고 빨리 일해야 한다고 생각했다. 변호사를 시작하자마자 박노해 사건을 맡았는데, 박노해 사건은 사형선고 구형이 내려진 것을 무기징역으로 바꾸기도 했다.(웃음) 그리고 유서 대필 사건 등을 맡았는데 그런 나를 연수원 교수들이 안쓰럽고, 짠하게 보는 것 같았다. 특히 김동건 판사가 당시 형사 21부였을 때, 내가 우연히 형사사건 하나를 맡게 되었다. 그 사건은 거의 집행유예가 나올 수 없는 사건이었는데, 김동건 판사가 집행유예를 내려 버렸다. 그러고 나서 재판 후에 나를 부르더니 "이종걸! 밥은 먹고 사냐?"라고 물었다. 항상 맡는 사건이 시국 사건이라 걱정이 많이 됐던 것 같다.(웃음)

재밌는 것은 이후 내가 김동건 판사가 아끼는 제자라는 소문이 교도소 내에 퍼진 것이다. 이종걸 변호사에게 가면 산다는 소문이 퍼져서 사건이 물밀듯 밀려왔다.(웃음) 그래서 한동안 형사 합의부 사건을 많이 맡았다. 교통사고나 사기 같은 사건은 단독 사건인데, '강' 자나 '특' 자가 들어가는 사건들은 대부분 합의부 사건으로 보통 징역 3년 이상을 받는다. 누군가의 인생이 좌우되는 사건이어서 연수원을 갓 나온 사람한테는 맡기지 않는다. 그런

데 내 경우 어떤 때는 서너 건씩 합의부 사건을 맡기도 했다. 그래서 돈도 많이 벌었다.(웃음)

가장 보람 있는 사건은 무엇이었나?

'서울대 신 교수 성희롱 사건'이라고 있었다. 교수가 조교를 성희롱한 사건이었다. 서울대학교 법대 대학원 학생들이 이 사건에 대해 문제를 제기하며 대자보도 쓰고 형사사건으로 고소를 했는데 전혀 진전이 없었다. 후배들이 내게 의논하러 와서 민사사건으로 소송을 다시 제기해 3년 만에 3천만 원을 받아 냈다(이 사건은 서울민사지법에서 3천만 원의 손해배상 지급을 명령한 원고 승소 판결이 난 이후로도 6년간 항고·상고를 거듭한 끝에, 피해자에게 5백만 원을 지급하라는 확정판결로 마무리되었다). 3천만 원 배상 판결이 난 날이 성수대교가 붕괴된 날이었는데, 당시『조선일보』에 성수대교 붕괴 기사와 성희롱 사건 3천만 원 배상 기사가 나란히 1면 톱으로 실렸다. 그때 우리 집사람이, 딸이 살아갈 세상을 위해 귀한 일 해줘서 고맙다고 전화를 했다. 그때가 가장 보람 있었던 것 같다.

장자연 사건에 대해 묻지 않을 수가 없다.

장자연 사건에 대해 문제를 제기하다가 고소도 당했다. 그 사건을 듣고 참담한 마음을 어떻게 달리 표현할 수가 없었다. 예전에 성폭력 특별법(〈성폭력범죄의 처벌 등에 관한 특례법〉), 가정 폭력 특별법(〈가정폭력방지 및 피해자보호 등에 관한 법률〉) 초안을 내가 만들었는데, 그 법을 만들면서 여성 문제에 관한 이해가 많이 생겼다. 비단 그래서뿐만 아니라 장자연 사건을 접했을

때, '아, 정말이지 이건 아니다.'라는 생각이 들었다. 장자연이 그냥 자살한 것이 아니다. 몇 달간을 죽음으로 내몰리다 결국 자살한 것이다. 그 과정에 관계있는 사람들 중에 재벌들이 많았다. 그렇다고 재벌들이 수사 자체를 막지는 못한다. 그런데 힘 있는 사람이 딱 버티고 서서 권력으로 수사를 왜곡하고, 죽은 사람 주변을 빗자루 질로 깨끗하게 정리하고 있었다. 대정부 질의를 할 때, 'ㅇㅇ일보 ㅇ 사장'의 이름을 밝혔다고 고소를 당했다. 옆에서 사람들이 말렸지만, 그때 대정부 질문을 안 하면 모를까, 한다면 이 사건에 대해 묻지 않을 수 없었다. 그리고 그때 모두가 다 'ㅇㅇ일보 ㅇ 사장'이라고 이야기했다. 그럼에도 대정부 질의를 할 때 이름을 밝히지 말아야 하는가? 그럴 수 없었다. 그리고 대정부 질의를 할 때 의원들이 어떻게 이 문제를 묻지 않았는지 모르겠다. 나뿐만 아니라 여러 사람이 물었어야 했다.

그 당시 3주 동안 'ㅇㅇ일보 ㅇ 사장' 때문에 수사가 진행되지 않았다. 이 수사가 죽은 장자연 씨의 원혼을 얼마나 달랬느냐 하는 문제를 떠나, 이는 정말 성性 학대의 문제다. 모든 사람이 장자연 씨와 같은 상황은 아닐지 몰라도, 배우·탤런트·가수 등을 비롯해 그런 성매매 시장에 노출되어 있는 사람들이 어쩔 수 없이 끌려가는 경우가 많다. 매니저한테 끌려가고, 있기 싫은데 앉아 있는 경우도 있다. 언젠가는 여기에 대해 크게 문제를 제기해야겠다고 계속 생각하고 있다.

정치적인 현안으로 들어가 보자. 2012년 선거와 관련해 야권 통합 문제가 정치권의 화두다. 이와 관련해 민주당의 역할이 무엇이라 보는가?

민주당과 한나라당이 경쟁한다면 민주당이 힘들 것이다. 야권이 결집되지 않은 상태라면 더욱더 그럴 것이다. 이런 상황에서 민주당을 포함한 야권이 한나라당을 왜 이겨야 하는지 물을 필요가 있다. 이명박 정권의 정책이 몇 년 더 지속된다면 김수영 시인의 시에서 나타나는 들풀 같은 민중은 이 땅에서 사라질 것이다.

예컨대 파키스탄을 보면, 독점적으로 교육받은 몇몇 사람들이 나라를 지배하고 나머지 국민들은 교육하지 않는다. 국민소득이 늘어나고 국가가 발전하려면 국민다운 국민이 많아져야 한다. 그런데 파키스탄에서는 대다수의 사람들이 제대로 교육받지 못한다. 교육받을 수 있는 소수의 국민만이 사람다운 삶을 산다.

현재 한국은 어떤가? 최근 『경향신문』에서 지식경제부 연구·개발R&D 전략기획단장인 황창규 씨를 다룬 기사(2011년 7월 13일자)를 본 적이 있다. 한국 경제의 지나친 대기업 편중 현상을 경고한 내용이었다. 국가 수출의 25퍼센트를 차지하는 핀란드의 노키아 사가 흔들리면서 핀란드 전체가 흔들리는 상황을 설명했다. 기사에 따르면 한국의 경우 10대 재벌의 자산이 국내총생산GDP에서 차지하는 비중이 2008년 55퍼센트에서 2010년 75.6퍼센트로 높아졌다고 한다. 파키스탄과 무엇이 다른가? 10대 재벌에 들어가는 사람이 국민의 몇이나 되겠는가? 소수에 불과한 10대 재벌이 경제적 비중으로 따지면 대다수 국민의 창의력과 아이디어, 노력을 대변하는 것이다. 타이완을 방문했을 때 전 국민이 골고루 일할 수 있어야 발전된 사회라고 여기는 그곳 사람들의 인식에 큰 인상을 받았다. 그런데 한국은 독점화되고 양극화되면서 재벌의 영향력이 더 커졌다. 재벌들이 흔히 하는 이야기가, 자신들이 세금을 내기 때문에 (국가 전체가) 먹고사는 것 아니냐는 식이다.

참여정부 이후 민주당은 심판을 받았다. 국민들이 참여정부를 만들어 준 것은 전 국민이 함께 일하며 사는 사회를 만들어 주기를 바라서였다. 그런데 오히려 재벌이 활동하기 좋게 했고 민생은 엉망이 되었다. 기업에 좋은 환경을 만들어 주는 것이 무조건 나쁘다는 것은 아니다. 문제는 좋게 만들어 주었다는 것이, 재벌로 하여금 독점적 영향력을 행사하는 데 기여했다는 점이다. 사실 삼성의 경우 참여정부 때만큼 기업 환경이 좋았던 적이 없었다고까지 이야기한다. 10대 재벌이 국민들을 점점 쓸모없는 존재로 만들어 버리고 있다. 창의력을 가진 개인이 이를 발휘할 수 없고, 발휘하더라도 뺏기는 것이 현실이다. 이런 현상이 무조건 재벌의 책임이라고는 할 수 없으나 결과적으로 그렇게 되었다.

참여정부 시기에 시장의 중요성을 많이 이야기했다. 시장은 경쟁이 있어야 시장이다. 이미 경쟁이 사라진 시장은 시장이 아니다. 시장이 죽어 버린 것이다. 도박판에서도 질 사람과 이길 사람이 정해져 있다면 그것은 사기판이다. 도박도 불확실성이 있어야 이루어지는 것인데, 경쟁 자체가 성립되지 않는 상황에서 시장이 중요하다고 외쳐 봐야 이미 결정 난 판세에 힘을 실어 줄 뿐이다. 이명박 정권 체제 또는 한나라당 방식으로 국가를 계속 운영한다면 정말 나라가 어려워질 것 같다. 그래서 반드시 (선거에서) 승리해야 하고, 이를 위해 야권 통합을 이야기하는 것이다. 하지만 민주당의 많은 고민이 필요하다.

정권 교체를 바라는 많은 세력들이 민주당을 바라보는 시각이 긍정적이지만은 않다. 오히려 불만이 많은 것이 사실이다. 그럴 만한 것이 민주당은 지난번 정권을 뺏긴 당이다. 민주당이 먼저 반성해야 한다. 민주당의 색깔이 애매하다고 하기도 한다. 한나라당과 차이가 뭔지 모르겠다는 이들도 있다. 이런 상황이라면 민주당 중심으로 통합될 수가 없다.

경제민주화를 비롯한 민생 안정을 도모하고 양극화 심화를 막기 위해 정권 교체를 이루어야 한다는 점에는 대개 반론의 여지가 없다. 그러나 방법론에서 차이가 있다. 특히 민주당은 못한다는 이야기들을 많이 한다. 왜 그러냐고 물으면 민주당이나 한나라당이 비슷하다는 것이다. 민주당은 이런 물음에 대해 철저히 대답할 수 있어야 하고, 그렇지 않다는 것을 충분히 보여야 한다.

야권 통합 과정에서 민주당이 양보할 수 있다고 보는가?

오늘(2011년 8월 9일) 김대중 대통령 서거 2주기 모임을 가졌다. 한 시대를 풍미한 역사적 인물로서 김대중 대통령이 가졌던 꿈이 헛된 것은 아니라고 본다. 많은 사람들이 바라는 원대한 목표에 대해 민주당 내 다수가 동의하고, 필요에 따라 스스로 헌신하기도 한다. 역사 속으로 퇴장하는 것을 수용하기도 한다. 오늘 모임에 오신 많은 선배들도 2선으로 물러나는 데 대해 수용하고, 또 후배들을 격려하기도 했다. 물론 모두가 그런 것은 아니겠지만 대체적으로 그렇다. 민주당 안에도 역사적 흐름 속에서 자신의 역할에 대해 생각할 수 있는 이성, 그리고 역사를 위해 자신의 과욕을 버릴 수 있는 자생력과 이를 통한 순환의 에너지는 있다고 생각한다.

평소 민주당의 혁신과 개혁에 대해 많이 이야기해 왔는데 민주당의 한계에 대해 말한다면?

지난번 정권을 뺏긴 이유를 보면 그 한계를 살펴볼 수 있다. 당시 국민들은 민주당으로부터 정권을 빼앗아 다른 누군가에게 주어야 한다는 생각을 분명히 가지고 있었다. 그때 국민들이 그렇게 생각한 이유를 살펴봐야 하고, 그 뒤 4년 동안 얼마만큼 달라졌는지, 민주당이 수권 정당으로서 국민들에게 신뢰받고 있는지에 대해 생각해 볼 필요가 있다. 사실 민주당이 이런 한계를 제대로 잘 인식하고 있는지는 의문이다. 민주당을 중심으로 대통합 진영이 갖춰지지 못하는 근본적인 이유도 이런 한계 때문이다. 이전의 민주당과 다르게 대대적인 성찰과 반성, 변화를 보였다면 개혁·진보 세력과 통합하는 데서도 특별한 경우가 아니라면 이견이 없었을 것이다.

2011년 여름 일본 자민당 의원의 독도 방문 추진 등으로 한국 사회가 매우 시끄러웠다. 평소 이 문제에 관심이 많은 것으로 알고 있는데, 정치권이 어떻게 풀어가야 한다고 생각하는가?

이번 일본 극우파 의원들의 행동은 역사적으로 볼 때 도저히 용납할 수 없는 것이다. 역사를 살펴보면 독도는 한국이 실효적 지배를 해왔다. 독도를 공식적으로 일본의 영토로 편입한 것은 일제강점기에 있었던 일이고, 일본이 한국에 대한 강점을 상징적으로 드러내기 위해 독도를 일본 영유권으로 표기한 것이었다. 한국 역사에서 일제강점기 36년은 사라져 버린 역사이다. 선대의 잘못으로 이웃 국가가 겪어야 했던 역사적 아픔에 대해 사과하고 반성해도 부족한데, 오히려 독도 영유권 분쟁을 일으키는 일본의 일부 의원들의 행태는 몰지각한 행동이라고 볼 수밖에 없다. 일부의 행동이기는 하지만, 이번 일을 통해 볼 때 일본이 역사에 대해 진정으로 반성하는지도 의심스럽다.
　이번 독도 문제는 우파·좌파의 문제도 아니다. 역사적으로 간과해서는 안 될 부분에 대해 분명히 해야 한다는 것이다. 또한 일본 사람들 일반에게도 독도 문제를 분명히 말하는 것이 중요하다고 본다. 상황에 따라 외교 노선을 잘 운영할 필요가 있다.

한진중공업 정리 해고 문제가 큰 이슈가 되었다. 현재 한진중공업 문제를 포함
해 한국의 노동문제에 대해 어떻게 생각하는가?

한진중공업 문제는 상징적인 문제다. 경제 발전 초기에 정부가 국민 세금으
로 대기업들을 지원했다. 그래서 이때 대기업들은 공익을 위해 자기들의 이
익을 내놓아야 할 책임을 느꼈다. 그러나 재벌 2세, 3세로 넘어오면서 재벌
선대가 국민으로부터 받은 혜택을 망각하게 되고, 국민에 대한 부채 의식과
기업이 국민에게 제공해야 할 최소한의 사회적 책임 의식도 사라졌다. 한진
중공업도 이런 경제사적 배경과 무관하지 않다. 한진중공업은 국민 세금으
로 성장해 많은 이윤을 누린 대한조선공사를 기반으로 만들어졌다.

한국 노동의 90퍼센트를 차지하는 중소기업의 노동은 이미 어려워졌고,
비교적 고임금을 받는 10퍼센트 정도의 정규직마저 비정규직화되고 있는
상황이다. 국민들이 이런 상황을 갈 때까지 지켜보다 분노한 사건이 이번
한진중공업 사태라고 본다. 이명박 정부가 더 나은 일자리를 마련하고, 양극
화를 해소하기 위해 노력하는 것이 아니라 오히려 대기업에 유리한 정책만
시행하는 데 국민들이 분노하고 있다.

정리 해고를 당한 한진중공업 노동자들이 다른 조선 회사로 옮길 경우 대
부분 비정규직으로 가게 되고, 한국의 사회 안전망에 비춰 봐도 재취업되리
라는 보장이 없다. 30년, 40년을 한 직장에 종사하면서 가정을 이루고 꿈을
키워 왔던 사람들에게 해고는 살인과 같은 것이다. 그래서 김진숙 지도위원
이 타워크레인에 올라가 저렇게 처절하게 싸우고 있는 것이다. 전국 각지에
서 1만 명에 가까운 사람들이 모였다. 사람들이 새벽 5시까지 골목골목에서
계속 몰려들었다. 이런 상황이 나타나는 근저가 무엇인지, 희망버스에 참여
하면서 많은 생각을 하게 되었다.

1차, 2차, 3차 희망버스에 계속 참석한 것으로 알고 있다. 현장에 있으면서 느낌이 어떠했는가?

앞서 말했듯이 1만 명이 넘는 사람들이 모였다. 여전히 많은 사람들이 휴일을 온전히 지낼 수 있는 상황도 아니고, 개인의 일상을 감당하기도 어려운데 이렇게 모인다는 것이 대단하게 느껴졌다. 3차 희망버스 때 거리를 둘러보니 누워서 자는 사람들도 많았다. 그 주변을 한 바퀴 돌아보았는데 모이는 단위나 성격이 정말 다양했다. 절대적 모순이 응축되어 있는 부산 영도 크레인 앞에 한 달에 한 번씩 모여 그것을 깨기 위해 한목소리를 낸다는 것, 바로 여기에 희망을 갖고 모이는 것이라 생각한다.

서너 번 희망버스를 타고 부산 현장에 내려가면 페이스북이나 트위터에서 만나던 분들을 다 볼 수 있었다.(웃음) 어느 정도 공통의 문제의식을 가진 사람들과 만남의 장이 되는 것 같기도 했다. 작가들도 많이 왔다. 소설이나 글을 통해서만 만날 수 있던 작가들도 볼 수 있었다. 그곳에서 이루어지는 사회 이야기들은 지금 생각해 봐도 상당히 좋은 논의들이었다. 새벽 두세 시쯤 김진숙 씨가 휴대전화를 사용해 연설하는 데서 사람들이 감동을 받는다. 교회 부흥회보다 훨씬 강한 청심제를 맞고 가는 것 같았다. 동이 트고 헤어질 때도 서로 아쉬워하고 더 있고 싶어 하는 모습이 정말 인상 깊었다. 희망버스를 타고 대략 다섯 번 정도 왕래하면 전국에 보고 싶은 사람들을 다 볼 수 있을 것 같다.(웃음) 정치권이 희망버스를 하나의 이벤트로 삼아서는 안 되고, 희망버스에서 나타난 사회적 욕구, 희망들을 미래 지향적인 행동 강령과 구체적 실천 목표들로 만들 수 있어야 한다.

현재 비정규직 노동 문제를 근본적으로 해결할 방안은 무엇이라고 생각하는가?

비정규직이 사회 노동 형태의 일부로서 존재해 왔던 국가와 그것을 일부 차용한 국가로 유형을 나누어 생각해 볼 수 있다. 전자는 유럽의 경우를 떠올릴 수 있다. 유럽에는 역사적으로 파트타임이나 비정규직이 노동권을 보장하는 차원에서 존재해 온 국가들이 많다. 반면에 한국에서 비정규직이란 저임금 일자리를 만들기 위한 여러 선택지 가운데 하나다. 근로계약 조건을 사용자의 입장에 맞게 만든 것인데, 상대적으로 힘없는 노동자의 조건은 전혀 고려되지 않은 것이다.

예를 들어 네덜란드에는 필립스라는 큰 전자 회사가 있고, 또 그 회사에 납품하는 중소기업들이 있다. 네덜란드 대학생들에게 어느 회사를 선호하느냐고 물어보면, 많은 학생이 대기업을 선호한다고 한다. 그 이유 중의 하나가 대기업에는 다양한 근무 조건이 가능하기 때문이다. 대기업에서 파트타임으로 일하게 되면 공부를 병행할 수 있다는 것이다. 다양한 형태의 노동이 존재한다는 것이 노동자들의 선택지를 넓혀 주는 좋은 조건으로 받아들여지는 것이다. 반면에 한국의 경우, 노동자의 근속 연수가 길어지거나 임금이 높아질 때, 임금을 낮추거나 노동자를 밀어내는 수단으로 비정규직이나 계약직 형태가 활용된다.

이 같은 한국 상황에서 노동시장의 유연화를 강조하는 것은 매우 잘못된 것이다. 유럽에서 파트타임제는 노동시간이 짧고 근무 연속성이 떨어짐에도 월급을 많이 지급해야 해서, 사용자들은 오히려 정규직 채용을 더 선호하기도 한다. 같은 비정규직이라도 한국과는 전혀 다르다. 한국은 노동에 접근하는 방식에 근본적으로 문제가 있다. 노동은 사람이 하는 것이고, 노동문제는 사람에 대한 문제를 푸는 것이라고 생각해야 하는데 한국의 현실은 그

내게 자유란 서로, 스스로 경쟁할 수 있는 상태이다. 자유는 경쟁할 수 있는 '조건'
이 보장될 때 이루어진다. 현재 한국은 이런 자유를 특정한 사람들만 누릴 뿐, 대다
수의 사람들은 누리지 못하고 있다는 것이 큰 문제다.

렇지 못하다. 노동은 곧 사람에 관한 문제라는 인식이 생길 때 한국의 비정
규직 문제 또한 근본적으로 풀릴 수 있을 것 같다.

동시대를 살고 있는, 그리고 어려운 현실을 살아가고 있는 젊은이들에게 하고
싶은 이야기가 있다면?

솔직한 심정으로 요새는 젊은 청년들에게 죄스러워서 정치를 못하겠다. 여
태껏 내가 정치를 했다고 하는데 사회가 이 정도인가 하는 생각이 들 때 특
히 그렇다. 젊은 청년들이 한국에서 공부하며 살아가는 것이 불행이라고들
생각하는 것 같다.

　대학을 졸업한 청년들이 자기가 하고 싶은 일을 하며 사는 경우가 거의
없다. 청년들이 가고 싶다는 직장도 대부분 공무원, 공공 기관, 외국계 기업,
대기업 등인데 이 업계에서 매년 채용하는 일자리가 기껏해야 5만 개 정도
에 불과하다. 그런데 1년에 대졸자가 대략 65만 명이다. 나머지 60만 명은
처지에 따라 일자리를 잡는 것이다. 청년들의 90퍼센트가 희망을 찾지 못하
는 상황이다. 이런 상황에 대해 최소한 50퍼센트 이상의 책임이 정치권에
있다고 본다. 지역구에서 터져 나오는 불만을 들으면 내가 할 말이 없다. 지
역을 봐도 생활수준이 점점 더 나빠지고 있다. 내게 불만을 표하는 것이 당
연하다. 취직 시험을 보면 대부분의 청년들이 다음 기회에 보자는 대답을
듣는다.

　이런 현실을 앞에 두고 정치인으로서 무슨 말을 할 수 있겠는가. 몇 사람
만이 행복한 나라가 아니라 대다수가 행복한 나라가 되어야 하고, 또 그렇
게 될 수 있도록 실마리를 풀어야 한다는 생각을 많이 한다. 현재 청년들의
상황을 볼 때, 내가 무엇을 권유할 만한 입장이 아닌 것 같다. 그저 미안할

뿐이다.

마지막으로, 이종걸에게 자유란?

내게 자유란 서로, 스스로 경쟁할 수 있는 상태이다. 자유는 경쟁할 수 있는 '조건'이 보장될 때 이루어진다. 추상적인 자유를 이야기하기보다, 이 시대에서 자유는 언제라도 자신만의 특성을 바탕으로 구속 없는 상태에서 경쟁할 수 있어야 한다는 것이고, 또 그런 경쟁을 할 수 있는 권한이 주어진 것이 자유라 생각한다. 현재 한국은 이런 자유를 특정한 사람들만 누릴 뿐, 대다수의 사람들은 누리지 못하고 있다는 것이 큰 문제다.

自由人

2011
11
03

임종인

민주당과 진보 정당의 위기가 한국 정당의 위기

임종인 전 국회의원을 만났다. 그는 17대 국회의원 재임 시절 비정규직 법안을 여당 내에서 유일하게 반대했고, 한미 FTA를 반대하기 위해 항의 단식을 하다 쓰러졌으며, 양심적 병역거부자에 대한 사회적 관심이 전무하던 상황에서 양심적 병역거부자들을 위한 대체 복무제 법안을 마련하기 위해 분주히 뛰어다녔던 정치인이다. 법조계뿐만 아니라 한국 사회의 또 다른 성역인 김앤장 법률사무소를 파헤쳤고, 해외 민주 인사의 명예회복을 위해 애썼으며, 참여정부와 당시 여당이었던 열린우리당의 신자유주의 정책에 비판하며 탈당까지 했던, 목표를 향해 돈키호테처럼 달려가는 열혈 국회의원이었다.

그런 그가 "정치는 혼자 하는 것이 아니라는 생각을 요즘 한다. 올바른 것을 주장만 하는 것은 정치가 아니다. 그 올바른 주장을 현실화하는 것이 정치임을 경험을 통해 느끼고 있다."라고 말한다. 한때 트위터의 프로필 소개말이었던 "경기도 안산시 일동·이동·성포동·월피동·부곡동·안산동을 기반으로 하는 끈 떨어진 민주당 정치인"인 그에게 무슨 일이 있었던 것일까?

돈키호테 같은 열정으로 풍차를 향해 달려가던 그가 정치에 대한 성찰을 얻기까지, 그 흥미진진한 이야기를 함께 귀 기울여 보다.

2011년 10월 26일 치러진 서울 시장 선거가 박원순 후보의 승리로 끝났다. 서울 시장 재·보궐선거의 의미는 무엇이라고 보는가?

변화다. 새로운 변화에 대한 서울 시민의 뜻, 국민의 뜻이 박원순 후보의 당선을 만들어 냈다고 본다. 특히 20~40대가 많이 투표하고 박원순 후보를 압도적으로 지지했는데, 여기에는 그들이 원하는 새로운 변화에 대한 갈망이 반영되었다고 생각한다. 20대의 경우 등록금, 실업, 비정규직 일자리, 30대의 경우 결혼, 출산, 보육 문제, 40대의 경우 주거 및 자식 교육 문제 등으로 많은 고통을 겪고 있다. 이런 문제들이 해결되어야 한다. 그런데 이런 문제를 기존 정당에서 제대로 대변하지 못했기 때문에 그에 대한 대안으로 무소속 박원순 후보가 단일화 과정을 통해 당선된 것이다. 사실 한나라당은 보수정당으로서 부자들의 이익을 잘 대변했지만, 제1야당인 민주당이 중산층 내지 서민층을 제대로 대변하지 못했기 때문에 무소속 후보가 민주당 후보를 누르고 범야권 단일 후보가 되었고, 결국 당선되었다.

그런데 이번 서울 시장 후보 경선 과정에서 민주당 내의 변화 또한 감지할 수 있었다. 3선, 4선을 한 국회의원들과의 경선에서 재선 국회의원 박영선이 승리한 것도 큰 변화라 생각한다. 그리고 민주당 후보가 야권 단일 후보가 되지 못하고 박원순 후보가 된 것은 더 큰 변화라고 본다. 이전에는 무소속 후보가 경선을 통해 민주당 후보를 이기고 야권 단일 후보가 된다는 것을 상상하기 어려웠다. 무소속 후보가 단일화 과정을 거쳐 범야권 단일 후보가 되고, 서울 시장에 당선되는 일련의 과정을 볼 때 기존 정당들의 변화는 선택이 아닌 필수로 보인다.

17대 국회의원 재임 시절 비정규직 법안을 여당 내에서 유일하게 반대하고, 그 후 열린우리당을 탈당했다. 근래에도 노동문제와 비정규직 문제는 끊임없이 나타나고 있다. 어떻게 생각하는가?

현재 한국 사회의 가장 큰 문제 중 하나는 정리 해고와 비정규직 문제라고 생각한다. 1997년 금융 위기 이후 해고가 자유로워져, 비정규직이 증가해 60퍼센트에 이르렀다. 그 결과 고용이 불안해지고 저임금 노동이 양산되었다. 한국 사회를 병들게 했고 양극화를 심화시켰다. 해고할 자유와 비정규직이 만연한 현실은 반드시 해결해야 한다. 비정규직이라는 노동 형태를 유지하려면 비정규직에게 임금을 더 많이 주어야 한다. 사용자 입장에서 해고의 자유를 누릴 수 있는 노동 형태인 만큼 그에 따른 (노동자의) 위험부담을 임금에 포함해야 하는 것이다. 2006년 11월에 정부·여당이 통과시킨 비정규직 법안은 비정규직 문제를 해결할 수 있는 법안이 아니었다. 그래서 이의를 제기했다. 2007년 1월 열린우리당을 탈당한 것은 참여정부와 열린우리당의 신자유주의 정책에 문제를 제기하는 차원에서였다.

국회의원 시절, 양심적 병역거부자들을 위한 대체 복무제 법안을 마련하고자 정말 열심히 활동했던 것으로 알고 있다. 이 문제에 뛰어든 특별한 계기가 있다면?

양심적 병역거부자들을 징역 보내지 않고, 이들에게 대체 복무제를 부과하는 것은 성숙한 민주주의 국가로서 당연한 것이라 본다. 이는 우리 사회 양심의 영역이 확대되는 것이고, 넓게 보면 군인들의 인권을 개선하는 길이기도 하다. 참여정부 시절인 2007년 9월, 국방부가 대체 복무제 도입 계획을 발표한 바 있다. 그러나 이명박 정부가 들어선 2008년 이후에 이 문제는 공식적으로 논의되지 않고 있다. 참여정부의 업적인 대체 복무제 도입이 별다른 이유 없이 미뤄진 것이다. 해마다 5백여 명의 꽃다운 젊은이가 교도소 행진을 하고 있다. 한국이 경제 순위는 11등, 12등을 한다고 하는데 인권 부분에서는 양심적 병역거부 사안 하나만 봐도 150등 밖에 머물러 있다. 전 세계의 양심적 병역거부 수형자 1천1백여 명 가운데 1천여 명이 한국의 수형자일 정도이다. 이미 여러 번에 걸쳐 우리나라도 대체 복무제를 도입하겠다고 국제사회에 발표했고, 더욱이 세계인권위원회에도 보고한 바 있다. 대국민·

대국제사회 약속을 어겼으니, 이명박 대통령의 말을 빌리면, '대한민국의 국격'이 말이 아니게 되었다. 세계적으로 부끄러운 일이다.

양심적 병역거부자라 하면 현실적으로 특정 종교와도 관련이 많은 것으로 알고 있다. 어려움은 없었는가?

많은 공격을 받았다. "여호와의 증인 신자다. 그 종교 관계자에게 정치자금을 받았다. 군대도 안 갔다." 등이다. 나는 여호와의 증인 신자도 아니고, 교리도 잘 모른다. 군대는 군법무관으로 10년 6개월 근무했고, 마지막 보직은 특전사 법무참모였다. 그리고 육군 중령으로 제대했다. 내가 고민했던 것은 우리 사회에서 60여 년간 매년 5백 명가량이 집단적으로 징역을 간다는 것을 변호사이자 지식인으로서 눈감고 있을 수 없었던 것뿐이다. 할아버지도 징역을 살고, 아버지도 징역을 살고, 자기 자신까지 징역을 산 사람도 있었다. 삼대에 걸쳐 징역을 사는 것이다. 이런 사실을 알고 있는 이상 무엇인가를 해야겠다고 생각했다. 우리 사회가 이런 현실에 눈감고 있다는 것은 우리 사회 전체의 불행이다. 양심적 병역거부 문제를 다루면서 숱한 오해와 공격을 받았지만, 내가 고통을 받더라도 우리 사회에 양산되는 고통을 줄이거나 없앨 수 있다면 마땅히 해야 할 몫이었다고 생각한다.

김앤장에 대한 책을 썼다. 책을 쓴 계기는?

2008년에 『법률사무소 김앤장』(후마니타스, 2008)을 출간했다. 김앤장은 법조계의 큰 권력이기도 하지만 한국 사회의 가장 큰 권력이기도 하다. 나도 변호사이기 때문에 동료 변호사들이 모인 회사를 분석한나는 것이 쉬운 일은 아니었다. 김앤장 문제를 이야기한 것은 내가 법사위(법제사법위원회)에 있을 때였다. 론스타라는 외국 투기자본이 외환은행을 인수했는데 론스타는 은행을 인수할 자격이 없는 자본이었다. 그런데 인수 과정을 법사위에서 계속 파헤치다 보니 인수 과정을 연출·기획한 곳이 김앤장이라는 사실을 알게 되었다. 이전에 변호사 시절 막연하게는 알고 있었지만, 김앤장이 우리 사회의 엄청난 권력임을 이때 확신했다. 그래서 김앤장이 우리 사회에 미치는 영향을 객관적으로 분석해 국민에게 알릴 필요가 있다고 생각해 책을 냈던 것이다.

책을 낸 후 반응은 어떠했나?

책이 의외로 많이 팔렸다. 2만 부 가까이 나갔다고 들었다. 좋은 책을 냈다는 과분한 칭찬도 받았고, "국회의원으로서 해야 할 일을 했다."는 이야기를 많이 들었다. 국회의원은 일반 국민을 대신해 많은 정보를 요구할 수 있고, 또한 알 수 있으므로 그런 역할을 해야 한다는 것이었다. 1997년 외환 위기 이후 신자유주의를 성공 사업으로 만든 김앤장을 어느 누구도 분석하지 않았기 때문에 호평받았다고 생각한다. 김앤장도 객관적 분석을 통해 견제되고 비판받는다면 좀 더 좋은 방향으로 나아가지 않을까 한다.

해외 민주 인사 명예회복과 이분들의 자유로운 고국 방문을 위해 많이 노력했다고 들었다. 특별히 이 문제에 대해 관심을 갖게 된 계기가 있는가?

1993~94년에 일본과 미국에서 1년씩 유학을 했다. 일본에 있을 때, 한통련(재일한국민주통일운동연합)이라는 단체를 알게 되었다. 한통련은 1973년 재

일동포 단체인 민단(재일본대한민국민단)의 민주화를 주장하면서 생긴 단체로, 한국 정부의 독재를 비판하며 한국의 민주화와 민족 통일을 주장한 단체였다. 전혀 친북 단체가 아님에도 한국에서 반국가 단체로 규정되었다. 더욱이 그 회원인 재일동포들은 한국인이면서도 여권을 발급받지 못해 한국을 오가지 못한다는 것을 알게 되었다. 한국에서 한통련은 기피 단어였다. 김대중 전 대통령이 한통련 초대 의장을 했는데, 반국가단체 수괴를 했다는 이유로 1980년에 전두환 정권으로부터 사형 판결을 받기도 했다.

1997년 국민의정부가 탄생한 후에도 한통련 재일동포들이 한국에 들어오지 못하고 여권도 내주지 않는 상황이 계속되었다. 한국에서 1970~80년대 민주화 운동을 한 사람들은 보상도 받고 국내에서 출세도 하는데 일본이나 해외에서 민주화 운동을 한 분들은 여권도 발급해 주지 않고, 그리운 조국에도 못 오는 상황이었다. 그분들은 훈장이나 보상을 바라는 것도 아니었고, 단지 고국에 들어올 수 있게만 해달라는 것이었다. 그래서 국민의정부 때 '한통련 명예회복과 귀국 보장을 위한 범국민위원회'를 여러 사람과 함께 만들어 한통련 분들의 명예로운 고국 방문을 추진했다. 그러나 국민의정부 때는 성과가 없었다.

그러다 2003년 참여정부가 들어서면서 진전이 있었다. 민변, 민가협(민주화실천가족운동협의회), 천주교 인권위원회, 참여연대 등의 단체와 개인이 힘을 모아 '해외민주인사 명예회복과 귀국 보장을 위한 범국민위원회'를 만들어 추진한 결과, 2003년 9월 19일 한통련 인사와 독일에서 민주화 운동을 하던 선배들이 40여 년 만에 고국을 명예롭게 방문할 수 있었다. 감격스러운 날이었다. 그 후 참여정부 시기 한통련 등 해외 민주화 인사들이 자유롭게 한국을 오갈 수 있었다. 그런데 이명박 정부가 들어서면서 한통련 분들의 입국이 다시 자유롭지 못하게 되었다. 참여정부가 한국의 전체적 민주화

를 확대하는 데 이바지한 바가 크다고 생각하는데, 이명박 정부가 들어선 이후에는 그 점이 더 크게 느껴진다.

2011년 10·26 서울 시장 선거에서 무소속 후보인 박원순 변호사가 당선되고, 안철수 원장이 대권 후보로 떠오르는 일련의 상황들을 보며 한국 정당의 위기라는 이야기들을 많이 한다. 이에 대해 어떻게 생각하는가?

부자들을 위한 정당인 한나라당은 특별한 위기가 아니라고 생각한다. 늘 부자들을 잘 대변해 왔기 때문이다. 나는 민주당과 진보 정당의 위기가 한국 정당의 위기라고 생각한다. 한나라당의 기능이 조금 약해지더라도 그 역할을 대신하는 세력은 많이 있다. 예를 들면 재벌·언론·대학·검찰 등이 그 기능을 하는 것이다. 그런데 중산층과 서민을 대변하는 정당이 약해지면, 중산층과 서민이 정치적으로 기댈 곳이 없어진다. 그래서 민주당과 진보 정당의 위기는 한나라당의 위기와는 다르다.

정당이 강화되어야 하는데, 그동안 원내 정당화, 지구당 폐지, 중앙선관위원회 권한 강화 등 정당을 약화시키는 일을 정치 개혁이라는 이름으로 정치인 스스로 많이 했다. 정당과 일반 국민 사이의 거리가 멀어질수록 서민이나 사회적 약자를 대변하는 세력이 없어진다. 이런 점에서 국민의 이익을 계층별로 대변할 수 있는 정당이 있어야 하고, 그 정당들이 강화되어야 한다는 것은 너무나 당연하다고 생각한다.

예컨대 스웨덴의 경우, 보통 7개 정당이 의회의 의석을 차지한다. 7개 정당은 좌파에서부터 우파까지 모든 국민을 각각 대변한다. 3~4개 정당이 좌파 연합 또는 우파 연합을 결성해 국민에게 선택지를 주는 것이다. 다수를 형성한 연합이 연립정부를 구성하고, 다양한 계층을 대변하는 기능을 정당들이 하는 것이다. 나는 중산층·서민·노동자·농민들을 대변하는 정당이 그 구성원 수만큼 의석을 차지해 의회에서 이들을 대변하지 못하는 것이 한국 정당정치의 문제라고 본다.

그렇다면 한국 정당정치의 발전을 위해 민주당은 어떤 역할을 해야 한다고 생각하는가?

한국 정치에서 민주당은 범야권의 맏형 역할을 해야 한다. 한국 정치는 민주당 없이 안 되고, 민주당만으로도 안 된다. 민주당은 과감하게 양보하고 혁신해야 한다. 2009년 경기도 안산시 상록 을 보궐선거에서도 내 모든 것을 걸고 같은 주장을 했다. 또 범야권의 다른 정당이나 시민사회도 야권 통합이나 연대 과정에서 민주당의 역할과 권위를 충분히 인정해야 한다.

그러려면 민주당이 먼저 혁신하는 모습을 보여야 하는 것 아닌가? 민주당에 자기 혁신을 추동할 힘이 있다고 보는가?

민주당은 2010년 10월 3일 전당대회 때 놀라운 변화를 보였다. 모든 최고위원 후보가 진보와 야권 연대 또는 통합을 내걸었다. (그 자리에서) 민주당이 대대적으로 혁신해야 하고 새로운 리더십으로 나아가야 한다고 많은 분이 이야기했다. 그리고 비정규직 문제 해결의 중요성을 내세우고, 시장 만능주의 정책을 지양하는 한편, 경제적 민주화와 보편적 복지국가를 주장하는 등 서민들에게 다가가는 정책적 변화를 추구하는 전·현직 의원들이 많았다.

잘살고, 자유롭고 평등한 사회를 만드는 것. 이게 내가 정치를 하는 이유이다. 자유롭지 못한 것, 억압에 대해 이제는 국민들이 용납하지 않는다. 이메일이 검열되고, 휴대전화가 감청되고, 인신이 쉽사리 구속되는 것은 용납할 수 없는 일이다.

또한 우리 국민이 고르고 풍요롭게 잘살아야 한다. 상위 10퍼센트만 잘살고 나머지 90퍼센트는 못사는 사회를 바라지 않는다. 전에는 20 대 80이었는데, 지금은 심지어 1 대 99라고까지 한다. 우리 사회가 남미와 같은 사회, 즉 잘사는 소수의 사람은 담을 높이 쌓고, 철조망을 치고, 기관총으로 무장한 경비들이 있는 집에 살고, 나머지 못사는 사람들은 최소한의 조건도 갖추지 못한 환경에서 사는 사회가 되지 않기를 바란다.

요람에서 무덤까지 인간답게 사는 사회를 만들어야 한다는 것이다. 요즘 청년들이 연애·결혼·출산을 포기하는 사회라며, '삼포 세대'라는 말이 있다. 이런 현실이 심히 우려된다. 모든 사람이 인간답게 살 수 있는 사회를 만들어야 하는데 더 힘들어지고 있는 것 같다. 모든 사람이 잘살고, 자유롭고 평등하게 사는 것을 실현하는 데 정치의 역할이 있으며, 따라서 어떤 정치 세력이 정권을 창출하느냐가 매우 중요하다고 생각한다.

민족문제로는 남북문제, 내부 문제로는 계층 문제가 있다고 본다. 우선 남북 간 평화공존과 평화 교류를 통해 평화통일을 이루어야 한다. 국민의정부와 참여정부 10여 년간 평화공존은 이루어진 것 같았다. 최소한 남북 간 전쟁은 일어나지 않으리라고 생각했다. 그런데 이명박 정부가 들어서면서 남북 간 긴장이 고조되고 전쟁이 일어날 가능성을 자주 야기했다. 21세기 들어서도 동족끼리 전쟁 가능성을 이야기한다는 것 자체가 세계적으로 부

끄러운 일이다. 남북 간의 평화 구축은 기본적으로 해야 할 일이다. 내부적
으로는 갈수록 심화되는 양극화 문제를 해결해야 한다. 격차 사회가 되는
것을 막아야 하고, 무엇보다도 우리 사회 내 보통 사람의 삶의 질을 개선해
야 한다.

현시점에서 그런 시대적 요구를 잘 담아낼 수 있는 리더는 누구라고 생각하는가?

대통령뿐만 아니라 정치적 리더는 우리의 삶을 바꿀 수 있는 대안적인 정책
이 있고, 이를 현실화할 수 있는 정치력을 갖춘 사람이라고 본다. 인간다운
삶을 살 수 있게 해주는 것이 지도자라고 생각한다.

이제 임종인 개인에 대한 이야기를 들어 보고 싶다. 어린 시절 임종인은 어땠나?

일종의 정의감이 있었던 것 같다. 중·고등학교 다닐 때 선생님들이 학생들
을 이유 없이 때린 적이 있었다. 그럴 때 항의하다가 맞거나 벌을 받기도 했
다. 부당한 모욕과 억압에 대해 본능적으로 저항했던 것 같기도 하다. 그리
고 남의 고통에 눈 감는 것은 자신의 양심을 외면하는 것이라고 생각했다.

청년 임종인은 어떤 꿈을 꾸었는가?

유신 체제하에서 청년 시기를 보냈다. 한국 사회가 전반적으로 매우 억압적
인 때였다. 대통령을 비판하면 감옥에 가는 시절이었는데, 교과서에서 배운
것들과 현실은 매우 달랐다. 교과서는 언론의 자유를 말했지만, 국민이 헌법
을 고치자고 하면 징역 3년을 보내는 사회였다. 헌법에는 "국가의 주권은 국

젊은이들에게 투사가 되기를 요구하는 사회는 제대로 된 사회가 아니다. 어떤 면에서는 과거 군부독재 시대나 지금이나 청년들이 살아가는 사회는 비슷하게 절망적이지 않은가 싶다.

민에게 있고 모든 권한은 국민으로부터 나온다."라고 되어 있는데 현실은 그렇지 않았다. 암울한 시대를 살아서인지 요즘 식으로 개인 차원의 큰 꿈이라는 것을 갖기 어려웠다. 대통령 선거가 자유롭지 않은데, 대통령이 되겠다는 꿈을 가질 수는 없지 않은가?

그래서 가슴에 품었던 꿈은 한국 사회가 최소한의 자유라도 가질 수 있는 사회가 되기를 바라는 것이었다. 말도 자유롭게 할 수 있고, 책도 자유롭게 볼 수 있는 사회. 책을 숨어서 봐야 하고 말도 자유롭게 하지 못하는 사회에서 무슨 국가의 발전과 국민의 발전을 이야기할 수 있을까 생각했다. 내가 청년일 때는 젊은이들이 투사가 되어야만 하는 시절이었다. 젊은이들에게 투사가 되기를 요구하는 사회는 제대로 된 사회가 아니다. 기본적인 사회문제를 해결하기 위해 청년들이 분신하고, 데모하다 죽기도 했다.

군부독재 시절에는 청년들이 시대적 문제 앞에서 분신자살을 했다면, 현재 청년들은 여러 이유로 자살을 한다. 사실 청년뿐만 아니라 한국 사회는 자살률 자체가 매우 높다. 자살이 시대적 문제 앞에 청년들의 절망이 표출되는 결과라고 본다면, 어떤 면에서는 과거 군부독재 시대나 지금이나 청년들이 살아가는 사회는 비슷하게 절망적이지 않은가 싶다.

내가 청년일 때는 정치적 자유가 문제였다면, 현재 한국 사회의 큰 문제는 경제적 여건이 상실되었다는 데 있다고 본다. 자살을 많이 한다는 것은 사람들이 살기가 그만큼 괴롭다는 것이다. 무엇보다 인간답게 살 수 있는 기본적인 삶의 여건이 나빠지고 있기 때문이 아닐까 한다. 대학생들은 등록금 부담에 시달리고 치열한 경쟁에 시달린다. 졸업해도 소수만이 정규직으로 취업하고, 대다수 젊은이들은 비정규직으로 사회에 첫발을 내딛는다. 한국에서 비정규직 일자리로 기본적인 삶을 영위하고, 또 유지해 가기란 매우 어렵다. 구조적으로 발생하고 양산되는 문제를 해결해야 한다.

장준하 선생과 리영희 선생을 존경한다. 장준하 선생은 독립운동가였고, 『사상계』를 창간하고 발행했으며, 반독재 민주화 운동을 했다. 장준하 선생은 대학 다닐 때 일본군 학병으로 중국에 끌려갔다가 목숨을 걸고 탈출한 뒤 광복군에 가담해 독립운동을 했다. 그 뒤로도 반독재 민주화 투쟁을 지속한 분이다. 리영희 선생은 우리 사회 지식인으로서 사회의 근본 문제를 분석해 국민들에게 제공하고, 본인도 날카로운 이성을 지닌 채 실천에 앞장선 분이다.

장준하 선생은 의지, 리영희 선생은 이성으로 내게 영향을 미친 것 같다. 장준하 선생은 1975년 8월 17일에 돌아가셨는데, 돌아가시기 넉 달 전에 선생의 책 『돌베개』(개정판, 세계사, 2007)를 읽었다. 크게 감명을 받아 '꼭 만나 봬야겠다.'고 생각했는데 결국 그러지 못했다. 장준하 선생과 함께 일본군 학병을 탈출하고 독립군에서 활동했던 김준엽 고려대학교 교수를 찾아가 일본 학병을 탈출한 경위와 당시 상황, 장준하 선생에 대해서도 물어봤었다. 장준하 선생이 의문의 죽음을 당했던 경기도 포천 약사봉이 내가 법무관으로 근무하던 철원에서 가까워 사고 현장도 자주 찾아갔었다.

리영희 선생은 처음에는 책을 통해 알게 되었지만 1990년대 초반부터 20여 년 가까이 직접 만나 뵙고 여러 가르침을 받았다. 2010년에 돌아가시기 전까지 자주 찾아뵀는데, 그때마다 재미있고 좋은 말씀을 많이 해주셨다. 국회방송에 내가 존경하는 분으로 모시고 출연한 적도 있다.

김준엽 선생은 내가 당시 스무 살로 대학교 2학년 학생일 때, 불쑥 찾아가 여러 가지를 물어본 적이 있다. 처음 본 학생에게도 친절하고 자세히 말씀해 주셨다. 그 때문에 특별할 것 없는 내게 어린 학생들이 찾아와 여러 가지를 물어보면 나 또한 성심성의껏 답변하려고 노력한다. 이런 부분은 김준엽 선생으로부터 받은 영향인 것 같다.

인권 변호사를 하게 된 계기는 무엇이었고, 그와 관련해 기억에 남는 판결이 있는지 궁금하다.

변호사의 임무 중 중요한 것이 인권을 옹호하는 것이다. 변호사는 배운 법률 지식으로 억울한 사람들을 구제하고, 마땅히 가져야 할 몫을 뺏기지 않게 하고, 부당한 권력이나 국가권력으로부터 개인이나 집단을 보호할 임무가 있다. 인권 변호사라서 특별한 것이 아니라 변호사라면 마땅히 그래야 하는 것이었다.

기억에 남는 판결은, 어머니를 죽였다고 해서 1심에서 징역 15년을 받은 사건을 2심, 3심에서 무죄로 이끈 사건이다. 1992년 사건이었는데, 피고인은 당시 김 아무개라는 사람이었다. 경찰에서 고문을 받아 자신이 어머니를 죽였다고 허위 진술을 했다. 어머니가 어떤 강도에게 살해당했는데 자신이 어머니를 살해한 범인으로 몰려 중형을 받았으니 얼마나 억울했겠는가.

그리고 〈국가보안법〉, 〈집회 및 시위에 관한 법률〉 사건 등도 많이 다루었는데, 아무리 열심히 변호하고 피고인이 무죄라 주장해도 대부분 유죄가 나왔다. 이른바 '정찰제' 판결이었다. 그러다가 가끔 무죄가 나온 경우가 있었고, 그런 사건이 기억에 남는다.

눈물을 흘려 본 적이 있나?

당연히 있다. 영화 보면서 감동해 운 적도 많다. 기억에 남는 것은 2004년 12월 말 국회의사당 앞 연설장에서 흘린 눈물이다. 당시 2천여 명의 시민들이 기온이 영하 10도였음에도 〈국가보안법〉 폐지 지원 농성을 26일간 했었다. 단식하는 사람도 많았다. 그때 감명을 받아 눈물 반, 연설 반 했던 기억이 있다. 또한 일시적이기는 했지만, 한국이 월드컵 4강에 진출했을 때 동네 주민 분들과 함께 울기도 했다.(웃음)

힘들고 외로울 때는 언제였나?

내 뜻이 제대로 알려지지 않고 왜곡될 때 힘들었다. 여러 가지 문제점을 지적했는데 근거도 없이 매도당하고 공격받을 때 힘들었다. 한미 FTA나 비정규직 문제, 금융자본주의에 대해 비판했을 때도 그랬고, 남북 군사력을 비교하거나 평화 체제를 주장했을 때도 뜻이 왜곡돼 힘들었던 기억이 있다.

인권 변호사를 하다가 정치를 하겠다고 결심한 이유는 무엇인가?

변호사의 일은 법률을 해석하는 것이다. 그리고 정치인의 일은 법을 만드는 것이다. 정치인은 좋은 법을 만들 수 있다. 시국 사건에서 변호하다 보니, 법을 해석만 할 것이 아니라 바꿔야겠다고 생각하게 되었다. 노동자들이 구속되었을 때, 내가 변호하는 것만으로는 부족하다는 생각이 들었다. 법을 바꾸고 좋은 사회체제를 형성해 가는 것은 정치의 역할이기 때문에 정치를 해야겠다고 마음먹었다.

변호사와 정치인은 똑같이 법을 다룬다고는 해도 매우 다를 것 같다. 특별히 정치인에게 요구되는 자질은 무엇이라고 보는가?

정치인은 그 사회의 문제를 정확하게 알고 그것을 드러내야 한다. 변호사는 법정에서 표현하지만 정치인은 온 국민을 대상으로 표현해야 한다. 정치인은 현재의 문제를 알고 그것을 잘 알려야 한다. 그리고 그 문제를 해결해야 한다. 또한 무엇보다 정치인에게는 이 사회가 나아가야 할 방향을 제시할 수 있는 통찰력이 있어야 한다.

정치는 올바름을 현실로 만드는 것이라고 생각한다. 학자는 이론을 통해 올바름을 주장한다. 그러나 정치인은 그 올바름을 구현하고, 그것을 대세로 만들어야 한다.

그런 면에서 2007년 1월의 열린우리당 탈당에 대해 물어보지 않을 수 없다. 참여정부와 열린우리당이 신자유주의 정책을 너무 많이 쓴 것에 대한 문제 제기 차원에서 탈당했다고 했다. 하지만 책임정치라는 차원에서 볼 때는 무책임한 행동이 아니었나?

탈당과 관련해 당시 당내에서 진보 블록을 형성해야 했다는 지적을 많이 받았다. 결과적으로 탈당해 18대 국회의원이 안 된 것은 사실이다. 그러나 내가 일방적으로 잘못했다고는 생각하지 않는다. 탈당한 결과 재선하지 못했다는 결과만 놓고 보면 정치적 미숙으로 볼 수도 있겠다. 그러나 정치인 임종인으로서 받아들이기 어려운 현실에 대해 소신을 밝힌 것도 하나의 과정이라고 생각한다.

당을 나온다는 것은 안전한 울타리를 벗어나 허허벌판으로 나가는 것을 의미하는데 탈당을 결정하기까지 쉽지 않았을 것 같다.

2002년 대선에서 참여정부가 탄생하고 2004년 총선에서 열린우리당이 과반수 의석을 확보한 것은 서민과 중산층의 실제 삶을 바꿔야 한다는 국민들의 열망 덕분이었다. 그런데 이런 부분에 대한 인식이 많이 부족했던 것 같다. 비정규직 문제는 물론, 무리한 한미 FTA 추진, 법인세·소득세율 인하 정책에 따른 복지 재원 감소, 금융 허브 추진 등 신자유주의 내지 금융자본주의에 대한 인식이 부족했다는 점에서는 참여정부나 열린우리당이 마찬가지였던 것 같다. 나는 그 부분을 고쳐야만 정권을 재창출할 수 있고, 의미 있는 정권 재창출이 될 수 있다고 생각했다. 나름대로 문제 제기를 많이 했는데 받아들여지지 않아 탈당했던 것이다.

탈당 이후 다시 민주당에 복당하는 과정이 녹록지 않았을 것 같다. 정치인 임종인이 그 시간들을 통해 깨닫게 된 것이 있다면?

정치는 혼자 하는 것이 아니라는 생각을 요즘 한다. 올바른 것을 주장만 하는 것은 정치가 아니다. 그 올바른 주장을 현실화하는 것이 정치임을 경험을 통해 느끼고 있다. 참여정부에서 열린우리당 국회의원으로서 당시 내가 주장했던 사회경제정책이나 외교·안보 정책 가운데 잘못된 것은 거의 없었다고 생각한다. 한미 FTA가 도입되면 한국 경제가 미국 경제에 귀속되고, 소수 대기업이 이익을 보는 반면에 대다수의 노동자·농민·자영업자와 중소기업은 피해를 본다고 생각해 이를 반대했다. 왜 서민과 중산층의 폭발적인 지지를 받아 탄생한 참여정부가 한미 FTA와 같은 정책을 무리하게 추진하는가. 그때 보수 언론이나 한나라당이 한미 FTA를 찬성하고, 참여정부 지지층이 반대했다. 정말 괴로웠다. 항의 단식을 하다가 10일 만에 쓰러지기도 했다. 지금 민주당이나 국민이나 시민사회가 한미 FTA를 적극 반대하는 것을 보면 결과적으로 내 생각이나 주장이 맞았다고 본다.

그럼에도 내가 반성하는 것은 내 주장을 당의 주류로 만들려는 노력을 충분히 하지 않았다는 것이다. 뜻을 함께할 동료·선배 의원들을 좀 더 진지하게 설득해야 했다. 청와대 참모들이나, 동료·선배 의원들, 행정부 관료들을 비롯해 많은 좋은 분들과 함께하지 못한 것이 아쉽다. 이명박 정부가 들어서고 보니 그래도 참여정부나 당에 올바른 문제의식을 가진 분이 많았다는 생각을 한다. 당시 참여정부를 많이 비판했던 이유는 참여정부가 성공하기를 진심으로 바랐기 때문이고, 나도 책임 있는 여당 국회의원이었기 때문이다. 하지만 지금 와서 생각해 보면 달걀로 바위 치기였다는 생각도 든다.

현재 민주당이 한미 FTA를 반대하는 것은 잘하는 일이라고 생각한다. 한나라당은 민주당이 왜 이제 와서 반대하느냐고 말한다. 하지만 잘못 판단한 것을 인정하고 그 부분을 반성하며 고치려는 것이다. 더욱이 2010년 12월 이명박 정부의 재협상을 통해 그 내용과 효과가 더 나빠졌다. 국가 차원의 문제이고 후손에게까지 큰 영향을 미치는 문제이다.

지금의 민주당은 당시 열린우리당과는 많이 다르다고 생각한다. 정책에서 진보적 성격을 분명히 하고 있다. 비정규직 문제와 한미 FTA에 대해서도 분명한 입장을 보이고 있다. 지지층을 대변하려고 노력한다는 점에서 정당으로서의 문제의식을 갖고 있다고 본다.

현재 꿈이 있다면?

대선에서 정권 교체를 이루는 것이다. 한국 사회가 여러 가지로 어렵다. 형식적인 자유마저도 보장되지 않는 것 같다. 말도 제대로 하지 못하고 글도 제대로 쓰지 못하는, 이른바 자기 검열을 할 수밖에 없는 상황이 되어 버렸다. 국민들의 삶도 전반적으로 너무 어려워졌다. 국민들의 표정이 환해지고 마음이 편한 사회를 만드는 것이 지금의 꿈이고, 그런 사회를 만드는 데 조금이라도 힘을 보태고 싶다.

그리고 내 개인적 인생관이 "의미 있고 재미있게 살자."는 것이다. 우리네 삶이 서로 경쟁하고 질시하는 구조가 아닌, 서로 도와주며 즐거워하는 구조가 되어야 하고, 그렇게 만들고 싶다는 꿈이 있다.

동시대를 살아가는 청년들에게 나누고 싶은 말이 있다면?

교육이란 자유롭고 건강하게 자신의 능력과 실력을 키울 수 있게 하는 장이어야 한다. 그 결과 자기만족과 삶의 만족을 얻을 수 있어야 한다. 직업을 선택할 때도 돈이 아니라 이것이 기준이 되어야 한다. 그런데 일단 초·중·고등학교에 이르기까지 지나친 경쟁 탓에 학교생활이 너무 피곤하다. 40여 년 전 내가 학교 다닐 때도 학교 가기는 싫었지만 지금은 더한 것 같다. 대학 생활도 나빠진 것 같다. 우리 때는 여유도 있었고 어느 정도 놀아도 취직은 할 수 있었다. 지금은 취업도 어렵고 좋은 직장도 많지 않다.

이는 청년들만의 문제가 아니라 사회 전반의 문제이고 제도의 문제다. 하지만 청년들 또한 스스로 문제를 해결해 나갈 필요가 있다. 그래서 근래 내가 주장하는 것 중 하나가 19세 피선거권 확보 운동이다. 투표만 하는 것이 아니고, 19세가 되면 시의원·도의원으로, 나아가 국회의원으로 출마할 수 있어야 한다. 교육 문제의 주체인 학생들이 제도적 틀 안에서 교육 문제들을 바꿔 나갈 수 있어야 한다. 청년들의 주체적 활동은 우리 사회가 건강하게 발전할 수 있는 밑거름이고, 거기서부터 희망을 만들어 갈 것이다.

마지막으로, 임종인에게 자유란?

자유란 국가권력이나 강자로부터 억압당하지 않는 것이라고 생각한다. 그리고 개인들이 최소한의 인간다움을 보장받는 생활을 할 수 있어야만 자유를 논할 수 있고 자유롭다고 할 수 있을 것이다.

自由人

2011
12
20

정동영

상처 받은 자에 대한 공감, 그것이 바로 정치의 본령

정동영 민주통합당 상임고문(당시 18대 국회의원)을 만났다. "MBC 보도국 정치부 기자와 〈뉴스데스크〉 앵커를 거쳐 정치에 입문한 후, 열린우리당 당 의장, 통일부 장관, 국가안전보장회의NSC 상임위원장, 17대 대통령 선거 통합민주당 후보까지 한 유력 정치인"이라고만 그를 소개하기에는 너무 많은 이야기가 행간에 숨어 있다.

2007년에는 대통령이 되는 것이 목적이고 다른 것은 이를 위한 수단인 것처럼 보였지만 지금은 좀 다른 것 같다고 말하자, "그동안 내가 해온 정치라는 게 정치 개혁, 정당 개혁, 정당의 민주화, 개성공단, 9·19 공동성명 등 중요하긴 했다. 그러나 구체적인 개개인의 삶에 깊이 천착한 정치는 아니었다. …… 2009년 정계에 복귀했는데, 그때 시작한 것이 용산 참사 문제로 상징되는 재개발 문제였다. …… 다시 국회에 들어와 선서할 때 정치인들만의 잔치가 아닌 용산의 눈물을 닦아 주는 정치, 우는 자들의 눈물을 닦아 주는 정치를 해야겠다고 생각했다."는 답이 돌아온다.

노무현 전 대통령과 참여정부 때도 한미 FTA에 대한 사회적 저항이 매우 컸는데, 왜 그렇게 추진하려 했었느냐고 묻자, "그게 내 반성의 핵심이다. 한미 FTA를 막는 데 힘을 보탰어야 하는데 아무 역할도 하지 못했다는 것이 후회되고, 크게 반성하고 있다."라고 답한다. 물음에 대한 답이 반성으로 시작해 반성으로 끝난다. 그렇게 줄곧 반성문을 쓰고 있었던가. 그래서 그렇게 인간 김진숙을 살리는 데 매달렸던가.

인간적으로 가장 힘들고 외로웠던 시간이 언제였냐고 물으니, "용산 가족들을 보면서 그랬다. 문정현 신부님이 미사를 하다가 '저기 있는 저 사람이 책임자다. 정권 뺏겨서 이렇게 되었다.'라고 하시는데 차마 얼굴을 들 수 없었다."라고 한다. 그때 이해가 되었다. 그가 왜 "정치의 목적이 바로 목숨이었다."라고 했는지. 그리고 어쩌면 그때, 용산 참사에서 목숨을 잃은 사람들의 이름이 그의 가슴에 주홍 글씨처럼 새겨졌는지도 모르겠다는 생각이 들었다.

2012년 대선에 출마할 것인가라는 질문에 "(2012년 대선에서) 무슨 역할이라도 좋다. …… 김구 선생의 말씀을 빌리자면 '문지기' 역할이라도 해야 한다고 생각하고 있다."라고 답했다. 2012년 7월 그는 대선 불출마 선언을 했다. 그리고 아직 넘어야 할 산들이 많다며 수많은 '김진숙'과 용산의 어머니들을 향해 달려가고 있다. 그는 계속 전진하며 진보하고 있다.

이 질문을 많이 받았겠지만 물어보고 싶다. 2007년 대선에 떨어졌을 때 어땠나?

이런 질문이 제일 괴롭다.(웃음) 내 인생에서 가장 충격적이고 고통스러운 경험 중 하나이다. 고통스러운 이유는 두 가지다. 하나는 불행하게도 4년 전 예언이 다 들어맞은 꼴이 되었다는 것이다. "2 대 8 국가가 될 거다. 민주주의가 후퇴할 거다. 남북 관계가 깨진다."라는 말이 다 들어맞게 되었다. 그중 제일 안타까운 것은 나의 비전인 '가족 행복 시대'가 다른 나라 이야기처럼 되어 버렸다는 사실이다.

지난 십수 년 동안 신자유주의의 경제, 교육, 시장, 작은 정부, 자유화, 민영화 속에서 가족들이 불행해진 것 아닌가. 국가의 역할은 개인의 행복과 가정의 행복을 보장하는 쪽으로 가야 한다는 것인데 이런 메시지는 전해지지 않고 "부자 되세요 → 대운하 → 다시 박정희 시대 → 개발 시대의 도래 → 일자리 창출"이라는 달콤한 거짓말에 국민이 현혹되었다. 그리고 결국 더 불행해졌다. 그래서 그런 것에 대한 안타까움이 있다. 개인적으로는 김대중과 노무현의 깃발을 정동영이 이어받았는데 크게 패배했다는 데서 상처를 받았다. 내가 불면증을 모르고 산 사람인데 그 뒤로 한동안 잠을 잘 못 잤다.

솔직히 2007년 대선 당시 이명박 대통령보다, 국민들에게 비전을 주지 못한 민주당과 그를 대표한 정동영이 더 미웠다는 사람들이 많았다.

2006년, 2007년 참여정부 후반부에 민심이 아주 안 좋았다. 한마디로 기득세력과의 싸움에서 밀린 것이다. 재벌 대기업, 보수 언론, 사회 기득권의 총공세에 효과적으로 대응하지 못했다. 예컨대 재벌 개혁의 길을 간 것이 아니라 재벌 대기업에 기대어 성장과 일자리를 만들려 했던 것이다. 거기에 나 자신도 답답한 민심을 뚫고 시원한 대안을 제시하지 못했다. '차별 없는 성장과 가족 행복 시대'라는 총론은 있었는데 그에 대한 신뢰와 믿음이 부족했다. 내 역량이 부족했다.

지난 2007년 대선 때, 반 이명박이 아닌 노동·복지·경제민주화 등의 가치에 대해 이야기했더라면 한국 사회가 지금과는 확연히 다른 모습을 띠지 않았을까?

솔직히 한국 사회와 세상에 대한 시각이 바뀐 변환점은 2008년 9월 미국 월가의 붕괴였다. 국민의정부·참여정부 때는 신자유주의 체제를 우리가 거부할 수 없는, 그래서 불가피하게 수용해야 하는 것인 줄 알았다. 미국 경제 위기를 보며 그렇게 따라가서는 안 된다는 것을 분명히 알게 되었다. 물론 국민의정부 때 기초 생활 보장제, 참여정부 때 복지 예산의 증액 등 대중적 처방은 있었지만, 근본적으로 정리 해고, 노동 유연화, 민영화, 자유화, 규제 완화라는 흐름을 수용했기 때문에 한계가 있을 수밖에 없었다. 대선이 2007년 12월이었고 미국 경제가 붕괴한 시점이 2008년 9월인데 개인적으로 충격이 컸다. 불과 9개월 앞에 다가올 일인데 상상하지도 못했다는 데 대한 자괴감과, 지금까지의 길을 그대로 따라가서는 안 된다는 자각이 생겼다. 미국 경제 위기를 보며 한국 사회는 어디로 가야 하는지를 고민하게 되었고, 작은 미국이 아닌 다른 모델을 찾아야 한다고 생각하게 되었다. 예컨대 큰 스웨덴 같은 것을 본받아야 한다고 생각한다.

2007년에는 대통령이 되는 것이 목적이고, 다른 것은 그것을 위한 수단인 것처럼 보였다. 하지만 지금은 좀 다른 것 같다. 한진중공업 사태가 대표적이 아닌가 싶다. 혹시 스스로도 그것을 느끼는지?

그동안 내가 해온 정치라는 게 정치 개혁, 정당 개혁, 정당의 민주화, 개성공단, 9·19 공동성명 등 중요하긴 했다. 그러나 구체적인 개개인의 삶에 깊이 천착한 정치는 아니었다. 큰 민족문제, 정치 개혁 등 그 속에서 국민의 삶의 질을 개선하는 데 대한 구체적 대안과 실천이 없었다.

2009년 정계에 복귀했는데 그때 시작한 것이 용산 참사 문제로 상징되는 재개발 문제였다. 정권이 안 바뀌었으면 죽지 않아도 될 목숨들을 지키는 것, 정치의 목적이 바로 목숨이었다. 생명을 파괴하고 정치를 하는 게 무슨 의미인가. 그래서 다시 국회에 들어와 선서할 때 정치인들만의 잔치가 아닌 용산의 눈물을 닦아 주는 정치, 우는 자들의 눈물을 닦아 주는 정치를 해야겠다고 생각했다. 그게 정치가 아닌가. 그래서 줄곧 현장에 있으려고 노력했다.

그리고 감명 깊게 생각하는 일 가운데 하나가 민주통합당으로 다시 시작하면서 민주당 역사상 가장 진보적인 강령을 세우는 데 기여한 것이다. 재벌 개혁 119 특위와 복지국가 특위의 두 책임자를 강령 기초 위원으로 추천해 두 특위의 성과물을 담았다. 당 지도부에 들어와서 민주당이 재벌 개혁,

보편적 복지라는 두 개의 날개로 가야 한다고 계속 주장했다. 이 두 날개로 2013년 체제를 열어야 한다. 이것이 백낙청 교수님이 말씀하신 2013년 체제의 한 축이다.

또 다른 하나는 평화 체제이다. 2005년 통일부 장관을 하며 개성공단을 실제로 만들어 냈고, 2007년 대선에서 핵심 공약으로 제시하며 실천하고자 노력했다. 남북문제에 대해서는 나만큼 경험을 가진 사람이 없기 때문에 나름대로 비전을 갖고 있다고 자부한다. 새로운 민주통합당의 3대 목표가 "평화 체제와 재벌 개혁, 그리고 보편적 복지를 통해 복지국가를 이루는 것"이다. 민주통합당의 강령에 '정동영의 정치'를 그대로 투사했다는 것에 대한 자부심이 있다.

2010년부터 이어진 행보를 보며 혹자는 "쇼냐? 쇼라도 좋다! 이렇게라도 계속해 다오."라고 이야기하기도 한다. 하지만 '쇼'라는 단어는 여전히 그 의심이 완전히 풀리지 않았다는 의미를 내포하고 있다. 다른 정치인들에 비해 대중으로부터 유달리 엄격하게 의심받고, 점검받는 이유는 무엇이라고 생각하는가?

분석 안 해봤는데……. 전에 현장에서 보이지 않던 정동영이 보이기 때문에 그런 것 아닌가 싶다. 그 기사를 보고 기자에게 알아줘서 고맙다고 했다.(웃음) 솔직히 나한테만 왜 이리 엄격한가 하는 마음이 들 때도 있다. 하지만 나는 많이 받은 사람 아닌가. 다른 사람들은 민주화 투쟁으로 탄압도 받고 감옥도 가고 그랬는데 나는 정치에 입문한 지 얼마 되지 않아 여당이 되고 집권당 10년간 중심적인 활동을 했다. 많이 받은 사람이다. 그만큼 책임이 무겁지만, 결과적으로 실패하지 않았는가. 실패한 것에 대한 업보다.

민주통합당이 많은 이들이 기대하는 것처럼 서민과 중산층을 위한 정책을 펼치는 수권 정당이 될 수 있을까? 그런 희망이 보이다가도, 폭력 사태까지 발생했던 2011년 12월 11일 민주당 전당대회나 한미 FTA 비준 동의안 국회 통과를 막지 못한 모습 등을 보면 또 실망하게 된다.

그래서 내가 제안하려고 하는 것이 있다. 종이로서의 강령은 의미가 없고 실천될 때 의미가 있다. 영등포 당사에 강령을 새겨 넣으라고 하려 한다. 민주당 전당대회를 할 때 강령을 손바닥 크기의 책자로 만들어 참여한 대의원들에게 나눠 주자는 제안을 하려 한다. 왜냐하면 강령은 그냥 종이가 아니라 '내가 민주당을 하는 이유'여야 하기 때문이다.

실제로 한미 FTA 재검토, 원전 재검토, 비정규직 차별 철폐 등 핵심 가치를 구현해야 한다. 이를 위해 당원은 당원대로 당의 노선과 가치를 숙지해야 하고, 지도부는 지도부대로 그것을 실천할 수 있는 사람들로 구성되어야 한다. 2011년 12월 현재까지 민주당이 FTA에 대해 취해 온 태도를 한마디로 말하면 지리멸렬이다. 한나라당에 가도 손색이 없을 사람들이 앉아서 민주당을 살리자고 이야기하는 것은 자기 배반이다.

강령에서 이야기하는 가치와 정신을 중심으로 민주당을 재건해야 한다. 그래야 집권해도 실패하지 않는다. 그 점에서 내가 반성할 것이 있다. 내가 열린우리당 초대 당 의장이었는데, 그때 첫 번째 공천 기준이 당선 가능성이었다. 그것이 내 오류다. 그 당시 열린우리당이 46명이어서 숫자를 늘려야 한다는 일념에서 그랬다. 46명으로는 여당 구실을 못 하니까 최소한 1백 석, 120석 이상을 만들어야 한다는 것 때문에 당선 가능성을 보고 관료를 대거 영입했다. 그래서 지금 민주당 구성원 가운데 관료 출신이 제일 많다. 그 결과 민주당의 색깔이 불분명해졌다. 뼈아프게 반성한다.

예전에는 당선 가능성을 보고 후보를 찾았다면 지금은 가치와 노선 중심으로
뽑겠다는 것인가?

당이란 생각이 같은 패거리다. 근데 현재는 패거리는 맞는데 서로 생각이
너무 다르다. 사실 18대 민주당 87명의 의원들은 2007년 대선에서 실패하
고 2008년 4월 총선에서 대패하고 그 와중에 살아남은 사람들이다. 그래서
가치와 노선을 중심으로 뭉친 사람들이 아니고 급류에 쓸려 나가면서 나무
뿌리를 잡고 살아남은 사람들이다. 너무 범주가 넓은 것 같다.

가치와 노선에 동의하지 않는 사람들을 솎아 내고, 함께 갈 사람들을 뽑아내는
것도 중요하지만, 민주통합당에 공천 신청을 하는 사람들이 애초에 그렇게 마
음먹고 들어오는 것이 더 중요한 것 같다.

그런 것을 보여야 하는 사람들이 지도부이다. 한미 FTA 폐기로 상징되는 가
치와 철학을 중심으로 당의 지도부를 구성하고, 그 지도부로 총선 공천과
선거를 치르고, 그렇게 해서 뜻과 가치를 중심으로 모인 사람들이 새로운
정부를 창출해야 2013년 체제라는 것이 출발할 수 있다.
　결국 정치는 사람이 하는 것이다. 그런 점에서 국민의정부·참여정부는
준비되지 않았던 것이다. 임기 마지막에는 대개 관료들이 주무르는데 관료
의 나라로 어떻게 기존 체제를 개혁하겠는가. 개혁을 얘기하면서 관료를 앞
세우는 것은 바람직하지 않다. 수성할 필요가 있는 시기이거나 태평성대 같
으면 안정적인 관료들이 중요하지만, 뭔가 시스템을 바꾸고 체제를 바꾸고
새로운 길을 가려면 그것을 밀고 가고 끌고 갈 주체 세력이 있어야 한다.
　지난 10년의 경험을 바탕으로 2012년에 민주·진보 정부를 만들어야 한

다. 실패하지 않기 위해 우리 사회의 진보적인 역량이 모두 함께해야 한다. 우리 사회 기득권 세력의 뿌리는 친일파로 거슬러 올라가지 않나. 그들은 부를 축적했고 세력을 만들어 우리 사회에 뿌리를 내렸다. 하지만 지난 60년 동안 민주 정부는 10년밖에 없었다. 오랫동안 형성된 기득권 카르텔이 너무 막강하다. 그런 기득권과 싸워, 요즘 얘기로 1퍼센트가 아닌 99퍼센트를 위한 경제·사회정책을 펴기 위해서는 99퍼센트의 문제를 그 사람들의 문제가 아닌 나의 문제, 우리의 문제로 만들어야 한다. 우리가 얼마나 단단하게 결합되어 준비할 수 있느냐가 관건이다. 분열하면 아무 힘도 쓸 수 없다.

진보 정당들과의 연대를 강조하는 이유는 무엇인가?

민주통합당 강령에 "왜 통합하는가, 통합해서 무엇을 할 것인가."와 관련된 가치가 다 담겨 있다. 그런데 그 가치와 노선이 진보 정당과 사실상 거의 유사하다. 그렇다면 동지적 연대를 형성해야 하지 않겠는가. 그래서 나는 "연대로는 부족하다. 대통합하자."라고 계속 이야기했다. 하지만 현실적으로 어려울 것 같다. 그렇다면 연대라도 해야 한다. 그것은 국민이 원하는 것이다. 국민은 이명박 정부를 심판하고자 하는데 그러기 위해서는 여당과 야당이 일대일 구도가 되어야만 한다. 그래야 총선에서 의회 권력을 교체할 수 있고 집권의 기반을 만들 수 있다. 그리고 무엇보다 서로 가치를 공유하기 때문에 이런 연대가 가능한 것이다. 그런 측면에서 민주통합당이 "한미 FTA 비준안 무효 결의문"을 당론으로 승계하겠다고 결정한 것은 큰 의미가 있다. 그냥 반대한다가 아니라 "굴욕적인 한미 FTA를 반드시 폐기한다."라고 표현되어 있다. 그렇게 되는 데 조금이나마 기여한 것 같아 너무 좋다. 아, 내게 너무 '깔때기'를 댔나?(웃음)

나는 개인적으로는 공개 반성문을 썼지만 한미 FTA에 대한 민주당 내의 인식 수준은 아직 얕다. 그래서 공개적으로 당이 반성문을 쓰자고 주장했다. 그래야 선명하지 않나. 대한민국 전문 법률가인 판사들이 곰곰이 뜯어봐도 "이건 아니다."라고 하지 않는가. 우리 민주당 의원들도 한미 FTA를 진지하게 뜯어보고 공부해서 한미 FTA가 우리 국민들의 삶에 미치는 실질적인 영향에 대해 생각해야 한다. 실상 한미 FTA는 '자유'무역협정이 아니다. 그런데 이름이 그렇다 보니 그저 막연하게, 자유무역을 하자는 협정인데 뭐 어떻겠느냐고 여기는 인식이 있다.

그래서 2011년 12월 11일 민주당 전당대회에서 "한미 FTA 비준안 무효 결의문"을 제안해 관철한 것이다. 그리고 16일 마지막 최고위원회에서 민주통합당이 그 결의문을 승계할 것을 제안했고, 19일 아침에 민주통합당 지도부 첫 회의에서 결의문을 승계한다고 의결했다. 그 내용은 한미 FTA를 반드시 폐기하겠다는 것이다. 일단 한 단계는 넘어갔지만 이제 시작일 뿐이다.

2008년 9월 미국 경제가 무너지는 것을 보며 정치인으로서 이런 사태를 예상하지 못했다는 사실, 그리고 애초에 시작하지 말았어야 할 한미 FTA를 한 것에 반성하는 의미로 지난 8월 반성문을 썼다. 그리고 그 후 지난 10년의 경험과 이 반성을 담아 어떤 세상을 국민들에게 제시할 것인가를 고민했다. 그 고민 가운데 나온 답이 담대한 진보였다. 증세 없이 복지국가는 불가능하다. 그래서 부유세를 이야기하고 부자 증세를 이야기했다. 복지국가로 가기 위해서는 담대해야 한다.

그리고 2011년은 환경노동위원회로 가서 "한진중공업 문제에 집중하고 당이 여기에 전면적으로 결합해야 한다. 희망버스에 결합하라. 그리고 이 문제를 당의 정체성으로 만들어야 한다."라고 계속 주장했다. 그랬더니 당이 전체적으로 결합하지는 않았지만 "그럼, 정동영 당신이 해라!"라고 해서 민주노총 김진숙 지도위원의 크레인 농성 2백 일째가 되는 7월 24일에 함세웅 신부님 등 종교·법조·시민사회 전 분야에 걸쳐 우리 사회의 양심 세력을 대표하는 분들과 함께 한진중공업 크레인 앞에서 희망시국회의를 열었다. 이어 8월 20일 서울시청 광장에서도 희망시국대회를 개최했다. 그렇게 그 문제를 끌고 왔다. 그런 과정들을 통해 민주통합당 강령에 노동의 가치, 비정규직 문제, '동일 노동, 동일 임금' 등의 문제가 들어갔다는 것에 대해 그리고 그 과정에 조금이나마 기여했다는 것에 대해 대단히 보람 있게 생각한다.

한미 FTA 비준안이 날치기 통과되던 날, 많은 사람들이 이명박 정부와 한나라당뿐만 아니라 애초에 이를 시작한 노무현 전 대통령과 참여정부에 대해서도 큰 울분을 토해 냈다. 그때도 한미 FTA에 대한 사회적 저항은 매우 컸는데, 왜 그렇게 추진하려 했었는가?

그게 내 반성의 핵심이다. 한미 FTA를 막는 데 힘을 보탰어야 하는데 아무 역할도 하지 못했다는 것이 후회되고, 크게 반성하고 있다. 나는 당시 한미 FTA 추진론자는 아니었다. 그러나 결과적으로 방관자였다. 그것이 국민들에게 너무 죄송스럽다. 노무현 정부 때 중책의 자리에 있으면서도 한미 FTA에 대해 별로 고민해 본 적이 없었다. 제대로 고민했어야 했다.

"한미 FTA 철회, 18대 국회는 사실상 끝났다. 진정한 국회는 의사당이 아니라 광장에 있다."라고 했다. 이 말의 뜻은 무엇인가?

한미 FTA가 사상 초유의 비공개 날치기로 통과된 2011년 11월 22일, 이날은 주권을 넘겨 버린 제2의 국치일로 기록될 것이다. 그날 의원총회에서 '의원직 총사퇴'를 주장했다. 이는 "날치기를 막지 못한 책임을 져야 한다."는 것과 동시에, "이제 18대 국회는 국민의 대의기관이자 헌법기관으로서 기능을 상실했다."라는 의미에서였다. 국민의 민심과 현장 온도는 영하 10도인데 여의도에서 느끼는 체감온도는 영상 10도이다. 현장의 목소리를 대변하라고 존재하는 것이 국회인데, 이를 온전히 묵살하는 다수의 횡포가 존재한다면 무슨 의미가 있겠는가. 민심은 광장에서 폭발하고 있다. 그곳이 정치가, 국회가 존재해야 하는 곳이다.

2011년 환경노동위원회로 간 이후 많은 변화가 있었던 것 같다. 그때 '민주노동당 정동영'이라는 별명까지 생겼는데, 그 별명을 처음 들었을 때 기분이 어땠는가?

글쎄……. 노동문제를 열심히 한다고 평가해 준 것인가.(웃음) 진보 정당들과 대통합을 이루어야 한다는 대통합론자이기 때문에 크게 나쁘다고 생각하지 않았지만, 문제는 민주당 내에 진보 정당과 함께하면 큰일 난다고 생각하는 사람들이 있다. 실제 그 생각을 어떻게 깰 수 있을까 하는 고민이 있다.

한진중공업 사태를 해결하는 과정에서 정동영이 보여 준 진정성 있는 활동에 많은 사람들이 감명을 받았다. 한진중공업 사태에 그렇게 매달린 이유는 무엇 때문이었는가?

복지국가의 핵심은 사람이고 노동이라고 생각한다. 그래서 2011년 초 환노위로 옮겼는데 그때 한진 문제가 시작되었다. 김진숙 지도위원이 1월 초에 크레인에 올라갔고 그 직후에 내가 환경노동위로 왔다. 그전에는 사실 김진숙 지도위원이 누군지, 그렇게 유명한 사람인지 몰랐다.(웃음) 처음에 갔을 때는 집회에 몇백 명씩 모였는데 그분들이 소 닭 보듯이 '정동영이 여기 왜 왔느냐.'라는 식으로 나를 쳐다봤다. 그래서 거기 가서도 반성문을 쓰고 시작했다. 정리 해고 체제에 문을 연 민주 정부의 과오를 사과하고 "여러분과 함께하겠다."고 약속했다.

한진중공업 사태를 다루면서 가장 힘들었을 때, 그리고 가장 기뻤던 순간을 꼽는다면?

재벌 대기업이 얼마나 사람을, 인간을 하찮게 여기는가를 직접 경험할 때마다 너무 놀랐다. 아무리 돈이 세상을 지배한다고 하지만, 사람을 어떻게 볼트·너트 정도로 생각할 수 있는지 이해할 수 없었고, 그런 현실을 받아들여야 한다는 것이 힘들었다. 거기에 인간은 없었다. 한진에서 제일 기억나는 것이 크레인 위로 전기 하나 넣어 주는 데만 두 달 걸렸다는 사실이다. 6월 27일 크레인 농성자들을 강제로 끌어내리기 위해 법원의 행정대집행이 진행되면서 크레인의 전기를 끊어 버렸다. 저녁때가 되면 고공은 특히 더 캄캄하니 정말 위험하다. 생존을 위해 전기는 꼭 필요한 것 아닌가. 인권위에 고발하고, 청문회에서 요구하고, 별수단을 다 써봤지만 전기 하나 넣어 주는 데 두 달이나 걸렸다.

　가장 기뻤던 것은 11월 10일 김진숙 지도위원이 살아서 내려왔을 때였다. 정확하게 다섯 달 전인 6월 11일 1차 희망버스에 참여했을 때, 새벽에 담벼락을 넘어 시민들과 함께 크레인 앞에 앉아 있었다. 새벽 3시 반 조명 불빛은 휘황하지만 그 주위는 괴괴하고, 그런 상태에서 아스팔트에 주저앉아 있는데 "살다 보니 이런 날이 오긴 왔군요. 이런 해방감들이 얼마 만입니까."
로 시작하는 연설이 35미터 고공 크레인 위에서 들려오는 것이 아닌가. "제
가 삶과 죽음의 경계에서 비틀거릴 때마다 천수보살의 손으로 제 등을 받쳐
주신 여러분, 꼭 이기겠습니다."로 마무리된 김진숙 지도위원의 연설은 연
설이 아니라 심장을 쥐어짜는 절창絕唱이었다. 김진숙 위원이 너무 힘들어서
희망버스가 오기 전까지만 해도 자살을 많이 생각했다고 한다. 그러나 희망
버스가 오고 절망에서 희망으로 구원이 이루어진 것이다.

"저는 우리 조합원들이 혁명적 투지로 무장한 사람들이기 때문에 지키고
자 하는 게 아닙니다. 6개월 전까지 살아왔던 삶을 지켜 주고 싶은 것뿐입니
다. 저녁이면 땀 냄새 풍기며 집에 돌아가 새끼들 끼고 저녁 먹고, 여러분들
이 오늘까지 누려 왔던 그 소박한 일상을 지켜 내고 싶은 것뿐입니다."라는
김진숙 지도위원의 연설을 들으며 "아, 내가 힘이 된다면 저 여자를 살려 내
야겠다."라고 결심하게 되었다. 그리고 그 뒤에 "김진숙을 살리는 데 내 정
치 생명을 걸겠다."라고 한 것이다. 결과적으로는 정치 생명을 안 걸어도 되
었지만 말이다.(웃음)

2012년 대선에서 본인이 감당해야 할 역할이 있다면?

무슨 역할이라도 좋다. 우선, 정권을 내준 책임자로서 속죄해야 한다고 생각
하며, 정권을 내주는 과정에서 잘못한 점과 부족한 점들이 무엇이었는지를
깊이 생각하고 있다. 다른 한편, 현장에서 벌어지는 문제들과 몸으로 부딪치
고 그것을 정책으로 담아내는, 정치인으로서의 역할을 감당해야 한다고 생
각한다. 정당 차원에서는 민주통합당을 중심으로 의회 권력, 정치권력을 찾
아오는 데 내 역할이 분명히 있다고 생각한다. 여기에 김구 선생의 말씀을

빌리자면 '문지기' 역할이라도 해야 한다고 생각하고 있다.

정동영에게 자유란?

자유에 대해서는 두 가지가 생각난다. 대학생 때 민청학련 사건으로 유치장과 서울 구치소에 몇 달 있었다. 유치장에서 서대문 구치소로 이송되고 군법회의에 끌려가는데, 호송차 틈으로 반팔을 입고 활보하는 사람들을 보면서 저것이 자유라고 생각했다. 평소에 그냥 걸어 다닐 때는 그 가치를 잘 못 느끼는데 갇혀 있으니까 자유가 정말 중요한 것임을 알게 되었다. 신체의 자유, 집회 결사의 자유, 표현의 자유가 헌법에는 있지만 그 부분을 제약당하고 나서야 그 자유의 소중함을 느낄 수 있었던 것 같다.

또한 지금 우리에게 자유란 '불안으로부터의 자유'라고 생각한다. 즉 빈곤으로부터의 자유, 노후 불안으로부터의 자유, 자녀 양육비로부터의 자유, 취업에 대한 불안으로부터의 자유 등이다. 지금의 한국 사회는 아이들부터 청장년, 노인들까지 모두가 불안한, 총체적으로 불안을 안고 사는 사회다. 이렇게 우리를 늘 불안하게 만드는 생활, 좌절과 분노 등 경쟁과 압박이 심한 사회생활에서 오는 피폐함이 우리를 자유로부터 멀어지게 만든다.

그런데 오늘날 밥과 밥줄의 불안으로부터의 자유가 가장 중요하지 않을까 싶다. 밥줄, 즉 직장을 찾기도 어렵고, 밥줄 자체도 불안하다. 비정규직이 거의 대부분이지 않은가. 밥줄이 끊어지면 그다음 남는 것은 추락뿐이다. 또한 밥은 복지를 말하는데, 밥이 너무 부족하지 않은가? 우리는 밥줄인 노동과 밥인 복지, 그 두 가지 모두가 불안하다. 이를 어떻게 해소하느냐가 이 시대의 과제라 생각한다.

이야기를 바꿔서, 어린 시절 정동영은 어땠는가?

우리 또래 중에서 유치원을 다닐 수 있는 사람은 많지 않았다. 나는 유치원을 다녔으니까 상당히 유복한 유년기를 보냈다고 볼 수 있다. 그런데 17세에 아버지를 여의고부터 고난이 시작되었다. 서울로 올라와 어머니와 옷 장사를 했다. 옷감을 떼어다 어머니가 밤새 옷을 만들면 내가 배달하고 수금을 했다. 수금해야 재료를 사서 다시 옷을 만들 수 있었는데, 수금이 바로 되는 것이 아니라서 수금을 기다리는 동안 철 계단에 쭈그리고 앉아 책을 보곤 했다. 그렇게 책을 보던 것도 기억에 남는다. 그래도 어린 시절을 유복하게 보낼 수 있었던 것이 자아 형성이라는 측면에서는 좋은 환경이 되었다고 생각한다. 모든 것을 꿈꿀 수 있고 자유분방한 성격이 된 것이 그 영향인 것 같다. 그리고 청소년 시절을 어렵게 보낸 것은 단련의 의미였다고 본다.

존경하는 분이 있다면?

아버지다. 아버지를 일찍 여의어서 내 기억 속의 아버지는 청년 같다. 내가 기자일 때 아이들과 오랜 시간을 보낼 수는 없었지만 아이들이 나중에 말하길 "사랑한다, 아들. 너를 믿는다. 네가 아들인 것이 자랑스럽다." 이 세 마디로 내가 자기들을 키웠다는 것이다.(웃음) 아이들에게 이 세 마디가 훌륭한 자양분이 되었다고 한다. 그런데 이 말은 아버지가 늘 내게 해주시던 말이었다. 아버지는 아들인 나를 늘 자랑스러워 하셨고, 어린 마음에도 그것이 늘 감사했다. 그것이 내게 책무감·책임감을 느끼게 한 것 같다.
　지금 보면 아버지가 훌륭한 교육을 하셨다는 생각이 든다. 성적이 떨어져도 "잘했어!"라고 해주시고, 어머니께 꾸중을 들을 때도 늘 엄호해 주셨다.

아버지가 나의 든든한 '빽'이었다. 그래서 중학생 때 존경하는 인물을 쓰라고 하면 '정진철'이라고 써냈는데, 선생님이 누구냐고 물으면 아버지라고 답해 애들이 웃곤 했다. 그때는 아버지를 존경하는 인물로 쓴 애들이 거의 없었다.

청년 시절 꿈은 무엇이었는가?

상록수의 주인공인 박동혁처럼 '농촌계몽 운동'이 꿈이기도 했고, 시인도 되고 싶었고, 인권 변호사도 되고 싶었다. 중간에 자주 바뀌었다. 기자가 되고 싶다고도 생각했는데 기자는 했다.(웃음)

청년 정동영의 마음을 설레게 했던 추억, 또는 낭만이 있다면?

연애했던 시간이 청년 시절에 가장 빛나는 부분이었던 것 같다.(웃음) 그래서 애들에게도 20대 때 연애 못하면 나중에 하고 싶어도 못하니, 꼭 해보라고 말하곤 한다.

인간적으로 가장 힘들고 외로웠던 시간이 있다면?

용산 가족들을 보면서 그랬다. 문정현 신부님이 미사를 하다가 "저기 있는 저 사람이 책임자다. 정권 뺏겨서 이렇게 되었다."라고 하시는데 차마 얼굴을 들 수 없었다. 한순간에 가족의 행복이 깨져 버린 것 아닌가. 전재숙 어머니라는 분이 있는데, 남편은 옥상에서 돌아가시고 아들은 징역 5년을 살고 있다(아들 이충연 씨는 5년 4개월 징역형을 선고받고 4년째 복역하던 중 2013년 1

월 31일 대통령 특별사면으로 출소했다). 그 어머니의 평범했던 일상이 어느 날 산산조각이 나버린 것을 보면서 신부님 말씀처럼 내가 좀 더 잘했더라면 하는 자괴감에 너무 죄스럽고 힘들었다.

정치인이 아닌 한 개인으로서 가장 행복한 시간들이 있다면?

되도록 일주일에 한 번이라도 가족들과 함께할 시간을 만들려고 노력한다. 최근에 영화 〈도가니〉를 함께 봤는데 처음부터 끝까지 답답하더라.(웃음)

정치인의 길을 걷기로 결심한 결정적인 계기가 있다면?

MBC 기자를 17년 동안 하면서 처음으로 눈물을 흘려 본 게, 기자 같지 않은 '월급쟁이 기자' 역할을 하다가 40여 명 기자들이 모여 노조를 만들었을 때이다. 이 40명이 6개월 뒤에 1천5백 명으로 늘어났다. 사장을 두 명이나 바꿨지만 노조 운동만 갖고는 언론 자유가 확보되지 않는 것을 보면서 정권 이 바뀌는 수밖에 없음을 깨달았고, 이것이 정치에 참여해야겠다고 결심한 근본적인 계기였다. 그리고 1995년 삼풍백화점 붕괴 현장에서 무너진 잔해 를 보며 '대한민국이 이렇게 무너질 수 있구나.'라는 생각을 하게 되었다. 마 침 그때 새정치국민회의로부터 참여 제안이 와서 정치를 하게 되었다.

정동영에게 정치란?

'세상이 이렇게 되었으면 좋겠다.'라는 꿈을 구현할 도구가 정치이다. '내가 세상을 뜨기 전에 분단된 조국이 하나가 되었으면 좋겠다.'라는 꿈을 이뤄

주는 것도 정치이고, 평범한 사람들이 행복하게 살 수 있는 조건을 만드는 것도 정치와 정치인이 해야 할 일이다. 내가 영국에도 살아 봤고 미국에도 살아 봤고 독일에도 살아 봤는데, 참 부러웠던 것이 그 나라의 보통 사람들은 걱정이 없이 사는 것 같았다. 물론 개인적인 걱정들이 아주 없지는 않겠지만 말이다. 하지만 그들에 비해 우리 국민들은 걱정할 것이 너무 많다. 결국 정치가 이런 꿈을 현실로 만들 수 있는 수단과 도구가 아닌가 생각한다. 그런 생각으로 (정치에) 참여했고, 그런 생각으로 (정치를) 하고 있다. 또한 상처 받은 자에 대한 공감이 정치의 본령이라고 생각한다. 위대한 정치가들은 모두 상처 받은 시대, 상처 받은 사람에 대한 공감 능력이 뛰어났다. 지금 우리에게 필요한 정치는 이런 게 아닌가 한다.

마지막으로 동시대를 살아가고 있는 청년들과 나누고 싶은 이야기가 있다면?

아르바이트를 하지 않고 학교를 다닐 수 있고, 학교를 졸업한 뒤에 취직 걱정 안 하고 지내게 할 수 있는데 그런 환경을 만들어 주지 못하는 것이 안타깝다. 내 청년 시절에 어머니는 아프시지, 동생들은 돈이 없어 휴학했지, 나는 군대 강제 징집돼서 가있지, 사방이 벽으로 막혀 있는데 그렇다고 탈영할 수는 없지……. 그때 '국가는 어디에 있는가?'라는 생각이 들었다. 개인이 불행에 빠졌을 때 국가는 아무런 도움이 되지 못했다. 돈이 없으면 죽어야 하는 상황인가 싶어 참 막막했다. 지금 청년들이 그만큼 막막하지 않을까 싶다. 마음이 아프다.

그래서 앞서 이야기한 대로 그간의 경험이 우리에게 가르쳐 준 깨달음을 실천하려면 연대뿐이라고 생각한다. 연대의 힘! 나 혼자 발버둥 친다고 무엇을 바꿀 수 있겠는가? 하지만 실제 이런 사람들이 서로 끈으로 연결돼 있는 개인이 불행에 빠졌을 때 국가는 아무런 도움이 되지 못했다. 돈이 없으면 죽어야 하는 상황인가 싶어 참 막막했다. 연대뿐이라고 생각한다. 나 혼자 발버둥 친다고 무엇을 바꿀 수 있겠는가? 하지만 실제 이런 사람들이 서로 끈으로 연결돼 있는 거다.

거다. SNS가 그 가능성을 깨닫게 해주었다. '99퍼센트가 연대하는 세상으로 바꿀 수 있겠구나.' 하고 깨달았다. "청년이여 참여하라. 참여하면 당신들이 바꿀 수 있다."라고 말하고 싶다.

自由人

**2011
07
13**

천정배

모두의 평등한 자유를 위해 나는 분노한다

천정배 전 국회의원(당시 민주당 최고위원)을 만났다. 그가 외로웠다고 한다. "야당이 되고 난 후 참 외로웠다. 지금도 외롭다. 정권을 잃고 소수 세력으로 전락한 상황에서 어떻게 이 조건을 이기고 새롭게 전진할 것인지, 그 방향이 잘 보이지 않았기 때문이다. 그리고 어느 정도 그 방향을 알고 있는데, 함께 가줄 많은 사람들을 구하지 못해 외로웠다. 그런데 이번에는 길을 찾은 것 같다."

그 길이 무엇일까. "2010년 겨울부터 이듬해 상반기까지 약 8~9개월 동안 온 마음을 들여 책임지고 몰두했던 것이 민주당의 당개혁특별위원회였다. …… 개혁특위안을 만들 때 가장 주안점을 두었던 것은 '어떻게 하면 민주당을 수권 정당화해 수권 세력으로 만들 수 있을까.'였다. 좀 더 크게는 야권 전체를 통합된 수권 세력으로 만드는 일, 이를 위해 내가 속한 민주당을 개혁하는 일이 요즘 내가 가장 집중해 노력하는 부분이다."

그러면서 "2012년 대선은 한나라당과의 싸움도 아니고, 보수 언론과의 싸움도 아니고, 한나라당의 어떤 후보와의 싸움도 아니다. 그것은 민주당 자신과의 싸움이고, 진보·개혁 진영 자신과의 싸움이다. 그렇게 믿는다."라고 이야기한다. 그리고 실로 그러했다.

섬마을 소년이 변호사가 되었다. 그 시간을 지나는 동안 수많은 이들을 만났다. 시대의 아픔에 동참하며 자신을 던지는 친구들을 보았고, 노동의 가치와 인권이 존중되는 사회를 위해 헌신하는 노동자·학생들을 만났다. 그 와중에 그들의 응원군으로 머물러 있었던 그도 어느덧 인권 변호사가 되어 고통의 현장에 함께하게 되었다. 하지만 그것만으로는 부족했다. 그래서 사회구조를 바꾸겠다고 정치에 뛰어들었다.

"누구나 똑같이 귀하게 대접받는 사회가 왔을 때, 비로소 우리 모두 자유로워졌다고 말할 수 있을 것 같다. 그 꿈이 이루어졌을 때 정치인으로서 나도 진정한 자유를 누리게 되지 않을까 한다." 라며 허허 웃던 그. "한 시민으로서 이 땅에서 내가 할 수 있는 일이 정말 태평양만큼 무궁무진하다고 생각했다. 그래서 비록 작은 바가지일지언정 그 태평양 물을 내가 퍼 나를 수 있는 만큼 열심히 퍼서 세상을 행복하게 하고 싶다고 생각했다."던 그. 시간이 흐를수록 그가 더 자유로워지기를, 그 사랑의 샘물이 더 깊고 넓고 맑아지기를 간절히 소망한다.

평소 한국 사회 곳곳에서 벌어지는 사회·경제적 이슈들에 대해 매우 활발하게 문제를 제기하고, 트위터 등 SNS를 통해 시민들과도 소통하고 있다. 요즘 가장 중점을 두고 있는 것이 있다면?

워낙 많은 일들이 매일 터지기 때문에 무엇이라고 콕 집어 이야기하기가 어렵다. 김진숙 지도위원도 싸우고 있고, 아직 가보지는 못했지만 유성기업도 있고, 삼성 반도체 백혈병 문제로 씨름하고 있는 사람들도 있고, 그렇게 정말 많은 사람들이 현실에서 외로운 싸움들을 이어 가고 있다. 그래서 나름 열심히 그분들을 다 돌아보려고 노력하는데, 현실적으로 다 감당하기가 어렵다.

변명 같지만 우리 사회가 잘 조직화되어서 그런 중요한 일들을 다 돌아볼 수 있으면 좋겠다. 그래서 하루에도 몇 번씩 이 문제들을 함께 고민하고 분담할 세력이 필요하다는 것을 느끼고 있다. 어떻게 하면 이 세력을 만들 수 있을까 생각하고 또 생각한다. 정치에 몸을 담고 있는 입장에서 자연히 그 고민을 정치의 영역에서 풀 수밖에 없는데, 그것을 다른 말로 하면 "어떻게 국민들이 '믿고 맡길 수 있는' 수권 정치 세력을 만들 수 있을까."가 될 수 있을 것 같다. 그래서 수권 정치 세력을 만드는 것, 이것이 요즘 나의 가장 중요한 고민거리이다.

이명박 정권과 한나라당 세력을, 나는 문자 그대로 독점 탐욕 세력이라고 규정하고 싶다. 왜 그렇게 독한 말을 하느냐고 비판할 수도 있지만, 결코 독한 말이라고 생각하지 않는다. 오히려 이 세력에 대해서는 학문적으로도 그렇게 규정해야 한다고 생각한다. 사실 이들은 보수도 아니다. 말 그대로 독점 탐욕 세력이다. 그래서 이런 세력에 맞설 수 있는 세력을 만들어야 한다.

역시 중요한 것은 정치 세력의 문제인데, 개혁적이고 양심적인, 진보·민주·평화·통일의 가치를 위해 헌신하는 세력, 더불어 잘사는 사회를 추구하는 세력, 인간의 존엄을 지키는 세력 등 무엇이라고 표현하든 간에 건강하고 헌신적인 민주·진보 세력이 수권 세력이 되어야 한다. 그러기 위해서는 절대 다수의 사람들이 믿고 맡길 수 있는 든든한 정치 세력이 있어야 한다. 즉 '어떻게 하면 수권 세력이 2012년에 집권하게 할 수 있을까.'와 똑같은 말이다. 그 전략을 찾기 위해 계속 고민하고 있다.

그래서 2010년 겨울부터 이듬해 상반기까지 약 8~9개월 동안 온 마음을 들여 책임지고 몰두했던 것이 민주당의 당개혁특별위원회였다. 18차까지 수백 시간의 회의를 거쳐, 다행스럽게도 2011년 7월 10일 민주당 당개혁특위안이 확정되었다. 개혁특위안을 만들 때 가장 주안점을 두었던 것은 '어떻게 하면 민주당을 수권 정당화해 수권 세력으로 만들 수 있을까.'였다. 좀 더 크게는 야권 전체를 통합된 수권 세력으로 만드는 일, 이를 위해 내가 속한 민주당을 개혁하는 일이 요즘 내가 가장 집중해 노력하는 부분이다.

2012년 총선·대선과 관련해 야권 통합 문제가 정치권의 중요한 화두다. 이 과정에서 민주당의 역할에 대한 기대와 요구가 높다. 이에 대한 생각을 듣고 싶다.

나는 야권 통합이고 뭐고 간에 민주당이 잘하면 곧 집권으로 이어진다고 생각한다. 이렇게 이야기하면 많은 사람들, 특히 진보적인 사람들이 트위터 등에서 "민주당이 잘하지도 않고, 민주당을 믿을 수도 없는데 천정배 너마저도 민주당의 기득권을 주장하느냐."며 비판한다. 전혀 아니다. 오히려 그 반대다. 민주당의 기득권을 주장하는 것이 아니라 우리가 가진 기득권을 포기하면서 제대로 된 수권 정당의 길을 갈 때, 선거에서 진보·개혁 진영이 바라는 모든 것을 이룰 수 있다고 보는 거다.

사실 대한민국의 민심은 이미 확고하게 정해졌다고 본다. 민심은 이미 반이명박·반한나라당으로 돌아섰다. 이 점에 대해서는 더 설명할 필요가 없다. 2011년 4월 강원도 도지사 보궐선거 때 20일 정도를 거의 강원도에서 먹고 자고 하면서 뛰어다녔다. 그런데 정말 놀랐다. 강원도 민심이 거의 반한나라당이었다. 그래서 나는 최문순 후보가 이긴다고 확신했다. 분당에서 손학규 대표의 승리도 거의 확신했다. 내가 고수라서가 아니다. 그저 민심을 바로 봤을 뿐이다. 내 고향 호남, 서울, 경기, 강원뿐만 아니라 다른 곳도 마찬가지라고 본다.

민심이 이런데도 진보·개혁 진영이 선거에서 이기지 못한다면, 그건 야권이 바보이기 때문이다. 바보보다 더한 말이 있다면 그 말을 써야 할 것이다. 그렇기 때문에 2012년 대선은 한나라당과의 싸움도 아니고, 보수 언론과의 싸움도 아니고, 한나라당의 어떤 후보와의 싸움도 아니다. 그것은 민주당 자신과의 싸움이고, 진보·개혁 진영 자신과의 싸움이다. 그렇게 믿는다.

나는 승리를 위해 중요한 조건 중 하나가 바로 야권 통합, 좀 더 크게 보면 야권 연대라고 본다. 야권 통합 혹은 연대는 야권 승리의 필수 조건이다. 어떻게 하면 야권 통합을 할 수 있을까.

나는 민주당의 역할이 결정적이라고 본다. 현실적으로 민주당이 야권에서 제일 큰 비중을 차지하고 있기 때문이다. 생각해 보자. 2012년 대선에서 누가 대통령이 될 것인가? 지금 시점에서 확실한 것은 불행하게도 한나라당 후보가 되거나, 민주당을 포함한 야권 후보가 되거나 둘 중 하나일 것이다. 민주당을 빼놓은 야권 연대만으로 대선에서 승리할 수 있을까? 불가능한 일이다. 6년 뒤, 12년 뒤를 이야기하는 것이 아니다. 2012년을 이야기하는 것이다. 민주당이 엉망진창이라고 해서 민주당을 빼놓고 야권 연대를 한다고 해도, 사실상 현재로서는 이기기 어렵다. 지금 시점에서는 그렇다는 말이다. 따라서 민주당이 반드시 야권 통합에 참여해야 한다. 그리고 민주당이 참여한 야권 통합이 성공하려면 민주당이 기득권을 대폭 포기해야 한다. 그렇게 해야 실질적인 통합이 가능해질 수 있다.

그런 면에서 사실 민주당의 수권 정당화가 야권 승리의 필요충분조건이 아닌가 한다. 민주당이 수권 정당이 되고 기득권을 포기하겠다고 하는데, 다른 진보 정당이 '그래도 우리는 민주당과 같이 못가겠다, 우리끼리 가겠다.'라고 하지는 않으리라고 생각한다. 그런 의미에서 민주당의 혁신, 개혁, 수권 정당화가 이 나라의 민주·개혁·진보 세력이 집권해 '정의로운 복지국가'를 만드는 핵심 열쇠라고 생각한다. 그래서 민주당을 살려서 나라를 살리자는 것은 민주당의 기득권을 지키자는 말이 아니다. 오히려 뼈아픈 개혁을 통해 야권 전체를 살리고 개혁·진보 세력을 살리자는 말이다.

국민들이 믿고 맡길 수 있는 정당이 된다는 것은, 다른 말로 하면 시대적 요구를 정확히 알고 이를 이루어 내는 정당이 된다는 것을 의미한다. 그렇다면 민주당이 풀어야 할 시대적 과제 혹은 시대정신은 무엇이라고 생각하는가?

시대정신이라……. 그런 거창한 것은 잘 모른다. 굳이 이야기하자면 "누구나 똑같이 귀하게 사람답게 사는 사회를 만들자."라는 것이, 현재 우리 사회를 이끌어 가는 큰 시대적 물결이라고 생각한다. 노무현 대통령도 사실 늘 '보통 사람의 시대'를 이야기했다. 노태우 전 대통령이 '보통 사람'을 먼저 써 버려서 아쉽지만,(웃음) 난 사실 보통 사람이라는 말을 참 좋아한다.

인생을 마라톤에 비교하면, 모두가 동일한 선상에서 출발할 수 있어야 한다. 누구는 출발선에서 출발하는데 누구는 몇백 미터 앞에서 출발하고, 또 누구는 처음부터 끝까지 정직하게 뛰는데, 누구는 샛길로 빠져 자동차 타고 결승선까지 와서 쓱 골인하는 등 그렇게 반칙이 만연한 사회가 되어선 안 된다. 누구나 인생이라는 경주에서 공정한 경기를 할 수 있어야 한다. 이를 위해 결정적으로 중요한 것이 바로 교육과 보육이다. 개천에서 태어났다고 용이 못 되면 안 된다. 부모의 경제력에 상관없이 누구나 좋은 교육을 잘 받을 수 있어야 한다. 그래서 무상교육이 중요한 것이다.

그리고 사람들마다 실력에는 차이가 있기 때문에 공정하게 뛰더라도 어떻게든 순위는 매겨진다. 하지만 '1등만 기억하는 더러운 세상'이 되어서는 안 된다. 꼴등도 기억하는 세상을 만들어야 한다. 1등이든 꼴등이든 각자의 노력 여부에 대해 공정한 룰을 바탕으로 정당하게 보상하는 사회를 만들어야 한다.

이를 위해서는 '동일 노동, 동일 임금'이 매우 중요한 정의의 원칙이라고 생각한다. 하는 일이나 능력은 거의 동일한데, 대기업에 근무하면 7천만~8

천만 원 혹은 억대 연봉을 받고, 중소기업에서 일하면 2천만 원도 받지 못하는 현실은 정의롭지 못하다.

독점 탐욕의 사회라는 말에는 이런 현실이 포함되는데, 이런 독점 탐욕이 없는 나라를 만드는 것이 개혁이다. 그리고 그 개혁은 재벌·언론·검찰·금융·교육 등 전반에 걸쳐 이루어져야 한다. 그래서 '유전무죄 무전유죄'가 없는 사회, 억울함이 없는 사회, 반칙당하지 않는 사회가 되어야 한다. 확고한 개혁은 급격할수록 좋다고 생각한다. 이런 것에는 돈도 들지 않는다. 예컨대 조세개혁 같은 것은 개혁을 하면 할수록 돈이 나온다. 비용이 드는 게 아니라 오히려 많이 남는 것이 개혁이다.

'정의로운 복지국가'를 얘기했는데, 그것을 시대정신으로 보는 것인가?

복지는 진보와 맞닿아 있다. 모든 사람이 최소한의 생활을 할 수 있는 경제적·사회적 필요조건을 갖는 것, 사회적 지위와 상관없이 국가와 사회가 그런 조건을 보장해 주는 사회, 그것이 바로 복지다. 그런데 복지는 정의라는 문제와 연결되어 있다. 단순히 국가가 왕창 거둔 세금만으로 복지를 늘릴 수 없다. 실제로 어렵기도 하고 바람직하지 않은 측면도 많기 때문이다. 대부분의 사람들이 자기 힘으로 벌어서 풍족하게 먹고살 수 있는 사회가 되는 것이 제일 좋다. '동일 노동, 동일 임금'만 이루어져도 1차 분배가 제대로 이루어진다.

1차 분배가 잘되기 위해 빼놓지 않아야 하는 부분이 바로 자영업자 부분이다. 우리나라 영세 자영업자의 규모는 세계 그 어느 나라보다 크다. 이들을 어떻게 먹여 살릴 것인가? 내수 경기가 활성화되어야 수많은 자영업자들이 살아날 수 있다. 그런데 우리 산업구조는 수출 주도형이다. 수출이 활성화되는 것이 내수 활성화로 이어지면 좋겠지만 현실은 그렇지 않다. 한국의 경우 무역의존도가 80~90퍼센트까지 될 때도 있다. 일본·중국도 수출 중심 국가이지만 수출의존도는 30~40퍼센트 정도에 그친다. 수출 주도형은 소득 분배 측면에서도 매우 취약한 구조를 갖는다. 그래서 토건·대기업·수출 위주의 경제구조에서 벗어나, 지식산업과 사람 중심, 혁신 중소기업 중심, 내수 중심 경제구조로 바뀌어야 한다. 그래야 중소기업과 대기업, 내수와 수출, 영세 자영업자들이 고루 잘사는 형태가 될 수 있다.

여기서 한국 기업의 88퍼센트가 중소기업이고, 6백만 명이 영세 중소 상인이라는 점에 주목해야 한다. 중소기업에 고용된 사람들의 규모를 계산해보면 아무리 적게 잡더라도 1천3백만~1천4백만 명이다. 그럼 이 둘을 합치면 거의 2천만 명이다. 여기에다 식구가 한 명씩만 딸린다고 생각해도 4천만 명이다. 우리나라 인구의 80퍼센트인 것이다. 달리 말하자면 우리나라 보통 사람들의 대부분은 중소기업과 자영업으로 생계를 유지하고 있는 셈이다. 1차 분배 문제를 해결하기 위해서라도 중소기업과 대기업 간의 극단적인 격차를 해결해야 하고, 내수 시장 중심의 경제구조로 빨리 전환해야 한다.

1차 분배를 바로잡으면, 그다음에는 재분배가 잘되게 해야 한다. 그러기 위해 조세체계를 획기적으로 바꿔야 한다. 지금은 간접세 비중이 높다. 즉 돈 많은 사람들이 세금을 적게 내는 역진적 조세 구조다. 소득이 8천8백만 원 이상인 사람들은 전부 동일한 세금을 낸다고 한다. 하지만 그보다 소득이 많은 사람들은 세금도 더 많이 내야 한다. 그리고 불로소득을 취하는 사람들에게도 세금을 많이 물려야 한다. 부동산 보유세, 주식양도 차익 같은 것에도 세금을 많이 걷어야 한다. 요즘 선대인 씨가 하는 세금혁명당에서 조세제도 개혁에 대해 계속 문제를 제기하고 있는데 너무 좋다. 그런 움직

임들이 우리 사회 곳곳에서 활발하게 일어나 1차 재분배가 제대로 이루어지도록 해야 한다.

하지만 1차 분배와 1차 재분배가 제대로 이루어져도 기본적인 의식주 문제를 해결하지 못하는 사람들이 있다. 그런 경우에는 국가가 직접적으로 부조해야 한다. 국민 기초 생활, 무상 급식, 무상 보육뿐만 아니라 의료비도 대부분 국가가 책임져야 한다. 그렇게 소득의 이전이라는 형태로 2차 재분배가 이루어져야 한다. 이를 통해 '정의로운 통일 복지국가'를 만드는 것, 이것이 시대정신이다.

정의로운 통일 복지국가를 이루기 위해서는 '확고한 개혁과 온건한 진보'로 가야 한다. 개혁은 국민들도 바라고 비용도 들지 않으므로 훨씬 더 확고하고 빠르게 해야 한다. 반면에 진보는 복지로 연결되므로 돈이 많이 든다. 그 말은 세금을 많이 걷어야 한다는 것을 의미한다. 개혁이 확실하게 되고 정의가 바로 서야, 국민들이 정부를 믿고 세금을 기꺼이 낼 수 있게 된다. 그래서 확고한 개혁과 온건한 진보를 이야기하는 것이다. 그런 의미에서 나는 진보주의자이기 전에 확고한 개혁주의자다. 좀 더 정확히 말하면 중도 개혁주의자다.

나는 근본적으로 자유주의자다. 인간은 천부적으로, 태어났을 때부터 자유로운 존재이고, 그것을 억압하는 모든 것은 잘못된 것이라고 생각한다. 그래서 모든 사람이 정치적·시민적 자유를 마음껏 누릴 수 있는 사회가 되어야 한다고 생각한다. 그런데 각자가 마음껏 누려도 서로 충돌하지 않는 자유가 있는가 하면, 내가 누리면 누릴수록 상대방의 자유를 제약하거나 침해하는 자유가 있다. 서로 분리되어야 한다고 생각한다. 예를 들어, 만약 한 사람이 대한민국의 땅을 다 소유하고 있다고 가정해 보자. 그러면 그 한 사람을 제외한 다른 사람들로서는 이 땅에서 살아갈 자유가 침해되는 것 아닌가. 이런 경우에는 경제·사회·문화적인 측면에서는 모든 국민이 자유를 누릴 수 있도록 한 개인이 누릴 수 있는 자유가 공정한 룰에 의해 조정되어야 한다고 생각한다. 나는 그것이 공정한 시장경제 질서라고 생각한다.

자유로운 사회란, 신자유주의가 말하는 것처럼 돈만 가지고 있으면 모든 것을 할 수 사회를 말하는 것이 아니다. 기본적으로는 자율화되어야 하지만, 이웃의 자유 또한 함께 보장되어야 하므로 공정한 규제와 조정 등이 이루어져야 한다. 그것이 자유다. 그런 면에서 공동체, 국가가 강조되어야 한다. 달리 말하면 그것이 진보라고 생각한다. 그래서 개인과 공동체의 자유를 함께 실현하려 노력하고, 이웃 사람들에게도 똑같이 자유를 누릴 수 있는 조건을 만들어 주는 평등한 자유. 그것이 진보적 자유주의라고 생각한다.

한국 사회는 진정한 의미의 보수주의자나 자유주의자가 없는 것 같다. 자유를 이야기하지만 탐욕을 추구할 자유를 자유라고 이야기한다. 내 것을 내가 마음대로 하는데 무엇이 잘못되었느냐며 극단적인 재산권의 자유를 이야기한다. 세금도 내지 않고, 중소기업 기술 빼앗아 오고, 노동자들에게 정당한 임금을 주지 않고 그렇게 부를 축적하면서 그것을 자유라고 한다. 말 그대로 탐욕이 자유로 둔갑해 있다. 그런 의미에서 한국 사회에서 자유주의 논쟁은 논쟁이라고 할 것도 없다.

천정배에게 자유란?

김남주 시인의 시에 "만인을 위해 투쟁할 때 나는 자유다."라는 구절이 있다.

말 그대로 탐욕이 자유로 둔갑해 있다. 누구나 똑같이 귀하게 대접받는 사회가 왔을 때, 비로소 우리 모두 자유로워졌다고 말할 수 있을 것 같다. 그 꿈이 이루어졌을 때 정치인으로서 나도 진정한 자유를 누리게 되지 않을까 한다.

이런 의미에서 본다면 현재는 김진숙 지도위원이 가장 자유로운 사람일 수 있을 것이다. 내가 기독교인이지만 성경 중에 "진리가 너희를 자유케 하리라."라는 말씀이 있다. 이 또한 같은 맥락이라고 생각한다. 또한 자기가 자기 인생의 주인이 되는 것이 자유라고 생각한다. 중학교 2학년 때 담임선생님이 "내가 주인이다."라는 급훈을 내걸었는데, 사실 그때는 어려서 그 의미를 잘 몰랐다. 그런데 생각하면 할수록 선생님이 어린아이들에게 참 기가 막힌 진리를 이야기해 준 것 같다. 결국 내가 세상의 여러 외부적인 조건에 좌우되지 않고 주인으로 살아갈 수 있는 것, 그게 자유라고 생각한다. 그런데 보통 사람들이 자신의 삶에서 주체가 되어 존엄한 삶을 누리기 위해서는 최소한의 경제적·사회적 조건이 마련되어야 한다. 굶고 있는 사람들에게 "자유로워지라."고 말할 수는 없지 않겠는가? 그래서 누구나 똑같이 귀하게 대접받는 사회가 왔을 때, 비로소 우리 모두 자유로워졌다고 말할 수 있을 것 같다. 그 꿈이 이루어졌을 때 정치인으로서 나도 진정한 자유를 누리게 되지 않을까 한다.(웃음)

전두환 정권 밑에서 판검사를 할 수 없다는 이유로, 사법연수원 성적이 우수했음에도 바로 변호사의 길을 선택했다. 당시 청년 천정배의 마음과 가슴에 품었던 꿈은 무엇이었는가?

전라남도 신안군, 섬으로만 이루어진 곳의 암태도 출신이다. 조상 대대로 그곳에 살았고, 나 역시 그곳에서 태어나 초등학교까지 졸업했다. 어린 시절엔 점심을 제대로 먹을 수 있는 사람이 소수였고, 초등학교 동기 동창생이 75명 정도인데, 그중에 중학교를 갈 수 있었던 사람이 15명 정도, 대학교를 갈 수 있었던 사람은 나 한 사람밖에 없었다. 그래서 어릴 때부터, 가난 때문에 제대로 공부할 수 없었던 사람들에 대해 늘 생각했던 것 같다.

내가 자라고 대학을 다닐 때만 해도 엄혹한 군사독재 시절이었다. 내가 태어났을 때는 이승만 정권 시절이었고, 초등학교 때 4·19가 일어났으며, 고등학교 2학년 때 박정희의 5·16이 있었고, 대학교 때인 1972년에는 유신이 일어났다. 그 시절에는 많은 지식인·학생·노동자들이 독재와 맞서 싸웠다. 당시 나는 그분들처럼 독재와 싸우지를 못했다. 운동을 하지도 못했고 감옥은 더군다나 가지 못했다. 그냥 그들의 진심 어린 응원군으로 머물러 있을 뿐이었다. 박정희 정권이나 유신 정권에 대한 저항감은 컸지만 내가 직접 나서서 싸우지는 못했다. 그런 상황에서 사법시험에 합격하고 사법연수원을 들어가고 결혼도 하고 애도 낳고……. 그렇게 살아오다가 전두환 시대를 맞게 되었다. 그리고 군법무관으로 있으면서 10·26 사태, 12·12 쿠데타, 특히 5·18 항쟁을 겪었다. 그 시간들을 보내면서 더는 참고 있을 수 없었다. 보통 사람들이 대학교 다닐 때 치열해지고 사회에 나가면 온건해지는데, 나는 되레 사회에 나와서 점점 더 치열해지고 용감해지기 시작했던 것 같다.

이 과정에 광주 민중 항쟁의 영향이 굉장히 컸다. 원래는 군대를 제대하고 판사나 검사를 하려고 했다. 그런데 도저히 광주 학살까지 저지른 전두환에게 임명장을 받을 수가 없었다. 그 사람의 임명장을 받고, 그 사람의 시종 노릇을 하면서 살 수는 없었다. 그래서 할 수 없이 변호사가 되었다. 사실 지금 생각해 보면 다른 것을 할 수도 있었겠는데, 그때는 변호사밖에는 할 것이 없다고 생각했다.

정치가가 된 것을 후회해 본 적은 없는지?

솔직히 말하자면, 1970년대에는 비리비리했지만, 1980년대부터 30년 이상은 내 나름대로는 정말 열심히 살아왔다고 생각한다. 그런데 간혹 인생을 돌아보면 너무 팍팍한 삶을 살아왔던 건 아닌가 싶을 때가 있다. 변변한 특기도 취미도 없고. 그래서인지 사람들이 "아! 천정배란 사람! 인간적인 매력이 너무 없어!"라고 한다.(웃음)

사실 나도 트럼펫이나 기타 같은 악기를 연주하고 싶었다. 군대에서는, 테니스를 좋아해 정말 열심히 쳤다. 등산도 하고 낚시도 했는데, 1980년대 이후로는 그것들을 다 끊어 버렸다. 나를 돌아보고 위로하는 데 시간과 마음을 줄 여유가 없었다. 그래서 내가 인간적인 맛이 없어 보이는가 보다. 가끔은 그게 살짝 서운하기도 하고……. 정말 열심히 살다 보니 그랬는데, 그걸 좀 알아줬으면 싶을 때도 있다.(웃음)

하지만 이렇게 살아온 삶에 대해 추호도 후회는 없다. 물론 정치인으로서 욕도 많이 먹고, 돌아보면 참 잘못한 일들도 많다. 그러나 인권에 관심을 가지고 변호사로서 최선을 다한 것, 그리고 여전히 많이 서툴지만 정치에 뛰어들어 격랑을 헤쳐 나가려고 노력하고 있는 것, 이 길을 선택한 것에 대해 후회는 없다. 아마 다시 선택한다고 해도 같은 길을 선택할 것이다.

본격적으로 정치를 해야겠다고 생각하게 된 특별한 계기가 있었나?

모든 사람이 존귀하게 여겨지는 사회를 만들고 싶다는 꿈은 할머니로부터 나왔다. 우리 할머니는 정말 일자무식, 낫 놓고 기역 자도 모르시는 분이다. 한평생 섬을 벗어나지 않고, 농부로 태어나 농부로 돌아가신 분이다. 하지만 할머니가 내게 삶으로 가르쳐 준 것이 "아가야, 모든 사람은 똑같이 귀하다."
라는 말씀이었다. 그 말씀이 평생 동안 나를 따라다니는 것 같다.

그리고 중학교 때 우리 지역구 정치인이었던 김대중 전 대통령을 보면서
정치를 해보겠다는 꿈을 꾸기도 했다. 커가면서는 법조인이 되어야겠다고
생각했다. 그게 좀 더 현실적이라고 생각했기 때문이다. 변호사의 길을 걸으
면서 사회를 좀 더 체계적이고 구조적으로 바라보게 되니, 억울하고 약한
사람들을 위해서는 변론하는 것만으로는 안 되겠고, 사회구조를 바꾸는 것,
그중에서도 수평적 정권 교체로 사회구조를 바꾸는 것이 매우 중요하다는
점을 인식하게 되었다.

그리고 사실 나 스스로를 인권 변호사로 부르지는 않는다. 인권 변호사라
는 말을 함부로 쓸 수 없다. 어쨌거나 나는 변호사로서 나름 편안한 삶을 살
지 않았는가? 반면에 우리 사회를 위해 많은 희생과 헌신을 감내한 지식인·
노동자·학생들을 보면서, 내가 가진 조건하에서 이 사회의 가난하고 약한
사람들을 위해 헌신해야겠다고 생각하게 된 것이다. 그리고 한 시민으로서
이 땅에서 내가 할 수 있는 일이 정말 태평양만큼 무궁무진하다고 생각했다.
그래서 비록 작은 바가지일지언정 그 태평양 물을 내가 퍼 나를 수 있는 만
큼 열심히 퍼서 세상을 행복하게 하고 싶다고 생각했다. 그런 생각들이 차
차 발전해 결국 정치를 시작하게 되었다.

성품이 유순한 것처럼 보인다. 그런데 정치를 하려면 싸워야 할 일이 많다. 그런
측면에서 개인 천정배와 정치인 천정배 사이에 갈등은 없었나?

내가 생각해도 내가 그리 사나운 사람은 아닌 것 같다. 그런데 정치를 하면
서 많이 사나워졌다. 아까 이야기한 것처럼 나이가 들면서 더 치열해져서

그런 게 아닌가 싶다. 속이 좀 없어서 그런지 나는 아직도 만년 청년인 것 같다. 사실 나는 여러분과도 친구라고 생각한다. 조금 나이 차가 있을 뿐이지. 아, 이렇게 이야기하면 이미 꼰대인가.(웃음)

스테판 에셀의 책 『분노하라』가 많은 이들에게 회자되었다. 공적 분노! 정치의 핵심이란 바로 '공적 분노'를 느끼는 데서 시작하는 것 아닐까. '조걸위학'助桀爲虐이라는 말이 있다. 이는 중국 고대 하夏나라의 폭군 걸桀을 부추겨 포학하게 한다는 뜻으로, 악인惡人을 도와 나쁜 일을 함을 말한다. 폭군에게 자비심을 발휘해서, 그 사람이 학정을 펼쳐 수백만, 수천만 명을 죽이도록 내버려두는 것은 진정한 자비심이 아니라는 거다. 성철 스님의 말씀이다.

기독교 쪽으로 말하자면 나치에 저항한 본회퍼Dietrich Bonhoeffer가 있지 않은가? 그 역시 하느님의 절대적인 사랑을 이야기한 사람이지만, 미친 운전자가 많은 사람을 치어 죽이고 있을 때 그를 운전석에서 끌어내는 것이 사랑이지, 내버려두는 것은 진정한 의미의 사랑이 아니라고 했다. 그런 의미에서 보통 사람들의 존엄한 인권을 침해하고 죽이고, 그들의 삶을 불행하게 만드는 것, 그런 구조와 그런 사람들에 대해 나는 분노한다. 보통의 많은 사람들을 사랑하는 것, 분노한다는 것은 그런 의미에서 사랑이다.

그리고 김대중 전 대통령에게 정치를 배울 때, 나이가 많은 중진들은 온건하고 품이 넓은 정치를 하고 갓 들어온 초선들은 좀 더 전투적으로 나서야 한다고 배웠다. 그래서 그때는 초선 의원으로서 내가 그런 역할을 했는데, 미안한 말이지만 지금은 어떻게 된 일인지 후배 정치인들 중에 그렇게 분노하는 사람이 별로 없는 것 같다. 그래서 할 수 없이 내가 분노하는 측면도 크다. 사실 처음에는 정치라는 것이 기질상 잘 안 맞았지만, 오래 하다 보니 정치인으로서의 기질이 조금씩 개발되는 것도 같다.(웃음)

전두환 정권에서 판검사가 되기를 거절했던 청년 천정배와 김앤장 변호사의 길을 버리고 인권 변호사의 길을 선택했던 청년 천정배가 지금의 천정배에게 하고 싶은 이야기가 있다면?

참 어렵다. 뭐라고 해야 할까. 이것도 김대중 전 대통령의 말을 인용해야겠다.(웃음) "서생적 문제의식과 상인적 현실감각을 가져야 한다."고 말씀하셨다. 특히 정치인들이 그래야 한다는 것이었다. 대단한 말씀이다. 그래서 그때의 천정배가 지금의 천정배에게 이야기한다면 "상인적 현실감각을 가져라!"라고 말하고 싶다. 그런데 그때 천정배에게는 그런 말을 할 실력이 없었다.

아니다. 거꾸로 이야기하고 싶다. 지금의 천정배가 그때의 천정배에게 한마디 할 수 있다면 "상인적 현실감각을 가져라!"라고 이야기하고 싶다. 그리고 그때의 천정배가 지금의 천정배에게 이야기를 건넨다면 "초심을 잃지 말아라!"라고 이야기하고 싶다.(웃음)

정치가의 삶을 살아오면서 가장 외로웠을 때, 가장 행복했을 때를 꼽는다면?

객관적으로 가장 외로웠을 때는 10년 전에 노무현 후보를 지지했을 때 같다. 그러나 주관적·심정적으로는 외롭지 않았다. 왜냐하면 남들이 뭐라고 해도 내게는 확신이 있었기 때문이다.

주관적으로 정말 외로웠던 시간은 이명박 정부가 들어서고 난 후였다. 야당이 되고 난 후 참 외로웠다. 지금도 외롭다. 정권을 잃고 소수 세력으로 전락한 상황에서 어떻게 이 조건을 이기고 새롭게 전진할 것인지, 그 방향이 잘 보이지 않았기 때문이다. 그리고 어느 정도 그 방향을 알고 있는데, 함께 가줄 많은 사람들을 구하지 못해 외로웠다. 그런데 이번에는 길을 찾은 것

같다. 그래서 다시 외로워지지 않을 것 같다.(웃음)

가장 행복했을 때는 두말할 것도 없이 두 명의 대통령이 당선되었을 때다. 김대중 대통령이 당선되었을 때의 기쁨은 엄청났다. 개인적으로 20~21세기 현대사를 말한다면, 한국 역사는 대한민국이 1945년 일본 식민지에서 벗어난 것, 1997년 김대중 대통령이 당선됨으로써 수평적 정권 교체가 이루어진 것, 그리고 언제가 될지 모르지만 통일이 된 것 등 크게 세 가지로 기억되리라 생각한다. 사실 나는 김대중 대통령이 당선되는 그 역사적 기쁨에 별로 기여한 것이 없다. 몇십 년을 희생한 분들도 많은데, 나는 운 좋게도 정치에 입문한 지 불과 1년 몇 개월 만에 그런 기쁨을 맞았다. 정말 엄청나게 행복했다.

그리고 노무현 대통령이 당선되었을 때도 그랬다. 역사적으로만 보면 김대중 대통령의 당선이 좀 더 의미가 크겠지만, 나 자신의 책임감이나 역할로 볼 때는 이때 내가 느꼈던 주관적 보람과 기쁨이 정말 컸다.

청년 실업이 큰 문제다. 동시대를 살아가고 있는 청년들에게 해주고 싶은 말이 있다면?

기성세대로서, 특히 나랏일을 하는 정치인으로서 청년들을 볼 때마다 매우 측은하고 늘 미안하다. 우리 때는 물질적으로 풍요롭지는 않았지만 그래도 지금의 청년들에 비해 기회가 더 많았다. 그런데 어느덧 우리 사회가 젊은 세대에게는 별로 희망이 없는 사회가 되어 버렸다. 유복하게 자라서 좋은 교육을 받고 좋은 직장을 가진 소수의 사람들과, 미래를 늘 걱정해야 하는 사람들로 양극화되어 버렸다. 그래서 요즘 젊은 세대를 연애·결혼·출산을 포기한 삼포 세대라고 부르기도 한다. 이런 현실을 물려준 것이 너무 미안하다.

　그렇지만 그럼에도 불구하고 씩씩하자고 부탁하고 싶다. 오해하지는 않
았으면 한다. 구조를 개선할 의지는 전혀 없으면서 모든 잘못을 청년들 개
개인의 탓으로 돌리려는 것처럼 들릴 수 있지만, 결코 그렇지 않다. 내가 말
하고 싶은 씩씩함이란 현실에 너무 절망하지 말고, 기개 있게 현실을 극복
해 가자는 것이다. 그리고 이를 위해 사회문제에 적극적으로 참여하자는 것
이다.

　나는 대한민국이라는 사회가 잘 가고 있다고 생각한다. 비록 지금 여당과
이명박 정부에 의해 민주주의가 후퇴하는 것처럼 보이지만, 수백 년, 수천
년 동안 민주주의를 발전시켜 온 나라들과 비교해 보면 우리나라는 매우 빠
르게 발전하고 있다. 그리고 중요한 것은 우리는 이미 선거로 국민을 속일
수 없는 나라가 됐다는 사실이다. 독점 탐욕 세력도 선거를 마음대로 하지
는 못한다. 아무리 돈과 권력이 많은 세력이 있다고 해도 선거 결과를 조작
할 수 없다는 것이다. 그 말은 국가의 방향을 완전한 보통선거를 통해 국민
이 선택할 수 있는 나라가 되었다는 것이다.

　대부분의 국민들이 좋은 나라, 건강한 나라, 정직하고 살기 좋은 나라를
만들려고 노력하고 있다. '우리 이런 좋은 나라를 만들자.'라고 마음먹는다
면 당장에 그런 국가를 만들 수 있는 힘이, 보통선거권을 가진 국민들에게
있는 것이다. 여러분과 내가 그런 나라를 만들 수 있다. 그 점이 굉장한 것이
다. 그런데 왜 안 되는가? 혹은 왜 불가능한 것처럼 보이는가? 국민들의 뜻을
확고하게 대변할 수 있는 정치 세력이 없는 것이 문제다. 더 좁혀 보면 좋은
정치 지도자의 문제다. 믿고 맡길 수 있는 수권 세력이 있다면, 이렇게 적극
적이고 주체적인 국민들과 힘을 합쳐 변화를 이끌어 내지 못할 이유가 없다.
그래서 정말 간절히 부탁하고 싶다. 특히 젊은이들이 "민주당은 안 돼. 정치

인들 안 돼!"라고 냉소적으로 바라보지 말고 수권 세력을 만드는 데 도움을 주기를 간절히, 또 간절히 부탁하고 싶다. 물론 나도 그런 도움을 받을 만한 정치인이 되도록 노력하겠다.

그리고 젊은 여러분들이 스스로 조직화되어야 한다. 소극적이고 비관적인 것은 어려운 현실을 이기는 데 도움이 되지 않는다. 비판할 것이 있으면 촛불 집회에도 나가고, 인터넷을 통해 비판을 하고, 못된 사람들을 보면 분노해야 한다. 김대중 대통령이 말한 것처럼 정 비판할 방법이 없으면 담벼락에 대고라도 욕을 해야 한다. 그런 젊은이들의 씩씩한 기상이 모이면 단숨에 세상을 바꿀 수 있다. 그리 먼 이야기는 아니라고 생각한다.

엮은이 후기

'자유인 인터뷰'는 2011년 봄, 정치경영연구소의 작은 회의실에서 시작되었다. 자유의 의미가 한국의 보수주의자들에 의해 반공 혹은 경제적 자유로 왜곡되고, 진보주의자들에 의해서는 수구의 이념적 도구로 오해되어 오는 것에 늘 문제의식을 가졌던 최태욱 연구소장은 "진보적 자유주의를 삶으로 살아 내는 이들을 찾아보자. 그리고 그들이 생각하는 자유란 무엇인지 들어 보자. 그리고 그들이 공동체의 자유를 넓히기 위해 자신을 어떻게 희생해 왔는지, 그 시간들을 어떻게 헤쳐 왔는지 내면의 이야기를 들어 보자. 그리고 그것을 청년들에게 이야기해 주자. 이념을 전달하는 것으로는 안 된다. 진보적 자유주의를 말이 아닌 삶으로 살아 내는 이들을 찾아 그들의 이야기를 들려주자. 그리고 실제로 청년들이 찾아가면 분명 진솔한 이야기를 들려줄 것이다! 쉽진 않겠지만 한번 해보자! 어때?"라며 연구원들에게 자유인 인터뷰를 제안했다.

마다할 이유가 없었다. 자유인 인터뷰를 진행하면서 가장 큰 수혜자는 누구일까 생각해 보았다. 그건 인터뷰를 진행하는 우리였다. 만나고 싶던 분들을 만나 궁금했던 것들을 마구 물어볼 수 있었으니 어찌 신나지 않을 수 있었을까. 절망을 이야기할 때 잠깐씩 스치던 외로움의 눈빛, 행복했던 순간을 이야기할 때의 설레던 눈빛, 자신들이 소중히 여기는 가치를 이야기할 때의 진지한 눈빛 등 그 눈빛 세례들은 인터뷰 기사를 만들어 내는 산고의 고통을 매번 잊어버리게 할 만큼 황홀한 경험이었다. 자유인 인터뷰를 통해 자유인의 삶에 대해 깊이 고민하고 그런 삶을 갈망할 기회를 만들어 준 최태욱 선생님께 진심으로 감사드린다.

이 자리를 빌려 정치경영연구소 양태성 연구원을 비롯해, 임지은·손어진·조윤경·장지선에게 감사한다. 인터뷰 자료를 찾고 녹취를 푸는 그 지루한 일을 묵묵히 해낸 이들의 노고가 없었다면 자유인 인터뷰는 나오지 못했을 것이다. 그리고 이 긴 원고를 꼼꼼히 봐준 김순영 박사님께도 특별한 감사의 말을 전하고 싶다.

자유인 인터뷰를 시작할 수 있도록 기회를 만들어 준 〈프레시안〉의 박인규 대표와 임경구 국장, 이명선 기자, 그리고 인터뷰이의 마음까지 담아내는 멋진 사진으로 독자들을 감탄케 했던 최형락 기자, 어설픈 원고를 즐겁게 읽어 봐준 〈프레시안〉 독자 분들에게 진심으로 감사드린다. 그리고 자유인의 정의는 무엇인지, 자유인 인터뷰에서 찾고자 했던 자유는 무엇인지를 서문에 담아 보라고 조언해 준 박상훈 후마니타스 대표와, 슬쩍 넘어가려고 했던 부분들을 매의 눈으로 잡아낸 정민용 주간과 윤상훈 편집자에게 감사드린다. 호박에 줄을 그었더니 수박이 되는 기적을 이분들을 통해 경험했다.

스물일곱 분의 인터뷰이에게 진심으로 감사드린다. 정치 현안에 대해 한참 물어보다가 "그런데 청년 시절은 어떠셨어요?"라며 뜬금없는 질문을 던지는 어설픈 인터뷰 진행에도 환히 웃으며 성실히 답해 주신 선생님들 덕분에 자유인 인터뷰를 계속 진행할 용기를 얻었다. 이 자리를 빌려 다시 한 번 감사드리고 싶다.

나의 모든 약함을 보듬어 주며 크고 작은 언덕을 함께 넘어 준 사랑하는 아버지, 어머니와 선미 언니, 찬영 형부, 희원, 주현 그리고 나의 영원한 비타민 지환, 우림에게 감사드린다. 이들의 사랑이 없었다면 자유를 향한 나의 여정은 한없이 불안했을 것이다.

마지막으로 지금 이 시대를 지나고 있는 모든 청춘에게 감사드린다. 각자의

삶을 이끌어 주는 신비한 이유들을 소중히 보듬어 가다 보면 어느 길에서 마주
칠 순간이 있지 않을까. 그때 서로 맘껏 응원해 주기로, 또 함께하기로 하면서,
우리 모두 파이팅!